创新的热土

南京江北新区打造创新"强磁场"

中国经济信息社 ◎ 编写

知识产权出版社
全国百佳图书出版单位
—北京—

图书在版编目（CIP）数据

创新的热土：南京江北新区打造创新"强磁场"/中国经济信息社编写. —北京：知识产权出版社，2020.10

ISBN 978-7-5130-7072-0

Ⅰ.①创… Ⅱ.①中… Ⅲ.①经济开发区－概况－南京 Ⅳ.①F127.531

中国版本图书馆CIP数据核字（2020）第132982号

责任编辑：张　珑　苑　菲　　　　　　　　责任出版：刘译文

创新的热土——南京江北新区打造创新"强磁场"

CHUANGXIN DE RETU——NANJING JIANGBEI XINQU DAZAO CHUANGXIN "QIANGCICHANG"

中国经济信息社　编写

出版发行	知识产权出版社 有限责任公司	网　　址	http://www.ipph.cn
电　　话	010-82004826		http://www.laichushu.com
社　　址	北京市海淀区西外太平庄55号	邮　　编	100081
责编电话	010-82000860转8574	责编邮箱	riantjade@sina.com
发行电话	010-82000860转8101/8029	发行传真	010-82000893/82003279
印　　刷	三河市国英印务有限公司	经　　销	各大网上书店、新华书店及相关专业书店
开　　本	787mm×1092mm　1/16	印　　张	16.5
版　　次	2020年10月第1版	印　　次	2020年10月第1次印刷
字　　数	280千字	定　　价	88.00元

ISBN 978-7-5130-7072-0

出版权专有　侵权必究

如有印装质量问题，本社负责调换。

编委会

特聘顾问：罗　群　陈潺嫄　聂永军

研究团队（排名不分先后）：

　　　　　　李小春　陈希希　丁　宏　沈杨子　姜小勇

　　　　　　顾镔彬　张　莉　李　洁　巩保成　赵　畅

　　　　　　张凯畅　包菁菁　王梦丽　施　文　王欢欢

序

江北新区一直是南京的重要组成部分，是南京乃至中国近代化工产业的发源地，中华人民共和国成立初期成为南京和国家重要的产业布局基地，改革开放初期，其重要化工产业地位得到进一步提升，在20世纪80年代末赶上了国家高新技术开发区的第一班列车。但是因天堑之隔长期落后于城市化整体进程，南京一城之内，长江以北成为边缘。

时空轮转，2013年的《苏南现代化建设示范区规划》拉开了江北新区创新发展的序幕：一方面是党的十八大以来随着经济发展进入新常态，国家发展战略密集出台，对创新驱动的需求越来越强烈，而南京坐拥全国领先的科技创新资源却一直没能在江北地区转化为"金山银山"，在区域竞争中处境尴尬，急需打造一个创新引领区；另一方面是承担新一轮开发开放和改革使命的国家级新区在全国频频落子，江北地区的产业基础和空间规模便成为后发优势。在江苏省委、省政府的高度重视下，一个崭新的南京江北新区于2015年6月27日正式诞生！

江北新区自诞生起就承载了从国家到区域发展的多重使命，这些使命只能通过创新和试验去实现。时代使命不仅为江北新区提供了创新的土壤，也为江北新区的创新提供了核心动力。正如南京市委常委、中国共产党江北新区工作委员会（以下简称"江北新区党工委"）专职副书记罗群所说："创新是江北新区与生俱来的基因，新区因创新而生。"2019年8月26日，江苏自由贸易试验区南京片区落户于江北新区内，新区创新更是如虎添翼！

成立 5 年来，江北新区始终牢牢把握国家赋予的"三区一平台"战略使命，紧扣"两城一中心"产业发展定位，在抢抓新机遇、树立新理念、构建新机制、打造新平台、培育新动能、打造新优势中形成了"勇于探索、创新实干、放眼国际、勇挑担当、甘于奉献"的江北创新精神，走出了一条集聚全球高端资源、提升科技创新原创力，深化"两落地一融合"、增强科技创新贡献力，强化企业主体地位、壮大科技创新支撑力，探索制度创新突破、激发科技创新内生力，突出政府服务意识、完善服务支撑力的江北特色创新路径。取得了全国 19 个国家级新区中位于上海浦东新区和天津滨海新区之后的第二梯队的好成绩，并在新旧动能加速转换、发挥消费的拉动作用、利用外资、财政聚力增效方法和商事制度改革等方面形成了一定的特色，较好地完成了国家赋予的时代任务。

　　可以说，南京江北新区萌芽于苏南现代化建设示范区规划，起步于苏南国家自主创新示范区建设，闻名于国家知识产权保护中心，成长于社会主义现代化试点，升级于自由贸易试验区。

　　未来已来，江北新区将继续聚焦塑造最舒适创新生态、激发创新活力，打造一座活力创新城、智慧新城，描绘探索全要素的创新高质量发展的新图景，全力打造为南京创新名城先导区，江苏省创新的策源地、引领区和重要增长极，更好地服务江苏，打造有全球影响力的科技创新产业中心和具有国际竞争力的先进制造业基地，为更好地服务国家"一带一路"倡议、长江经济带建设和高质量融入长三角区域一体化发展，跑出创新加速度！

洪银兴
2020 年 6 月 5 日

目 录

第一章 南京江北新区推动创新发展的历史进程……1

第一节 历史沿革：创新引领打开发展格局……3
一、高位筹备推动顶层设计……4
二、战略使命压实自主创新职能……7

第二节 时代背景：多重国家战略叠加交汇……9
一、苏南国家自主创新示范区……10
二、江苏省社会主义现代化建设试点……12
三、中国（江苏）自由贸易试验区……13

第三节 创新绩效：区域竞争力持续增强……15
一、经济发展取得阶段性成效……16
二、"两城一中心"产业形成集群效应……17
三、招商引资持续实现突破……22
四、核心产业、新基建等重大项目加速落地……25

第二章 集聚全球资源打造要素齐全的创新生态……29

第一节 激活国家级新区深化改革创新的政策红利……31
一、强化顶层设计，构建完善的政策引导体系……31
二、推动集成改革，形成有力的体制机制支撑……33

第二节　紧抓科技创新向生产力转化的关键环节 35
　　一、围绕产业链布局创新链，夯实创新基础 35
　　二、落实"两落地一融合"工作，育强创新主体 40
　　三、突出开放、合作、共享，优化创新环境 44
　　四、面向全球招才引智，集聚创新资源 50

第三节　建设更加契合创新发展要求的服务型政府 54
　　一、坚持以人为本，激励释放人的潜力 54
　　二、坚持创新实干，推动改革走向纵深 56
　　三、坚持大胆探索，打造创新发展试验田 57

第三章　推动"创新热土"高质量发展 61

第一节　正确把握产业与创新的内在关系 63
　　一、促进创新向生产力转化 63
　　二、提升综合创新活力 66

第二节　目标：实现创新发展走在全国前列 68
　　一、着力加强产业发展源头创新 68
　　二、着力推进创新型产业集群发展 69
　　三、着力完善"双创"服务"软硬件" 70

第三节　创新理念融入城市建设肌理 74
　　一、智慧产业丰富"两城一中心"内涵 75
　　二、智慧政务提升政府服务效能 77
　　三、智慧惠民构建民生服务新境界 79
　　四、智慧新区创造美好新生活 81

第四章　专家访谈 83

　　林毅夫：科技创新、制度创新"双轮驱动"是南京江北新区
　　　　　　打造创新策源地的核心竞争力 85

　　东南大学首席教授时龙兴：南京江北新区以"服务先行"探索
　　　　　　出产业培育新路径 92

香港大学校长张翔：优化资源配置、力促机制改革，进一步
　　推动创新策源地建设······97

集萃药康董事长高翔："去行政化"服务和创新发展是南京
　　江北新区吸引企业扎根的重要因素······100

周延鹏：坚持知识产权保护引领，南京江北新区为创新发展
　　贡献智慧······106

第五章　创新发展案例······111

第一节　新型研发机构······113

坚持创新驱动，打造技术研发核心优势······113
　　江苏省产业技术研究院智能制造技术研究所

靶向高通量脑成像和新药研发，推动科技成果落地转化······121
　　北京大学分子医学南京转化研究院

紧抓自主创新与市场化，抢占行业发展高地······130
　　人源化模型与药物筛选创新技术研究院

以智能化为先导，助力现代综合交通运输体系高质量建设······137
　　南京协同交通产业创新发展研究院

集聚产学研优势创新资源　建设新材料产业发展高地······145
　　江苏省产业技术研究院先进高分子材料技术研究所

加速科技成果转移转化，打造新材料企业集群生态圈······153
　　南京清研新材料研究院

打造"高精尖"大数据创新中心，引领数字经济发展······158
　　江苏鸿程大数据技术与应用研究院

第二节　科技型企业······167

"LDT+IVD"融合驱动开启我国癌症个体化医疗诊断新时代······167
　　南京世和基因生物技术股份有限公司

靶向创新药研发，夯实"智药"品牌基石······174
　　南京药石科技股份有限公司

力推"人不动，标本动"模式，为各级医疗机构提供专业

　　检验服务…………………………………………………………184

　　　　南京金域医学检验所有限公司

深耕物联网领域，打造南京"芯"工程……………………………192

　　　　南京中感微电子有限公司

激发"行业认知＋信息化"叠加效应，赋能行业管理平台升级……196

　　　　中国擎天软件科技集团

着力"科技＋金融"创新，破解融资难题、服务实体经济…………205

　　　　江苏银承网络科技股份有限公司

打造新一代可信数据网络，助力数字中国建设……………………212

　　　　江苏荣泽信息科技股份有限公司

第三节　科技创新服务平台及机构…………………………………218

强化知识产权保护，为"创新策源地"高质量发展护航……………218

　　　　中国（南京）知识产权保护中心

集聚名城名校优势资源，打造创新跨越新样板……………………225

　　　　剑桥大学南京科技创新中心

完善体系、创新模式，打造一流科技服务"超市"…………………231

　　　　南京市江北新区自主创新服务中心

筑强"平台化"服务助推生物医药产业高质量发展…………………239

　　　　南京江北新区生物医药公共服务平台

挖掘"知"产价值，探索企业融资服务新模式………………………245

　　　　"我的麦田"知识产权互联网公共服务平台

后记…………………………………………………………………………251

第一章

南京江北新区推动创新发展的历史进程

第一节　历史沿革：创新引领打开发展格局

南京江北地区作为南京的重要组成部分，是南京乃至中国近代化工产业的发源地，中华人民共和国成立初期成为南京和国家重要的产业布局基地，改革开放初期其重化工业地位得到持续提升。1988 年，国家开始实施高新技术产业化发展计划——火炬计划，明确把创办高新技术产业开发区和高新技术创业服务中心列入其重要内容。位于南京江北地区的南京高新技术产业开发区，依托软件、电子信息、生物医药等主导产业，成功申报成为全国首批也是江苏省首家国家级高新区，为区域发展注入活水。

但受长江天堑带来的跨江交通等条件限制，长期以来，高端生产要素在南京江北地区集聚的效果并不理想，从南京城市整体发展来看，江北地区相对滞后。为此，南京于 2001 年提出重点建设包括浦口新市区在内的"一城三区"战略，2002 年开始对江北地区进行区县行政区划调整优化，2006 年在南京市第十二次党代会上进一步提出"跨江发展"战略，全面推动南京江北地区发展提速。

2013 年以来，"长江经济带""长三角区域一体化发展"等国家战略及共建"一带一路"倡议在江苏落地实施，特别是南京城市化进程加快，对提升城市"首位度"、发展城市新空间提出更高要求，自此，南京江北地区也迎来了崭新的发展机遇。

2013 年 4 月，经国务院同意，国家发展和改革委员会正式印发了《苏南现代化建设示范区规划》。作为我国首个以现代化为主题的区域规划，《苏南现代化建设示范区规划》明确提出要把南京建设成为全国重要的科技创新中心、国家创新型城市及国际软件名城，并把"在南京推动建设江北新区"写入该规划，提出在江北新区"重点推进产业转型升级与新型城市化，打造产业高端、生态宜居的城市新区，成为加快现代化建设和提升国际竞争力的新引擎"的总体发展路径；2013年7月，《南京江北新区2049战略规划暨2030总体规划》编制工作启动。

2014年8月，第二届夏季青年奥林匹克运动会在南京成功举办，这是继北京奥运会后，在我国举办的又一项具有国际影响的奥林匹克盛事，来自全球204个国家的3787名运动员参加比赛，使得南京成为国内继北京之后第二个接待过200多个国家和地区的城市，南京的国际城市影响力得到空前提升。与此同时，继1992年上海浦东新区设立以来，在全国布局承担新一轮开发开放和改革使命的国家级新区的步伐进入加速期：2012年8月甘肃兰州新区成立；2012年9月广州南沙新区成立；2014年1月陕西西咸新区、贵州贵安新区成立；2014年6月青岛西海岸新区、大连金普新区成立。

在此背景下，高位筹备申报南京江北新区的各项工作迅速展开：2014年3月，南京市委市政府成立江北新区领导小组；6月，江苏省政府正式向国务院申报设立国家级新区——江北新区。经过一年紧张而有序的筹建，2015年6月27日，国务院印发《国务院关于同意设立南京江北新区的批复》（国函〔2015〕103号，以下简称《批复》），正式批复设立南京江北新区；7月11日，国家发展和改革委员会印发《关于印发南京江北新区总体方案的通知》，明确《南京江北新区总体方案》已经国务院原则同意。

一、高位筹备推动顶层设计

我国19个国家级新区分别位于19个省份，其总体发展目标、发展定位等由国务院进行规划和审批，开发建设工作接受国家发展和改革委员会指导和各省份政府领导，战略地位在各省份区域内具有唯一性。得益于此，国家级新区的开发建设可以从更大的空间尺度内调配资源要素，在发展初期集中人力、物力、财力和其他一切资源发展新区经济，发挥后发优势，实现快速健康发展。

南京江北新区同样起步于国家战略的高位谋划。国务院在同意设立国家级新区的批复中，根据江北新区自身特征，为新区赋予重大战略任务，明确江北新区要逐步建成"三区一平台"，即"自主创新先导区、新型城镇化示范区、长三角地区现代产业集聚区、长江经济带对外开放合作重要平台"。在规划编制、主导产业选择等方面，江北新区同时接受国家发展和改革委员会的科学指导，从国家层面明确产业定位，既立足自身优势，强化内生动力，又遵循市场规律，瞄准市场需求，更融入国家战略，紧跟国家产业发展方向。

着力发展产业新城模式。从当前国家已经批准设立的19个新区来看，国家级新区在成立之初往往是"一张白纸"，产业尚未形成规模，科技创新能力较弱，基础设施条件也相对滞后。不同于一般的经济区和产业园区，国家级新区是政府主导的以产业新城模式为核心的区域发展新空间。其发展需要统筹考虑产业发展、人口集聚与城市建设布局，促进产业与城市融合发展、人口与产业协同集聚。江北新区就是围绕重点发展的"两城一中心"主导产业，通过产业新城和产业园区建设促进产业集聚集群发展，完善产业配套，优化生产生活空间布局，带动城市建设，完善城市功能。

围绕体制机制深化改革创新。作为国家区域发展新空间和体制机制创新的"试验田"，国家级新区的"新"突出体现在体制机制创新上，江北新区被赋予的体制机制创新任务包括全面简政放权、行政管理体制改革、构建市场化营商环境等共性的改革任务，以及国家发展和改革委员会每年通过制定《国家级新区体制机制创新工作要点》作出的具体工作部署。从江北新区建区时起，即在机构设置、政府管理等方面进行大胆创新，探索形成适应新区发展需要的管理体制和发展模式。因此，江北新区在行政区划和管理体制上具有特殊性，可以主动协调相关利益主体，积极利用先行先试权力推进制度创新，培育核心产业实现创新发展。

在省市层面，江北新区是江苏省委省政府和南京市委市政府提升创新首位度的重要决策。2013年4月，经国务院同意，国家发展和改革委员会正式印发《苏南现代化建设示范区规划》，提出包括南京在内的整个苏南地区要为全国率先实现现代化提供示范,并提出要以潜力较大的江北新区通过转型发展整体提升南京的整体竞争力和国际化水平。根据江苏省和南京市有关苏南现代化建设示范区建设规划实施方案,南京市委市政府提出未来南京的城市发展战略重点在2014年举办青年奥林匹克运动会之后转向江北地区,为此于2013年7月部署了《南京江北新区2049战略规划暨2030总体规划》编制工作,为南京江北地区争取成为国家级新区提供规划技术支撑。江北新区的筹备工作从一开始就迅速有力,同时瞄准创新定位,坚持高水平规划、高品质建设、高效能开发,从产业、资源、标准和配套上与国际接轨,引进新兴产业和优质大项目。

获批国家级新区后,江苏省委省政府、南京市委市政府为江北新区高质量建设"三区一平台"提供全方位支持。2016年1月,江苏省委省政府审议通过了《省委省政府关于加快推进南京江北新区建设的若干意见》,对江北新区发展的指导思想、重点工作等做出部署,明确在政策扶持、规划编制、项目安排、体制机制创新等方面给予积极支持;6月,《南京江北新区总体规划(2014—2030)》获南京市政府批复;10月,南京市第十四次党代会召开,会议指出,"江北新区是南京市落实'一带一路'倡议和长江经济带发展战略的核心载体",要"努力把江北新区建成全市发展新的重要增长极,在全省跨江发展、扬子江城市群建设中发挥更大作用";11月,江苏省第十三次党代会召开,会议强调要集中力量建设"南京江北新区等重要平台,打造人才高地、创新高地、产业高地";12月,江苏省委常委会专题研究南京工作,会议强调要高标准建设江北新区,努力将江北新区打造为全江苏省未来的创新策源地、引领区和重要增长极。

2017年5月,南京市委市政府通过了《关于进一步完善南京江北新区管理体制的意见》,进一步明确南京江北新区行政管理体制;7月,江苏省十二届人大常委会第三十一次会议正式批准《南京市人民代表大会常务委员会关于南京江北新区行政管理事项的决定》,江北新区管理委员会(以下简称"管委会")实现依法赋权;7月,南京市委市政府启动对江北新区组织架构、空间架构和赋权架构优化调整的工作,设立直管区、共建区和协调区,极大拓展了江北新区的创新发展空间。其中,直管区为浦口区泰山街道、顶山街道、沿江街道、盘城街道和六合区大厂街道、长芦街道、葛塘街道共7个街道,共386

平方公里，由江北新区党工委、管理委员会统一托管。同时，在经济发展上，直管区通过整合，陆续形成了六个重点板块：中央商务区、产业技术研创园（以下简称"研创园"）、枢纽经济发展办公室（以下简称"枢纽办"）、生命健康办、新材料科技园和智能制造产业园。8月，《南京江北新区发展总体规划》正式获得江苏省政府批复，至此江北新区的顶层框架设计初步完成。根据该总体规划，形成"大江北"的概念，即江北新区全域2451平方公里，涵盖了江北新区直管区、浦口区、六合区和栖霞区八卦洲街道。

2018年12月，《南京市城市总体规划（2018—2035）》提出要建设"一主一新"两个主城，即江南主城和江北新主城。同期，江苏省委常委会集体调研南京，提出江北新区建设决定着南京城市发展的格局和走向，江北新区在南京市和江苏省发展大局特别是创新引领的地位也日益明显和重要。

二、战略使命压实自主创新职能

国家级新区是由国务院批准设立的以相关行政区、特殊功能区为基础，承担国家重大发展和改革开放战略任务的综合功能区，在改革创新等方面发挥着试验示范作用。南京江北新区作为全国第13个、江苏省唯一的国家级新区，从国务院批复设立起，便肩负了从国家战略到地方发展的多重使命，坚持创新驱动、走高质量发展道路，是践行这些使命的必然选择。

（一）国家发展使命

国家级新区是国家空间开放进程中（沿海开放—沿边开放—全面开放）出现的一种新形式，是对以城市为对象的开放空间的深化和升级。作为相对较小范围的开放空间，国家级新区较传统大众城市更能有效集聚各种资源，通过"以点带面"推动区域全局发展。我国最早的国家级新区于1992年落户上海浦东，在党的十八大以后作为承担国家重大发展和改革任务的综合功能区逐渐加速建设。在纷繁复杂的经济形势和艰巨繁重的改革需求背景下，江北新区逐渐担负起经济引擎、体制创新平台、扩大开放窗口、统筹城乡重要载体等多元化使命，成为江苏省落实国家战略、打造改革创新试验田的重要载体。

国务院《关于同意设立南京江北新区的批复》中提出，基于"南京江北新区是长江经济带与东部沿海经济带的重要交会节点，对于推进长江经济带建设、培育东部沿海地区率先转型发展的新增长极具有重要意义"，要求"充分发挥南京江北新区在创新驱动发展和新型城镇化建设等方面的示范带动作用，推动苏南现代化建设和长江经济带更好更快发展"，以及"更加注重自主创新，加快构建现代产业体系，推进新型城镇化建设，完善现代化基础设施，加强生态文明建设，扩大对外开放合作"，这对江北新区在国家整体战略布局中的地位、目标、发展动力和实现路径均进行了明确安排。而同其他国家级新区相比，江北新区是国务院批复文件中，唯一被明确要求同时参与"一带一路"和长江经济带两大支撑带的国家级新区，也是唯一体现了和其他国家级新区（上海浦东新区、浙江舟山群岛新区）形成联动发展的国家级新区，我国设立江北新区在促进区域开放空间布局和创新引领服务等方面具有深刻意义。

经过近30年的发展，我国新城新区已基本形成了以国家级新区为龙头，高新技术开发区、经济技术开发区为两翼，其他各类型新城新区为重要支撑力量的战略布局，国家级新区成为带动区域经济发展的重要引擎。南京江北新区成立五年来，地区生产总值、一般公共预算收入、全社会固投等主要指标实现翻番，综合实力已位居19个国家级新区的第6位。它在新旧动能加速转换、发挥消费的拉动作用、利用外资、财政聚力增效方法和商事制度改革等方面，形成了一定的发展特色和经验，较好地践行了国家赋予的时代任务，当前正着力夯实创新发展根基，释放潜能、激发动能，向实现引领加速迈进。

（二）区域发展使命

国务院在批复国家级新区的文件中强调，新区的首要任务是建设成为区域经济增长极，辐射带动区域经济发展，其本质为一种战略性的区域发展载体。作为国家区域发展新空间，新区在行政区划和管理体制上具有特殊性，可以主动协调相关利益主体，积极利用先行先试政策推进制度创新，往往可以形成核心引擎，从而带动区域中心城市、促进区域协调发展，特别是在产业创新方面，可以有效集聚龙头企业和其他创新所需高端要素，从而打造区域特色的创新链。

江北新区作为江苏省唯一的国家级新区，不仅是江苏深入实施创新驱动战略着力打造的创新策源地、引领区和增长极，也是江苏服务"一带一路"交汇点、长江经济带建设和高质量融入长三角区域一体化的重要抓手，对培育区域经济增长新动能，激发高质量发展新活力发挥着关键作用。

2019年12月，中共中央、国务院印发《长江三角洲区域一体化发展规划纲要》，基于"江苏制造业发达、科教资源丰富、开放程度高"的优势，明确赋予江北新区创新发展新任务：要"推进沪宁产业创新带发展，加快苏南国家自主创新示范区、南京江北新区建设，打造具有全球影响力的科技产业创新中心和具有国际竞争力的先进制造业基地"，实现协同创新。2020年4月，江苏省政府发布《〈长江三角洲区域一体化发展规划纲要〉江苏实施方案》，进一步明确江北新区对南京都市圈发展的重要意义："大力推进南京江北新区建设，加快建设实体经济、科技创新、现代金融、人力资源协同发展的现代产业体系，增强长三角世界级城市群中心城市支撑作用。"

如同浦东新区是上海打造的有全球影响力的科技创新中心的核心区，江北新区也承担着南京乃至江苏打造具有全球影响力的科技创新产业中心和先进制造业基地的重要时代任务。而在长三角区域一体化的发展背景下，江北新区作为南京向东接受上海全球科创中心辐射、建设沿沪宁产业创新带（G42）的西部压轴，是次区域发展的领头羊，更是通过联动区域创新资源、强化区域创新功能、织密区域创新网络、加快发展动能转换，以创新驱动构建现代化经济体系，力促宁镇扬、南京都市圈、宁杭生态经济带、扬子江城市群整体发展的主阵地。

第二节　时代背景：多重国家战略叠加交汇

国家级新区是适应我国改革开放和区域经济均衡发展需要的特殊产物，大多依托直辖市和重要的省会规划城市建设，一般以自由贸易试验区、高新技术产业开发区、经济技术开发区、保税区等经济区为基础进行规划，与国家级、省级、市级等不同层级的经济区有重叠或交叉，具有园区集聚、政策叠加的创新开放优势，是国家实行大政方针的热点区域。江北新区也不例外，是国家级新区、苏南国家自主创新示范区、江苏省社会主义现代化建设试点、自由贸易试验区等多重国家战略和政策叠加的交汇点。

一、苏南国家自主创新示范区

国家自主创新示范区是走中国特色自主创新道路的重要实践，也是依靠自主创新、实现科学发展的重要探索。2014年10月20日，国务院批复同意支持南京、苏州、无锡、常州和镇江5市的8个高新技术产业开发区和苏州工业园区建设苏南国家自主创新示范区，战略定位是建设成为"创新驱动发展引领区、深化科技体制改革试验区、区域创新一体化先行区和具有国际竞争力的创新型经济发展高地"。这是继中关村科技园区、东湖高新区、张江高新区和合芜蚌自主创新综合配套改革试验区之后，中国第五个"国家自主创新示范区"，也是当时江苏省获批的第二个国家级自主创新示范区。

作为示范区，一方面，《批复》同意参照执行确定支持中关村科技园区的六项政策及其配套措施，即在开展股权激励、深化科技金融改革创新、国家科技重大专项项目（课题）经费中按规定核定间接费用试点工作，以及支持新型产业组织参与国家重大科技项目、实施支持创新创业的税收政策、组织编制发展规划。另一方面，《批复》还同意成立由科技部牵头的部际协调小组，协调各有关部门在职责范围内支持苏南建设国家级自主创新示范区，落实相关政策措施，研究解决发展中的重大问题；要求各有关部门结合各自职能，在重大项目安排、政策先行先试、体制机制创新等方面给予积极支持。

2015年2月，江苏省委省政府召开了深入实施创新驱动发展战略暨建设苏南自主创新示范区工作会议，并出台《中共江苏省委江苏省人民政府关于建设苏南国家自主创新示范区的实施意见》，江苏省政府成立了示范区建设工作领导小组，并争取到了国家相关部委的支持，成立了由科技部等11个国家部委组成的示范区建设部际协调小组；7月，审议通过《苏南国家自主创新示范区发展规划纲要2015—2020》；9月，该纲要由科技部正式印发。2017年12月，《苏南国家自主创新示范区条例》审议通过，进一步完善政策体系和工作机制，为示范区发展创造良好的环境和氛围。

位于今天江北新区直管区范围内的南京高新技术开发区，是苏南国家自主创新示范区最早的八个高新区之一。获批自主创新示范区后，南京高新区聚焦发展优势产业，以建设"苏南国家自主创新示范区排头兵，南京转型升级引领区，江北新区主引擎"为目标，不断进行自我升级，先后出台了《南京高新区加快苏南自主创新示范区建设若干政策》《南京高新区知识产权促进资金管理试行办法》及《南京高新区众创空间认定和管理试行办法》等政策措施，抢抓自主创新示范区建设机遇。

2015年，江北新区获批设立，在南京高新区建设基础上，陆续出台《促进创新创业十条》《"创业江北"人才计划十策》《南京江北新区科技创新平台引进培育支持办法（试行）》等政策，进一步推动创新创业、人才引进、核心产业等发展，围绕价值链打造产业链，围绕产业链部署创新链，围绕创新链完善资金链，着力为企业全生命周期精准提供政策扶持。近年来，凭借一系列先行先试的激励创新政策，以南京高新区起底的江北新区在激发各类创新主体活力，加快科技成果转移转化，提升区域创新体系整体效能方面进行了许多有益的探索，也正是具有高度前瞻性的规划实施方案中所提出的建立知识产权法院和深化行政审批制度改革等安排，成就了今天江北新区的区域创新特色。伴随江北新区叠加机遇，南京高新区在自主创新示范区中的发展和定位不断升级，南京高新区发展也实现了大幅进位，根据科技部火炬中心公布：2018年，在全国157家国家级高新区中，南京高新区按原口径排名第20位，前进7位，实现自2011年以来的历史最好名次；2019年，在全国169个国家高新区评价排名中南京高新区进入前15名。另据南京市科技局和南京市统计局联合发布的《关于2019年度全市高新区（园）创新发展主要指标进展情况的通报》统计：2019年南京高新区（江北新区）新增备案新型研发机构24家，净增高新技术企业240家，高新技术产业投资额123.28亿元，均位列南京市高新区（园）第一，正日渐成为南京创新名城建设的排头兵。

二、江苏省社会主义现代化建设试点

党的十九大报告提出了"在全面建成小康社会的基础上，分两步走在本世纪中叶建成富强、民主、文明、和谐、美丽的社会主义现代化强国"的宏伟目标，发出了开启全面建设社会主义现代化国家新征程的伟大号召。2013年4月，国家发展和改革委员会印发的《苏南现代化建设示范区规划》，提出"在南京推动建设江北新区，成为加快现代化建设和提升国际竞争力的新引擎"；2014年12月，习近平总书记视察江苏时提出"为全国发展探路是中央对江苏的一贯要求"。江苏省委十三届三次全会深入贯彻习近平新时代中国特色社会主义思想和党的十九大精神，明确提出推动江苏高质量发展走在前列的目标，同时提出在高水平全面建成小康社会的基础上，探索开启建设社会主义现代化新征程。2019年2月，江苏省委办公厅、省政府办公厅印发《关于在苏南部分县（市、区）开展社会主义现代化建设试点工作的实施方案》，明确把南京市江宁区、南京江北新区、苏州市昆山市、苏州工业园区、无锡市江阴市、常州市溧阳市作为试点地区，为江苏省社会主义现代化建设探索路径、建立机制、积累经验。根据方案，江苏将成立试点工作领导小组，并根据工作需要成立了各专项工作小组，加强省级层面协调指导和政策支持，具体包括：鼓励试点地区在社会主义现代化建设的体制机制、路径举措等方面积极探索，大胆先行先试。同时在产业转型升级、要素资源配置、社会管理创新、生态环境保护、精神文明建设等方面给予政策支持，针对试点地区现代化探索的不同特色和不同领域，政策支持可以"一地一议"，重大创新可以"一事一议"，鼓励试点地区充分发挥基层首创精神，探索实践路径。

成为江苏开展社会主义现代化建设工作的试点区域，为江北新区对标找差、深化改革创新，提供了更具优势的发展条件。该实施方案发布以来，江北新区围绕推进经济发展现代化、民主法治现代化、文化发展现代化、社会发展现代化、生态文明现代化和人的现代化，多次召开试点工作专题会议，对照试点总体方案内容和任务清单，强化指标体系构建和数据采集分析，全面推进创新、绿色、开放等专项工作，特别是突出培育创新发展优势，结合试点工作着力提升创新、绿色、营商环境等关键指数。同时，江北新区紧抓江苏省、南京市相关支持政策出台的窗口期，积极争取、申报科技产业创新中心等重大项目和平台，力促各项政策赋能事项尽快落地实施、赋能清单落地见效，借力现代化集成打造高质量发展的"江北样板"，为江苏省全面开展社会主义现代化建设新征程探索路径、建立机制、积累经验。

三、中国（江苏）自由贸易试验区

建设中国（江苏）自由贸易试验区（以下简称"江苏自贸试验区"）是以习近平同志为核心的党中央，在新时期促进改革开放更好适应国际经贸规则，推动我国开放重点从商品和要素流动型开放向规则等制度型开放转变的一项战略举措。不同于以往的政策高地，自贸试验区的核心在制度创新。自 2013 年首个自贸试验区落户上海以来，我国自贸试验区以制度创新为核心任务，在投资管理、贸易监管、金融制度、事中事后监管和法治化建设等方面，推动了系列改革创新，经过几年发展，初步搭建起自贸试验区的制度创新框架，营造了优良的营商环境，形成了一批可复制、可推广的重要创新成果，发挥出改革开放排头兵和试验田的作用。

2019 年 8 月 26 日，在我国自由贸易试验区"1+3+7+1"格局下，国务院印发《关于同意新设 6 个自由贸易试验区的批复》，再次批准设立 6 个自由贸易试验区，江苏位列其中，同天，国务院印发《中国（江苏）自由贸易试验区总体方案》，我国范围内横贯东西联通南北、侧重点各有不同的自贸试验区布局网络进一步织密。

根据《中国（江苏）自由贸易试验区总体方案》，江苏自贸试验区的战略定位为"全面落实中央关于深化产业结构调整、深入实施创新驱动发展战略的要求，推动全方位高水平对外开放，加快'一带一路'交汇点建设，着力打造开放型经济发展先行区、实体经济创新发展和产业转型升级示范区"，实施范围 119.97 平方公里，涵盖南京、苏州、连云港 3 个片区。按照中央和省差别化改革试点要求，其中，苏州片区将着力在开放创新融合上取得新突破，打造全方位开放、国际化创新、高端化产业、现代化治理 4 个高地；连云港将着力打造亚欧重要国际交通枢纽、集聚优质要素的开放门户和"一带一路"交汇点

中国（江苏）自由贸易试验区南京片区

建设的重要支点。

南京片区 39.55 平方公里实施面积，全部落在江北新区范围内，其战略定位是着力建设具有国际影响力的自主创新先导区、现代产业示范区和对外开放合作重要平台（以下简称"两区一平台"）。把建设"自主创新先导区"作为南京片区的首要任务，成为国家对南京江北新区迈入"双区联动"新时期，进一步坚持改革创新，优化体制机制，以开放促发展，突出高端资源集聚，努力探索开放创新"江北路径"的新期许。

江苏自贸试验区南京片区落地后，南京市委市政府高标准、高效率推进各项工作，在改革探索、企业集聚、制度供给等方面，快速取得阶段性务实成果。2019 年 12 月，南京市出台了支持江苏自贸试验区南京片区高质量发展的"1+9"制度文件，即《中共南京市委南京市人民政府关于促进中国（江苏）自由贸易试验区南京片区高质量发展的意见》和支持江苏自贸试验区南京片区构建一流创新生态体系、集成电路产业发展、生命健康产业发展、金融创新发展、投资贸易便利化、人才发展、强化规划和自然资源要素保障、加大产业资金引导力度、教育和卫生健康国际化等 9 个配套文件，形成了支持南京片区高质量发展的完整政策体系，其中不少政策举措为全国首创。"1+9"政策从支持先行先试、激发创新发展新动能、强化发展要素供给、推动金融创新支持实体经济、加大高层次人才引进力度、完善改革创新促进机制等六个方面推动南京片区加快发展，充分突出了体制机制创新和系统集成，体现了最大限度促进贸易和投资自由化便利化、最大限度支持创新驱动和主导产业发展、最大限度激励高科技企业和高层次人才等鲜明特点，为江北新区努力打造为新时代引领高质量发展的创新高地、产业高地、开放高地，成为特色鲜明全国一流的制度创新"试验田"提供了整体设计。

南京片区挂牌后，充分发挥与江北新区国家级新区"双区叠加"的发展优势，在江北新区"两城一中心"产业基础上，进一步围绕集成电路、生命健康、新金融等关键领域，积极开展精准招商、专业招商，全力保障重点产业项目快落户、快建设。相关统计显示，获批后一年，南京片区实现新增注册企业1.3万余家，注册资本828亿元；引进外资企业66家，实际利用外资7.9亿美元。在2020年上半年新型冠状病毒肺炎疫情和国际贸易下行的多重压力下，南京片区仍实现外贸进出口额同比增长18%，服务进出口额同比增长40%。同时，重大项目和科技创新平台也在南京片区加速落地建设，剑桥大学南京科创中心在南京片区正式奠基并启动建设，华为鲲鹏生态产业园按下发展"快速键"，40亿元规模自贸试验区基金、500亿元规模先进制造业国家大基金及高鹏资本、中再资本等十几只资产管理规模超百亿元的投资基金先后落户南京片区……为江苏自贸试验区南京片区与江北新区叠加发展、建设提供了高端要素和资源供给。

第三节 创新绩效：区域竞争力持续增强

成立5年来，南京江北新区坚持创新驱动，快速实现了从无到有、从有到优的蝶变发展，逐步成长为江苏省和南京市创新资源最密集、创新氛围最浓厚、创新产出最丰硕的地区。截至2019年，江北新区全域总人口已增长到超过250万人；全区生产总值实现从2014年的1435亿元增长到突破2780亿元，占南京市比重近 1/5，其中直管区生产总值同比增长 13.2%，增速领跑南京市和江苏省。据《2020 南京江北新区创新活力指数报告》显示，2015—2019 年江北新区创新活力指数保持了持续高速增长，累计增长幅度达到 138.03%，2019 年相对 2018 年增长 27.24%。

一、经济发展取得阶段性成效

南京江北新区自获批设立以来，生产总值跃升至 2019 年的 2780 亿元，直管区增速连续八个季度高于南京市 5 个百分点，增速居南京市和江苏省之首；一般公共预算收入从 155 亿元跃升至 290 亿元，年均增长 13.3%；规模以上工业总产值从 1903 亿元跃升至 4037 亿元，年均增长 16.2%。5 年来，江北新区全域投资近 6000 亿元规模，年均增速保持在 20% 以上，增长势头强

台积电（南京）12 英寸晶圆厂与设计服务中心

劲。2019 年，江北新区社会消费品零售总额完成 827 亿元，外贸进出口额从 2015 年的 98.5 亿元跃升至 2019 年的 470 亿元，2019 年实际利用外资完成 13.5 亿美元，较 2015 年总量实现翻番；城镇居民可支配收入从 43998 元增长至 60668 元，年均增速 6.6%。5 年时间，江北新区密集开建了 5 条过江通道，新建、在建三甲医院 3 所以上，新建学校 80 余所，人居环境大幅改善，绿色发展指数位居江苏省第一。2020 年第一季度，面对新型冠状病毒肺炎疫情的冲击，江北新区生产总值仍然实现了 7.4% 的增长速度，成为南京市乃至江苏省的经济发展增长极。

二、"两城一中心"产业形成集群效应

在发展主导产业方面，南京江北新区着力推动"芯片之城、基因之城和新金融中心"建设，5 年实现集成电路、生命健康产业规模分别达到 300 亿元、900 亿元，集聚各类金融资本 4000 亿元。"两城一中心"项目总投资超过 1800 亿元，一批重点项目成功落户，创新热土集聚效应日益彰显。

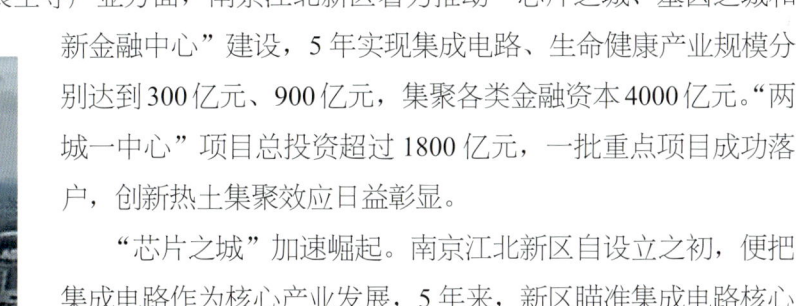

"芯片之城"加速崛起。南京江北新区自设立之初，便把集成电路作为核心产业发展，5 年来，新区瞄准集成电路核心技术、关键人才，着力招引国内外高端资源要素，围绕产业链布局创新链，充分激发龙头企业引领作用，着力推动集成电路产业在江北新区率先形成自主可控的产业体系。

2018 年 10 月 31 日，一期投资 30 亿美元的台积电 12 英寸晶圆项目在南京江北新区宣布实现量产。台积电南京厂从动工到量产仅用了 20 个月，期间打破多项台积电纪录，这也体现着江北新区的发展速度。而作为芯片领域的龙头企业，最早入驻江北新区的台积电也见证了江北新区"芯片之城"的一路发展。"2015 年我们刚来的时候，江北新区的基础设施还是比较缺乏的，到了 2017 年，水、电、机器，所有配套设备都改善好了"，2018 年中国半导体市场年会暨"IC 中国"峰会

上，台积电（南京）有限公司总经理罗镇球说，"全世界能跟上台积电脚步的不多，江北新区跟上了，而且还在加速。"

在培育集成电路产业生态的过程中，江北新区充分激发龙头企业的带动作用。引入台积电后，江北新区围绕"芯片之城"建设，加速打造"芯"环境、汇聚"芯"人才、凝聚"芯"动力，不到5年时间，便集聚了400余家集成电路产业链企业，涵盖芯片设计、晶圆制造、封装测试、终端制造等产业全部环节，形成了一套成熟的集成电路产业服务体系，实现了集成电路产业的从无到有、从小到大的跨越发展。目前，江北新区引育的龙头企业，不仅有华大半导体、展讯通信、中星微电子等芯片设计领域国内排名前十的企业，全球集成电路知名企业安谋电子、新思科技、铿腾电子也纷纷布局江北新区。同时，华为江苏鲲鹏生态产业基地、网易南京数字产业创新发展项目、创意电子、台湾欣铨、中科芯、中电科、华大九天、大鱼、灵动微电子、国家ASIC工程中心、赛宝工业技术研究院等一大批重点项目也纷至沓来，南京江北新区"芯片之城"集聚效应显现。

为更好集聚全球创新资源，江北新区近年来在先后举办世界半导体大会、中国集成电路设计业年会、中国研究生电子设计竞赛总决赛、中国集成电路EDA设计精英挑战赛等国内外有影响力的重大活动同时，不断加强政策助力，先后出台了《南京江北新区集成电路人才试验区政策（试行）》《关于支持中国（江苏）自由贸易试验区南京片区集成电路产业发展的若干措施》等集成电路相关政策，从人才引进、留才奖励、人才培养、生活配套等方面给予支持，着力建设集成电路产业创新发展"强磁场"。目前，江北新区正积极筹建国家级集成电路设计服务产业创新中心，并将以此为契机，瞄准"全球智能设计中心"，在芯片设计等高端领域持续发力，加快打造集成电路千亿级产业集群，推动集成电路产业迈向更高层次。

"基因之城"动力强劲。在生物医药、医疗器械、基因等领域，江北新区一批拥有自主知识产权的产品，包括南京绿叶制药的注射用紫杉醇脂质体（力扑素）保持紫杉类药物、沃福曼医疗具有自主知识产权的创新产品"OCT"、药捷安康针对三阴乳腺癌自主研发的新型小分子药物TT-00420等，已走向国际市场。

江北新区积极举办各类创业活动

　　在江北新区这片创新热土上，近年来，生物医药领域不断涌现出从零开始的创新创业故事。2013年，在多伦多大学医学院从事癌症研究的邵阳有了把科研成果产业化的想法，他找到自己在美国和加拿大的同学，组成5人"海归"创业团队，最终，他们把梦想的起点定在了南京江北新区。

　　邵阳回想起刚来江北新区创业时感慨道："江北新区扶持年轻人创业的力度很大，为我们提供了200万元研发启动资金和500平方米免租实验室，一举解决了我们资金和场地问题。在医药创新领域，资金和技术门槛都很高。当时，一台小型测序仪器就把我们难住了，200多万元的售价。关键时刻江北新区又一次雪中送炭，他们用公共服务平台的资金，购买了这台仪器，再用'以租代购'的方式，让我们只付较少的租金，就能使用这台昂贵的测序仪。"2018年，江北新区政府助力世和基因发展建设，投资6亿元建造45000平方米的世和基因生物技术总部及研发生产基地。今天的世和基因已拥有国内外专利20多项，累计发表SCI文章超过155篇，累计影响因子（IF）超过1100分，并形成多项自主研发创新成果，得到全球知名机构和医药巨头认可，技术水平达国际领先水平，在体外诊断领域，打破了国外巨头罗氏、雅培等公司对先进技术和市场的垄断。2018年4月，世和基因被评为南京市第一批培育独角兽企业及培育瞪羚企业；在2018年度创新中国评选中荣获"创新中国-新锐产品"奖；2019年12月，获D轮8亿融资，创造行业单轮人民币融资纪录；2020

年4月，由培育独角兽企业成功晋升为南京市独角兽企业。

江北新区生命健康产业链涵盖医药研发、生物制药、诊断试剂、基因检测、医疗器械、医药销售、健康服务等上下游环节，其中，健友生化、基蛋生物、威尔药业、药石科技等4家企业已在主板、创业板上市，微创医学是南京市首家科创板上市企业。截至2019年年底，仅在直管区范围内江北新区就有年收入达10亿元企业7家，达1亿元企业36家，达2000万元的规模以上企业44家，从业人员突破20000名。经过5年的发展，江北新区直管区生命健康产业从营收规模不足150亿元，发展到全产业链主营业务收入突破900亿元，产业发展实现超500%的超高速增长。

当前，江北新区正着力打造完善的生命健康产业创新生态链，加速国际国内创新资源集聚。一方面，着手培养园区企业，推进建设和发展新型研发机构，促进医教研一体化融合发展；另一方面，全面深化拓展与南京大学、东南大学、南京医科大学等其他本地知名医学教育与研究机构的合作，引导落地南

国家健康医疗大数据中心

创新的热土 | 南京江北新区打造创新"强磁场"

京大学伦敦国王学院联合医学研究院、剑桥大学南京科技创新中心、伯克利-南京研究中心、南丁格尔护理学院、中美自闭症培训与康复中心等研究机构，围绕基因测序、大分子药物、高端医疗器材与设备、精准医疗服务等前沿热点和重大技术攻关领域开展研究，推动落实新型研发机构建设，引导入驻医院、高校联合设立科技成果与技术转移的研发机构，完善从研发向产业延伸的供应链，打造"基因之城"的新引擎。

"新金融中心"蓄势待发。推动产业升级、创新发展离不开金融的支持。5年来，江北新区结合自身的产业布局，持续推动"新金融中心"建设。在硬件上，打造了江北新金融中心一期项目。该项目地上总建筑面积约72万平方米，总投资约150亿元，将建设有顶级金融总部、超五星豪华酒店、酒店式公寓、5A级写字楼、大型集中式商业等功能的国际新金融中心，其中包括南京最高城市新地标——南京绿地金融中心。除了在建中的绿地中心、绿地金融广场、新金融示范街区，还有8栋新金融中心大楼也已开建。在政策上，出台了《南京江北新区加快建设扬子江新金融集聚区的若干意见》（以下简称"金融十条"），从金融企业落户奖励、办公用房支持、经济贡献奖励，到金融高端人才引进、金融项目创新支持、投资风险补偿，形成全链条扶持政策体系。创新上，江北新区积极引入了中研绿色金融研究院，希望通过创新性"绿色金融"政策引导和制度安排，进一步丰富创新融资工具、拓宽企业融资渠道，加大金融支持绿色产业力度，引导和激励更多的社会资本进入环保领域、绿色产业，实现经济效益、社会效益和生态效益有机统一。业态上，除了传统金融机构银行、保险等外，还吸引了一大批知名资管公司和创投机构，如工银金融资产投资公司、供销金融、深创投、华泰证券产业基金、红土智能创投基金等。截至2019年年底，江北新区直管区范围内累计集聚各类金融企业500余家，成功引进东方财富等200余家新金融机构，500亿元规模的先进制造业国家大基金成功落户，引进华泰证券产业基金、高鹏资本、中金资本等300余支基金，认缴规模将近4000亿元。

同时，根据江苏省、南京市关于打造扬子江新金融集聚区的战略部署，江北新区全力谋划新金融中心"一心一镇"建设工作，积极推动"CBD资产管理与证券化中心"建设，以工银金融投资公司为龙头，强化各类金融资产要素集聚；积极推动"创业创新基金小镇"建设，加强产融结合，以基金小镇建设推动集成电路、生命健康等产业快速发展。江北新区将继续坚持走产融结合、金融助推产业发展之路，推动扬子江新金融集聚区建设，为新兴产业发展提供强大的资本支撑。

三、招商引资持续实现突破

5 年以来，南京江北新区直管区新增注册企业 40042 家（不含注销企业）。2018 和 2019 两年间，仅直管区就实现签约项目投资总额 4000 亿元以上，亿元以上签约项目 525 个，实际使用内资额 480 亿元以上。2020 年第一季度，在南京市"云签约"、江北新区线上线下签约仪式两场活动中，江北新区共签订 22 项协议，均为亿元以上重大项目，投资总额 303.3 亿元。江北新区不断解放思想、拓展海内外朋友圈，力促招商引资持续实现突破。

联合华为打造计算机产业生态。2019 年 8 月 2 日，南京市委常委、江北新区党工委专职副书记罗群带队考察华为公司全球总部，与华为企业 BG 副总

2020 华为鲲鹏生态高峰论坛

裁马悦洽谈鲲鹏产业合作。仅29天后，双方便签署了鲲鹏产业合作战略框架合作协议。2019年11月1日，江北新区与华为联合举办江苏鲲鹏计算产业峰会，双方与400多家鲲鹏计算产业生态伙伴洽谈产业合作，为江苏鲲鹏生态产业打造工作夯实基础。2019年12月，江北新区与华为成立了鲲鹏整机联合推进组，双方共同前往北京、深圳、江苏省内多个城市考察整机合作伙伴，全力拓展新区整机产业链。2020年3月，江北新区与华为开始实行例会推进制度，联合推进整机项目的落地和生态企业的联合创新和落地。目前，双方已联合推进13个鲲鹏生态企业项目进行深入洽谈或落户，其中包括扬州万方、诚迈、神州数码、南京佳力图、云和恩墨（北京）信息技术有限公司、信易达等，江苏鲲鹏生态产业打造工作进入发展快车道。

镭芯光电落户"芯片之城"。镭芯光电团队由来自全球的技术专家和管理专家组成，在落户中国时，考察和考虑过很多城市和工业园区，相关城市和园区均对项目给予了优厚的政策支持，就在团队完成注册全资子公司并即将落户之时，兰璞投资基金黄节博士与其团队基于相同的发展理念，邀请该团队到南京江北新区考察。在与南京江北新区党工委委员、管委会副主任陈潺嵋进行深入交谈后，该团队对江北新区打造"芯片之城"，大力发展化合物半导体产业链印象深刻，最终决定在江北新区成立全球总部，并以江北新区为中心，打造化合物半导体光电子器件，封装，模组和应用全产业链，力争在3~5年内实现规模生产，8~10年成为百亿级公司，10~15年成为全球前三光电子器件和应用的综合型企业。2019年10月21日，镭芯光电项目在江北新区研创园签约落地，目前，正按照既定的规划和路线逐步实施。镭芯光电同时积极引进下游战略合作伙伴和全球技术领先的光纤激光公司落户江北新区，着力推动产业链的延伸和扩展，重点在江北新区打造光电子集成基地，计划未来2~3年内建立镭芯光电化合物半导体光电子器件研发、生产和应用的国际化基地，以及人才培养基地。

应世生物加入江北新区"朋友圈"。应世生物由国际顶尖科学家及国际企业高管团队创建，团队带头人曾在诺华、GSK、礼来、先灵葆雅、默沙东等世界500强药企任职重要研发管理岗位，具备丰富转化医学研发经验。2019年11月7日，陈潺嵋副主任邀请应世生物创始人王在琪博士一行到江北新区考察，并向他们介绍了江北新区生物医药产业的发展基础和投资环境，积极了解项目情况及需求。2020 年 1 月 12 日，陈潺嵋副主任带队前往美国旧金山，进一步与王在琪博士见面交流项目情况，成功促成了该项目落户江北新区。2020 年 4 月 15 日，陈潺嵋副主任再次邀请应世生物创始人王在琪博士会面，了解应世生物落户江北新区后的项目及融资进展，主动为应世生物解决了落户过程中遇到的各类问题。应世生物在江北新区扎根发展后，目前已完成数千万美元的 A 轮融资。

"集萃药康小鼠"走向世界。江苏集萃药康生物科技有限公司（以下简称"集萃药康"）创始人、教育部长江学者特聘教授高翔博士的团队在动物模型研发上拥有领先的技术和经验，率先建立了国家遗传工程小鼠资源库，但受体制机制与市场接轨困难等因素制约，研发成果难以快速实现向市场的转化。2017 年 8 月和 11 月，罗群常委、陈潺嵋副主任两次陪同江苏省委常委、南京市委书记兼江北新区党工委书记张敬华到国家遗传小鼠资源库平台调研，并在南京大学的支持下，破除原有运营模式机制对人才引进和资本化发展的束缚，积极助力高翔博士团队对科研成果进行市场转化。2017 年 11 月，由高翔博士团队、江北新区生物医药谷、江苏省产业技术研究院共同发起组建集萃药康，陈潺嵋副主任和南京大学杨忠副书记在南京市新型研发机构签约大会上见证了该公司的"人源化模型与药物筛选创新技术研究院"为首批签约机构。在江北新区管委会的关心和支持下，2018 年该公司和江苏省产业技术研究院签约成立江苏省产业技术研究院下属专业研究所"比较医学研究所"。为利用市场资本加速推进公司全球化战略发展，2019 年 5 月，该公司完成由鼎晖资本和国药资本共同投资的 A 轮融资 1.6 亿元；8 月，由教育部主持，在科技部、南京大学及江北新区相关领导的见证下，通过专家论证并同意集萃药康成为国家科技资源共享服务平台之一"国家遗传工程小鼠资源库"的共建单位。目前，集萃药康专注为生物医药研究和新药开发提供疾病模型研发、生产和供应服务，拥有完善的基因编辑、干细胞改造、胚胎操作、动物表型分析、动物模型生产控制等平台，自主研发神经、心血管、肿瘤、代谢等疾病模型及各类人源化小鼠模型等近 9000 个品系，资源量保有量处于世界前列。该公司重点围绕支撑新药研发方向，开发了数百个药物评价新靶点的人源化模型和用于临床药物筛选与指

江北新区中国（南京）细胞谷

导精准治疗肿瘤模型等，获批和申请专利 40 余项。2020 年 3 月，该公司荣获"年度生物医药最佳企业"奖项，其人源化小鼠模型项目获江苏省科技进步三等奖。

四、整体营商环境持续优化

招商引资不断突破、重大项目接连落地、知名企业纷至沓来，其背后是南京江北新区营商环境软实力与核心竞争力的不断优化提升。江北新区以打造"管理效率最高、服务水平最优、运营成本最低"的国家级新区为目标，坚持对标国际一流，坚持创新突破，持续深入推进营商环境，不断优化营商环境服务，逐步探索建立"3+2"企业暖心服务体系。

江北新区推出企业注册登记"压缩包"，降低企业准入门槛。一是精简审批环节。优化环节并联办理，新办企业只需一次性提交所有申请材料，企业工商登记更便捷缩短至 2 个工作日，推行企业全程电子化登记模式，让企业足不出户领执照。全面推开"证照分离"改革，精简涉企证照，强化事中事后监管。

全面实现不动产登记 3 个工作日完成的改革目标，查封登记、异议登记等 10 项业务均实现现场办结，其他存量房交易登记（不含银行贷款审批）、符合条件的个人非住宅类抵押权首次登记等其他业务均实现 48 小时内办结。二是提高审查效率。率先实质性开展企业投资项目"信用承诺制"改革试点，通过联合预审、联合踏勘、确认信用等流程，对取得图审合格证或技术性审查通过的项目，发放施工登记函，实现重大项目审批服务从"先批后建"到"先建后验"。产业项目从立项到施工许可 30 个工作日办结，由 21 个环节缩短至 8 个环节，率先完成质监、安监、人防质监等并入施工许可合并办理。开发上线"建设工程施工图设计数字化联合审查管理平台"，累计审查时限由原来 50 个工作日左右缩短为 7 个工作日出具首审意见。实施区域环评改革试点，将产业技术研创园作为改革试点先行区域，精简项目环评申报材料和审批时限。三是推行智慧政务。深化"互联网+政务服务"，持续深入推进"不见面"审批。江北新区 1131 项政务服务事项中"不见面审批（服务）"事项 1122 项，不见面审批率为 99%，"全程可网办"事项占比 98.83%。加快打造"宁满意""北加速"政务品牌，重点打造"一证通""一照通""一链通""一指通""一事通"。其中，"一链通"服务场景 40 个，共计精简要件材料 110 余份，平均提速率 60%以上，其中 8 个场景被上升为市级标准在各区推广。四是优化服务体系。按照"两级机构，三级功能"的代办要求，搭建起 1 个代办中心（江北新区投资代办中心）为核心，5 个平台代办服务中心、7 个街道代办帮办服务站的代办网络体系，为投资者提供政策咨询、申报指导、协调推进、帮办协办，实现建设项目从立项到竣工验收的"一事通"全程化服务，重大项目代办服务率 100%。

江北新区推出重大项目服务"定制包"，强化企业精准服务。一是项目审批开启"绿色通道"。推行重大项目"一事一议"制度，深化项目服务专员机制，确保重大项目能签约、能落户、能投产。对关键重大项目"定制化"审批服务，推出全流程审批服务套餐，针对审批过程中所有涉及企业和政府的节点，形成个性化全流程审批服务工作节点和任务清单。二是建立重大项目领导挂钩制度。建立领导挂钩制度和重点企业联系制度，由江北新区领导按职责分工牵头挂帅、各部局主要和分管领导具体牵头实施，推进重大项目招引和开发建设工作，及时了解、协调、解决项目招引、落地、建设、运营全过程中的相关问题，帮助企业持续稳定发展。三是实行重大项目"分类管控"模式。根据重大项目建设类别、建设地点等建立项目建设分类管控制度，在扬尘、土方管控方面建立灵活管控机制，创新管控模式，对环境影响小、建设地偏远的项目按程序适当放宽管控要求，对环境影响大、人口密度较高的地区严格执行相关管控规定。

江北新区推出中小企业政策"优惠包"，助力企业规模提升。一是营造最优创业环境。实施《南京江北新区深化创新名城先导区建设提升创新首位度实施方案》等，符合条件的顶尖人才团队最高可获1亿元综合支持；高层次创业人才可获250万元资金支持；支持新型研发机构引进校友企业，给予最高30万元一次性奖励；青年大学生实现"零门槛""零成本"就业创业。在新区政务服务大厅设置"双创绿色通道"，为人才型、创新型和成长型等企业提供业务指导及全流程免费代办服务，实现"一窗受理、立等可取、全程免费"。二是强化创新金融支持。积极施行"灵雀计划"，遴选一批具有高成长性、创新型的科技型中小企业，从股权投资、应急周转等方面进行金融扶持。创新开展知识产权质押融资，依托"我的麦田"知识产权互联网公共服务平台，提供知识产权债券、股权融资服务产品，支持企业知识产权价值实现。申请互助基金节省转贷成本，江北新区财政出资6000万元，参与组建10亿元市级民营企业转贷互助基金，引导企业注册南京市转贷基金会员，为民营企业解决应急转贷服务。三是强化顶层设计。针对"两城一中心"起步相对较晚、发展较为迅速的特点，更大力度支持创新创业，先后研究制定集成电路、生命健康、新金融等主导产业发展三年行动计划，出台集成电路人才集聚区等配套政策文件，最大力度集聚产业高端要素资源、支持产业高速高质发展。

江北新区推出企业提质增效"充电包"，支持企业做大做强。一是做好资源嫁接。着力引入创新创业孵化机构、金融投资机构、法律咨询机构等，持续开展银政企对接会、主题沙龙等系列活动，集聚企业发展所需的各类资源，帮助企业牵线搭桥，做好资源嫁接。二是打造线上对接平台。发挥"融小北"线上综合金融服务平台作用，组织金融机构通过线上顾问、远程服务等形式快速深入了解企业融资需求，实现企业需求端与金融供给端的精准匹配和高效转化。三是落实首购首用。坚决落实国家和省市有关新产品新技术推广使用的相关政策文件，在政府采购中安排不低于 60% 的资金用于采购中小企业产品和服务，帮助广大中小企业拓市场、强发展。

江北新区推出突发情况"应急包"，帮助企业渡难关解难题。一是强化政策支撑。针对新型冠状病毒肺炎疫情，研究出台《关于应对当前复杂形势促进企业健康发展的若干政策意见》，与各类市场主体共克时艰；设立 1000 万元帮扶资金，帮助中小微企业克服短期困难。拿出近 3 亿元产业发展储备基金，对符合政策条件的企业迅速兑现近千万元。二是注重解决实际问题。制定出台《江北新区做好疫情防控确保企业安全复工复业工作方案》，定期召开工作专题会议，常态化推行重点企业蹲点制度，协调帮助企业解决原材料运输、员工紧缺、资金紧张等实际困难，通过开展网上招聘、提供运力服务、定制公交通勤等方式，组织重点行业及时返岗复工。三是突出多方联动。针对员工复工难、产业链"堵塞"等问题，赴安徽滁州等地协商解决方案，建立联动工作机制，畅通人员流动、物料流通、资源流转渠道。

第二章

集聚全球资源打造要素齐全的创新生态

第一节　激活国家级新区深化改革创新的政策红利

一、强化顶层设计，构建完善的政策引导体系

获批设立国家级新区后，南京江北新区在深入落实国家及省市各项政策的同时，相继出台了《南京江北新区促进创新创业十条政策措施》《南京江北新区知识产权促进与保护办法（试行）》《南京江北新区建设具有全球影响力创新名城先导区行动计划》《南京江北新区深化创新名城先导区建设提升创新首位度实施方案》《江北新区产业科技金融融合创新先导工程（"灵雀计划"）实施办法（试行）》《江北新区"创业江北"人才计划十策》《江北新区生物医药产业发展促进政策（试行）》《南京江北新区集成电路人才试验区政策（试行）》等文件，为新区走好创新驱动的高质量发展路径做出总体部署。

为进一步强化顶层设计的引领作用，江北新区一方面通过与高端研究机构对接制定发展规划，系统论证创新的科学性和严谨性，如联合中国科学技术发展战略研究院研究编制江北新区"十四五"科技创新规划，联合安永（中国）企业咨询开展创新生态体系建设研究，联合紫金传媒智库连续发布江北新区创新活力指数，为江北新区创新发展提供科学指引；另一方面，积极完善空间布局，聚焦"两城一中心"主导产业方向，布局建设"121"创新社区，形成创新示范效应。同时，江北新区注重发挥驻区高校资源禀赋、因地制宜，布局建设江北新区高校创新集聚带，着力打造"环高校知识经济圈"，并先后编发了《江北新区高校创新集聚带规划》和《南京江北新区智慧城市 2025 规划》。

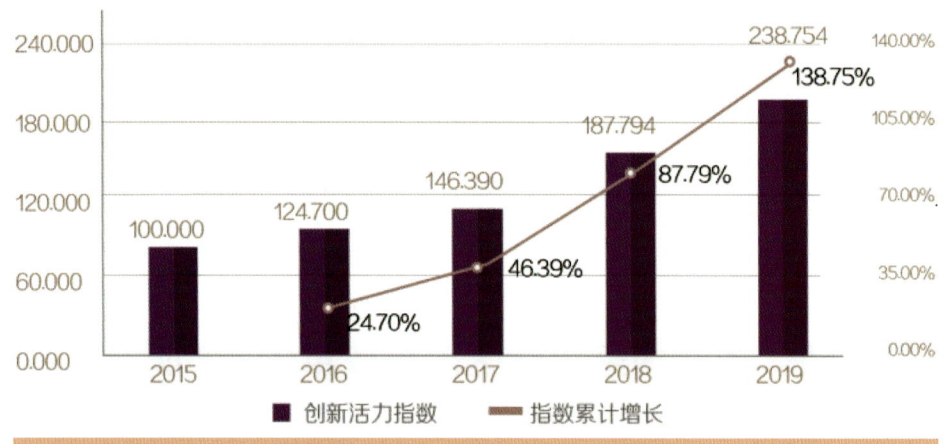

江北新区创新活力指数连年增长

特别是在产业规划上，江北新区在发展智能制造、生命健康、新材料、高端装备制造等先进制造业及现代物流、科技和金融等生产性服务业的"4+2"产业体系基础上，进一步聚焦集成电路、生命健康、新金融三大产业，打造"芯片之城""基因之城"和"新金融中心"，并于2018年出台了"两城一中心"建设的三年行动计划，重点引进台积电、美国新思科技、华大基因、"中国南京细胞谷"等一批具有行业引领性的旗舰型企业和项目落户，加速推动新区核心产业集群发展，并围绕产业链配置创新链、金融链，形成多链融合的创新强磁场。

为进一步完善政策体系、释放政策红利，江北新区充分发挥政府在政策制定方面的主导作用，突出在集聚全球高端创新资源、推进产业与科技深度融合上，构建政策引导机制，先后出台了"创新创业十策""创业江北""人才十策""金融十条""集成电路人才试验区政策"等双创激励政策，并聚焦核心产业研究出台专项政策，从项目落户、业务拓展、科技研发、金融税收到人才培养引进、办公用房支持、产品应用推广等各方面，赋能产业发展，给予企业全方位、全周期、全链条的精准扶持，致力打造全球具有竞争力的创新创业热土。

在助力南京提升城市首位度，特别是创新首位度上，江北新区制定了《深化创新名城先导区建设提升创新首位度实施方案》，通过深入贯彻南京市委创新驱动发展"121"战略，聚焦创新的市场化、高端化、国际化、融合化、集群化、法治化，以科学战略为引领，率先开展改革试点，深化创新名城先导区建设，聚力把江北新区打造成为长江经济带的创新支点。

在"芯片之城"建设上，江北新区围绕产业链布局创新链，集聚集成电路人才，建设南京集成电路设计服务产业创新中心，制定了《南京江北新区集成电路人才试验区政策（试行）》。集成电路人才新政围绕江北新区"芯片之城"建设，涵盖集成电路产业设计、封装、测试、制造、材料、设备各领域，覆盖从顶尖人才和团队、高层次人才、海外人才、名校优生到在校实习生的全链条人才，从引、育、留、用四个维度给予保障。

在面向开放性经济的发展过程中，江北新区着力改革推动制度型开放，聚焦创新汇聚全球资源，深化交流促进要素流通，构建具备国际竞争力的国际化、法治化、便利化、市场化营商环境，迅速打开了全面开放新格局，打造国际创业创新活热土。江苏自贸试验区南京片区揭牌不到 4 个月内，便编制了《中国（江苏）自由贸易试验区南京片区实施方案》，与南京市委市政府出台的支持南京片区高质量发展系列政策共同构成"1+9"政策体系。2019 年，江北新区实际使用外资 13.5 亿美元。5 年来，超过 270 家外商投资企业在江北新区注册落户，总投资超 60 亿美元，占江北新区现有外资企业近一半，并吸引了海外高端人才超过 600 人。

二、推动集成改革，形成有力的体制机制支撑

发展没有止境，改革永远在路上。南京江北新区成立后，在制度创新方面大胆试、勇敢闯，以打造市场化政府运作模式为目标，运用"改革系统集成"，促进了体制内强大动员能力和市场高效活力的有机结合。

以江北新区推动工程建设项目审批制度改革为例。工程建设项目审批制度改革是党中央、国务院在新形势下作出的重大决策，也是推进政府职能转变和深化"放管服"改革、优化营商环境的重要内容。江北新区在这一领域彰显了"敢为人先"的革新精神。2017 年，江北新区在全国率先实质性开展"信用承诺制"改革试点，对列入改革试点的项目组织相关部局开展联合预审、联

合踏勘、信用信息确认、承诺文本签订及公示等流程，符合"方案稳定、风险可控"条件即发放施工登记函先行开工建设，相关行政许可手续可在竣工投产前完成，变项目审批从"先批后建"为"先建后验"。2017年8月，南京江北新区行政审批局（政务服务中心）正式挂牌，江北新区创新绿色直通审批模式，加快推动"信用承诺制""区域环评""证照分离""数字化联合图审""不见面审批（服务）"等改革落地见效，各项改革工作不断刷新了"江北速度"。

围绕打造具有国际影响力的自主创新策源地，江北新区多层次推进知识产权保护和运用，走出了创新特色路径，打造与国际领先水平"等高对接"的知识产权保护体系。创新性推出专利精准导航，助力产业提质增效，通过实施知识产权"区域评价类导航""产业评价类导航"和"企业运营类专利导航"工作体系，实现了专利信息分析与产业运行决策深度融合，推动产业发展，增强了企业知识产权管理、布局和运用能力，不断夯实企业创新主体的竞争地位。为助力企业有效解决知识产权评估难、质押难、流转难等问题，江北新区通过以知识产权质押的担保方式，打造了全国首个知识产权金融智能服务系统，形成知识产权质押融资的"江北模式"。此外，江北新区还持续深化体制机制改革，在行政管理体制改革方面，按照"扁平化""大部制"的原则，大幅精简机构设置、高效整合干部队伍、优化完善管理体系，为创新突破提供了强力保障。例如，江北新区成立工程建设项目审批制度改革工作领导小组，建立协调联动机制，实质性开展联合预审、联合踏勘，实现信息共享、问题互通；建立"信用承诺制"线上申报系统，推动改革流程规范化、改革范围扩大化；出台审管衔接工作机制，加强事中、事后监管，审管同步介入，确保改革进程平稳有序；搭建政企交互平台，建立重大项目挂钩服务机制，及时获取企业需求和服务反馈，有针对性地调整改革举措；建立容错纠错机制，为一线干部解除了后顾之忧，靶向建设改革创新试验田。江北新区正借助"国家级新区"和"自贸试验区"双区叠加的契机，以制度创新为龙头，"大胆试""大胆改"，推动改革创新不断迈向新的台阶，为打造创新热土注入强劲动力。

第二节　紧抓科技创新向生产力转化的关键环节

一、围绕产业链布局创新链，夯实创新基础

（一）聚焦产业推动创新

在我国产业正在努力迈向全球价值链中高端的进程中，江苏亟待提升产业发展的整体水平，嵌入新的全球产业分工体系格局中。围绕产业链布局创新链，促进产学研深度融合，是推动创新驱动发展的重要突破口，也是破解转型发展结构性、体制性、素质性矛盾和问题的重要举措。江北新区在成立之初，把创新作为高质量发展的根本路径。5年来，江北新区"借外脑""修内功"，积极融入全球创新体系，着力推动校地融合，持续围绕产业链布局创新链，优化创新创业生态，率先打造数字孪生城市，探索出了一条具有江北新区特色的创新发展路径。

围绕产业链布局创新链，江北新区立足促进核心产业向高端化、智能化、绿色化转型升级，基于补链、延链、强链、提链的现实需求，着力把相关的创新参与主体连接起来，打造了从知识创新、技术研发到科技成果转化、大批量生产的完整创新链条。同时，江北新区依托创新链的打造，重点突破产业链拓展、延伸和提质的技术瓶颈、产品瓶颈和市场瓶颈，聚焦补齐产业链中的"断点"，在提升产业链水平的过程中，为创新活动开拓资本、提供实践基地和转化平台，为科技创新的商业化和产业链创造高附加值，有效提升了全区的产业水准、产业竞争力及在全球价值链中的位置。

以芯片产业为例，江北新区在集成电路产业发展上基础较为薄弱，江苏省无锡市早在10年前，就将这一产业做强做大，周边更有上海占据全国近三成的集成电路产业销售份额，成都、武汉、合肥、厦门等城市不惜重金上马大

项目，争抢"大蛋糕"，行业竞争日趋白热化。江北新区在推动集成电路产业发展的过程中，坚持走培育产业生态的差异化路径，先后投入 20 亿元江北新区发展基金、50 亿元战略新兴产业基金群等引导基金，力促产业形成创新生态圈，持续激发生态圈的"磁石"效应，并在此基础上，深化校地融合，与东南大学等高校合作，注册 1 亿元资本成立南京集成电路产业服务中心，投资千万元建成华东地区规模最大、标准最高的高性能 EDA 计算中心，为集成电路产业发展夯实根基。

同时，江北新区围绕建设"芯片之城"的目标，还重点打造了以产业技术研创园为载体的集成电路设计及综合应用基地，以原南京软件园为载体的集成电路设计产业基地，以浦口经济开发区、江北新区智能制造产业园为载体的集成电路及半导体装备先进制造产业基地，从空间上，加速构建集成电路产业集群发展的大格局。

集成电路设计及综合应用基地以江北新区产业技术研创园为载体，规划面积 24.8 平方公里，是江北新区重点打造的科技创新核。目前，园区已集聚了紫光展锐、创意电子 GUC、ARM、新思科技、中电科五十五所、中电科五十八所等一大批集成电路设计企业，以龙头企业带动整个产业链的发展，加速形成产业集聚效应，成为全国知名的集成电路设计及综合应用产业基地。

集成电路设计产业基地以原南京软件园为载体，规划面积 6 平方公里，依托国家"芯火计划"双创平台——南京集成电路产业服务中心（ICisC）的专业化服务，强化招商选才，集聚了中星微电子、华大九天、晶门科技、国家 ASIC 工程中心、赛宝研究院等行业龙头企业。以创建国家集成电路设计服务产业创新

江北新区集成电路集聚区效果图

创新的热土 | 南京江北新区打造创新"强磁场"

中心为核心，加速资源整合，打造全球领先的集成电路设计产业基地。

集成电路及半导体装备先进制造产业基地以浦口经济开发区、江北新区智能制造产业园为载体，规划总面积约100平方公里，依托台积电、清华紫光存储等重大项目，大力发展晶圆制造、封装测试、半导体装备制造、配套材料等产业。以特色集成电路先进工艺制造为切入点，着力建设国际领先的"12英寸""16纳米"及更高先进工艺水平规模生产线，加快推进晶圆制造及配套材料的产能扩充，提高封装、测试工艺技术升级，延伸产业链，加速半导体装备制造企业快速集聚，打造国内领先的集成电路及半导体装备先进制造产业基地。

截至2019年年底，江北新区已集聚140余家集成电路企业，涵盖产业链上下游全部环节。其中，在晶圆制造、芯片设计及应用领域，展讯、创意电子、ARM（英）、Synopsys（美）、Cadence（美）、晶门科技等国内外顶尖企业相继落户江北新区，国内排名前十的企业已有一半在江北新区集聚。

在生命健康产业上，江北新区生物医药谷集聚医药企业410多家，其中9家为上市企业，有医药从业人员两万多人，已发展出多个"全球前列""全国唯一""填补国内空白"产品，生命健康产业的年销售收入已占南京市产值的半壁江山。江北新区成立以来，在生命健康产业聚力发力，不仅吸引了国家健康医疗大数据中心落户，还成为国家新药创新成果转移转化试点示范区。2017年，中国国家食品药品监督管理总局加入国际人用药品注册技术协调会，中国药品注册技术不断与国际全面接轨，国家坚定推动新药研发、注册和上市改革。由于政策利好，创新药领域资本蜂拥而至。在这样的市场背景下，江北新区跻身全国三大新药创新成果转移转化试点示范区，为生物医药产业高速发展注入新的动力。

围绕生命健康产业，江北新区建立了相对成熟的公共服务平台，除国家健康医疗大数据中心之外，还建立了 5 个医药专业国家级科技企业孵化器，5 个国家级重点研发机构及临床前新药检测分析平台、工业生物技术平台，集聚了诺禾致源、世和基因、泛生子等 20 家涉及基因检测及相关医学检验的第三方医学检验机构平台，江北新区基因年测序能力超 50 万人次，成为全亚洲最大的基因测序基地。同时，江北新区还引入了美国密歇根大学、哈佛大学乔斯林中心、瑞典医疗健康发展中心、伦敦国王学院等一批国外高端医疗健康服务资源，为江北新区激发生命健康产业创新活力，打造千亿级产业集群夯实基础。

（二）注重培育源头创新能力

提升产业技术源头创新能力首先要通过自主创新来提升产业技术能力，从而实现产业转型，从外源主导的产业发展模式向内源自主的产业发展模式转变，积极引导内源经济通过技术的源头创新来把握产业发展的主动权，形成长期的产业竞争优势，实现产业核心技术、关键技术及重大技术的突破。

根据产业的技术积累和发展条件，江北新区在建设"两城一中心"的过程中，有选择地确定了几个有较好技术积累的优势产业进行重点扶持与资助，实现了重要领域的技术突破，不断提升产业技术创新的质量。江北新区根据产业发展现状，重点加强电子信息产业、新材料和生物医药产业的源头创新能力建设，使之成为下一轮发展中具有强大国际竞争力的支柱产业。同时，加大力度构建和培育旨在开展源头创新的技术平台，使其在整合创新资源的基础上实现产业先导技术、核心技术、关键技术及重大产品的突破。大力提倡、鼓励、支持产学研合作，建立产业技术研究院、研究中心，政府主导或引导的国家、省市重点实验室、工程技术研究中心的构建；同时还充分发挥政府的公共科技职能，从人才、金融、信息、服务等方面着手来加强创新基础设施建设，为产业技术的研发活动提供优质、高效的创新服务。

院士、创业者评价南京江北新区创新活力
创新环境特色鲜明

祝世宁院士：

祝世宁院士认为江北新区依托国家级新区的区位和政策优势，凭借南京市众多高校和科研机构的人才和技术输入，具备发展集成电路产业的良好基础，其"两城一中心"的产业定位是非常好的战略选择。近年来，江北新区瞄准下一代产业发展趋势，大力布局超算力中心等科技基础设施，又为下一步5G的深入发展和人工智能的大范围应用提供了非常重要的技术和服务支撑。在支持科技创新和产业发展方面，江北新区重视"以人为本"，不断放大人才优势，推动实施"宁聚计划""创业江北""创业南京""名校优生"等人才政策，着力提升人才服务的开放度，吸引优秀人才来江北新区创新创业，符合科技创新发展的基本规律。从谋篇布局到发展实践，江北新区均体现了较为清晰的发展思路，其产城融合发展有序推进，各类项目规划和实施有序落地，形成了特色非常鲜明的创新创业环境。

专访祝世宁院士

二、落实"两落地一融合"工作，育强创新主体

（一）打造新型研发机构集聚高地

2017年，南京市正式启动"科研成果项目落地、新型研发机构落地、校地融合发展"工程。江北新区紧抓改革创新主线，加速推动"两落地一融合"在江北新区落地实施，通过培育多主体方式投资、多样化模式组建、市场需求为导向、企业化模式运作、集高技术研发与产业化为一体的混合所有制新型研发机构，以及推动建设"高校创新集聚带"等举措，聚力打通科技创新向成果转化的"最后一公里"。

围绕培育新型研发机构集群，江北新区着力减少束缚、加强激励，通过营造适宜发展的创业创新环境，明确并不断完善新型研发机构分类认定、人员编制、机构设置、经费等管理办法，对不同类型的机构实施分类指导，实行差异化的认定标准和管理原则，引导多种组织形式的新型研发机构不断涌现。江北新区积极学习借鉴广东、上海等先进地区新型科研机构发展的经验，结合自身科研体系实际情况和产业、社会发展重大科技创新的需求，探索建立层次丰富、涉足各个领域的新型研发组织体系。对重点支撑区域创新发展、服务龙头产业而建设的新型产业研究院等新型研发机构，江北新区积极探索一事一议、特事特办的模式，集合院地、省部部门及地市在土地、资金、人才和项目等资源优势，予以重点扶持。

在借力新型研发机构牵引科技创新体制机制改革方面，江北新区一是突出促进参与主体多元化。依托兼具科研实力和创业精神的人才团队，以股权为纽带组建混合所有制企业，以科研团队为主体打造高校院所、地方平台、社会资本等各方参与的利益共同体，实现组建模式多元化。二是突出促进管理体制企业化。跳出传统行政管理模式，参照企业管理的体制机制，实行更灵活的管理模式、决策机制和薪酬机制，利用多重优势吸引国内外高端创新人才，充分调动科研人员的积极性和创造性。

聚焦"两城一中心"核心产业发展。江北新区围绕生命健康、集成电路两大主导产业，着力推动新型研发机构科技创新和成果转化，突出储备项目的

分类推进和精准培育，形成"老中青"梯队式良性发展格局，有效促进核心产业实现"从0到1"的突破及"从1到N"的裂变，成功推动了一批产业共性和前沿关键领域的科技创新项目落地。从生命健康产业领域看，江北新区发力培育脑与类脑科学计划，先后引入中国脑成像联盟江苏省分中心、南京慧脑云科学技术研究院、非线性科学与技术研究院落户，构筑起江北新区"脑科学"产业创新发展高地。新型冠状病毒肺炎疫情期间，江北新区有7家新型研发机构直接投入"科研抗疫"，其中，江苏省产业技术研究院医学免疫技术研究所更是与钟南山院士领衔的广州呼吸健康研究院联合开展了抗体研发攻关。在集成电路产业领域，江北新区正重点谋划下一代芯片技术研发与产业化布局，与中国科学院院士祝世宁团队共建南智光电集成技术研究院，现已孵化项目20余个。同时，支持南京通信集成电路产业技术研究院引进东芯半导体有限公司，开发研制具有中国自主知识产权的系列高端存储芯片，掌握集成电路产业核心技术。

截至2019年年底，仅江北新区直管区新型研发机构就已累计签约79家、备案46家，累计孵化引进企业927家。在79家新型研发机构中，生命健康领域新型研发机构达28家，占比35%；集成电路领域新型研发机构10家，占比13%。江北新区以新型研发机构为抓手，推动核心产业集聚化发展，2020年目标是实现与"两城一中心"主导产业相关的新型研发机构数量占比达到70%以上。

（二）推动校地融合发展走向纵深

高校是产生科技成果的"主阵地"。江北新区通过强化与驻地高校的合作，积极探索新型校地创新空间实践，打破高校相对孤立封闭的状态，通过知识共享、技术合作、开放创新，促进名校、名城、名企深度融合发展。

"新空间"布局校地融合大格局。江北新区对标国际科学规划，充分借鉴美国查尔斯河沿线高校集聚带、杭州城西科创大走廊、以色列特拉维夫等国内外先进经验，编制发布《江北新区高校创新集聚带规划》，系统打造"环高校知识经济圈"，通过实施校区、园区、社区、城区"四区联动"，形成创新活动旺盛、创新主体网络化互动、功能混合布局的创新空间。同时，重点集聚优质城市配套设施，打造"有活力、有温度、有格调"的品质生活微社区，丰富校地创新空间承载内涵，构建"宜学、宜业、宜居、宜游"创新生态圈。

"新模式"深化校地融合强联动。江北新区加强集聚高端创新资源，通过与一流名校、顶尖人才合作，促进重大创新平台落地，提升源头创新能力。早在 2016 年，江北新区便先后与南京大学、东南大学、上海交通大学签署了全面战略合作协议，牵头组建江北新区高校创新联盟，随后，江苏省产业技术研究院总院及膜科学技术研究所、智能制造技术研究所、北京大学分子医学南京转化研究院等专业研究所相继入驻，为江北新区深化校地融合发展夯实资源基础。

龙华智谷效果图

创新的热土 | 南京江北新区打造创新"强磁场"

江北新区加强集聚优质科研创新项目，依托驻地高校优势学科，不断强化产学研合作。江北新区与南京信息工程大学、南京工业大学合作，推动"中国气象谷""龙华智谷"等重大项目陆续落地。中国气象谷项目依托南京信息工程大学及相关创新平台，通过完善与优化校园创新功能配置及空间布局等，促进产学研一体化发展，重点培育南京信息工程大学"创新聚落"。龙华智谷项目则依托南京工业大学及其国家级科研平台，集聚区内外科技企业高端技术研发、基础研究、科技服务等创新资源，重点培育南京工业大学"创新聚落"。截至 2020 年上半年，中国气象谷项目已集聚 7 个省级以上工程中心及中国华云、墨迹天气、华为集团、象辑科技等龙头企业。南京信息工程大学气象科学技术研究院、江苏长三角智慧水务研究院，分别获得南京市新型研发机构备案，其中，南京信息工程大学气象科学技术研究院已成功孵化 10 多家企业，并与华为合作开发完全自主可控的"信大华为气象一体机"，与上海电气、金风科技、浪潮集团、中船重工等国内知名企业合作并签署战略合作协议。

（三）激发企业、人才"双创"活力

紧抓全球新一轮科技革命和产业革命带来的历史性机遇，江北新区聚力"两城一中心"建设，加速推动创新链与产业链双向互动，重点培育好"科创企业森林"，逐步形成了科技创新深度融入产业发展、产业发展依托科技创新的良性循环。

江北新区靶向企业创新主体地位，着力做好"移大树""育新苗""老树发新枝"文章。新区一手抓"育苗"，全面梳理了全区科技型企业信息，建立重点培育企业库和高新技术企业梯度培育机制，通过"一企一策"和"线上+线下"联动辅导模式，系统提升申报质量；另一手抓"移植"，加大高质量创新型科技企业、高新技术企业的招引。2017 年年底，江北新区高新技术企业数仅有 273 家，2018 年年底增至 500 家，当年增幅高达 83%，2019 年年底高新技术企业数跃升至 717 家，2020 年年底预计突破 1000 家。2020 年，世和基因入选市独角兽企业名单，目前共 8 家江北新区企业入选南京市培育独角兽企业名单，42 家江北新区企业入选南京市瞪羚企业名单，瞪羚企业总数和新增瞪羚企业数量均居南京市第一。

科技企业家成长训练营

江北新区靶向人才"第一资源",秉持"聚天下英才而用之"的理念,大力实施"创业江北""宁聚计划"等人才计划,通过不断完善项目引才、海外引才、校友引才、柔性引才机制,建立健全科技人才数据库和人才效能评估体系,成立高层次人才举荐委员会,试点开展"双聘制"改革,切实增强创新发展的"第一动力"。不到 5 年时间,江北新区直管区范围内顶尖专家总数从 2016 年的 1 人增至 2019 年的 35 人,创业高层次人才总数从 2016 年 25 人攀升至 2019 年的 175 人,"创业南京"三项人才计划总数从 2016 年的 36 人增至 2019 年的 288 人。目前,已引育诺贝尔奖获得者 2 人、中外院士 60 人、科技人才工作人员 4 万余人,江北新区科技顶尖专家、创新型企业家及高层次人才数量均位居南京前列。

三、突出开放、合作、共享,优化创新环境

(一)着力提高营商环境建设水平

营商环境打造是一项极为复杂的系统工程,是对企业主体所处市场结构

的总体概括，既包含社会规范、政治稳定、法治化水平、行政系统结构、市场秩序等宏观要素，也包含市场监管、劳动力供应、纳税程序、办理经营许可、合同执行等微观要素。

南京江北新区在优化营商环境方面，首先，注重从宏观层面深化营商环境制度建设，着力构建国际化、市场化、法制化的制度体系和政策环境，特别是结合全国首个法治园区建设，着力推动法治营商环境优化，探索把营商环境建设中行之有效的好经验、好做法，以法规的形式固定下来。其次，注重从微观层面推进企业经营的便利化和低成本。江北新区以解决企业反映集中的问题为导向，以吸引培育壮大企业发展的目标为导向，以切实让企业获益的结果为导向，不断推进商事制度的便利化改革，持续降低企业经营成本和商事成本。近年来，其多项改革措施走在江苏省乃至全国前列。最后，注重突出自身区域和发展特色，营造适宜江北新区发展的营商环境生态系统，系统建设适应新区行政体制、区位特征、产业结构、社会生态、行政人员素质、文化习俗的营商环境。

此外，作为南京创新名城建设的先导区，江北新区贯通南北的天然枢纽地位决定了其在辐射苏中苏北地区、调动带状产业联动和发展内陆开放型经济上具有明显优势。江北新区系统对标国际和国内先进城市经验，将持续发力营商环境建设，力促新区深度融入国际价值链、产业链和供应链体系，全面提升全球资源配置能力。

企业代表评价南京江北新区营商环境

江苏集萃药康生物科技有限公司董事长高翔：近年来，江北新区力推"去行政化"改革，倒逼向服务型政府转型，不断提高工作人员的服务意识和能力水平，整体营商环境得到了大幅提升，为企业在新区创新创业提供了很好的条件。当企业遇到问题，只要发一个短信，基本上五分钟之内都能解决，而且服务得非常专业、周到。在江北新区创业这些年，与新区形成了一种亲清结合、良性互动的政企业关系，大家相互支持、相互合作，却不相互依赖，共同在"两城一中心"的大战略下，携手发展。

（二）高标准建设"121"创新社区

2020年4月，南京江北新区"121"创新社区正式揭牌启动。江北新区在"把新区打造成创新策源地、园区打造成创新主战场"的基础上，进一步整合资源，推动高端创新要素下沉到社区层面，着力将"121"创新设区建设成"四有"创新集聚地，即有产业方向，创新链与产业链精准对接；有创新主体，重点激发创新源头火花；有孵化生态，打破资源瓶颈，实现产业、技术服务、人才等元素同频共振；有公共服务，为企业开展以科技创新为核心的全面创新重塑服务。江北新区首批挂牌的"121"创新社区共有6家。

"121"扬子江国际基金特色社区位于江北新区中央商务区金融街片区核心地段，规划面积约300亩，重点产业聚焦于新金融，目前已入驻未客共享办

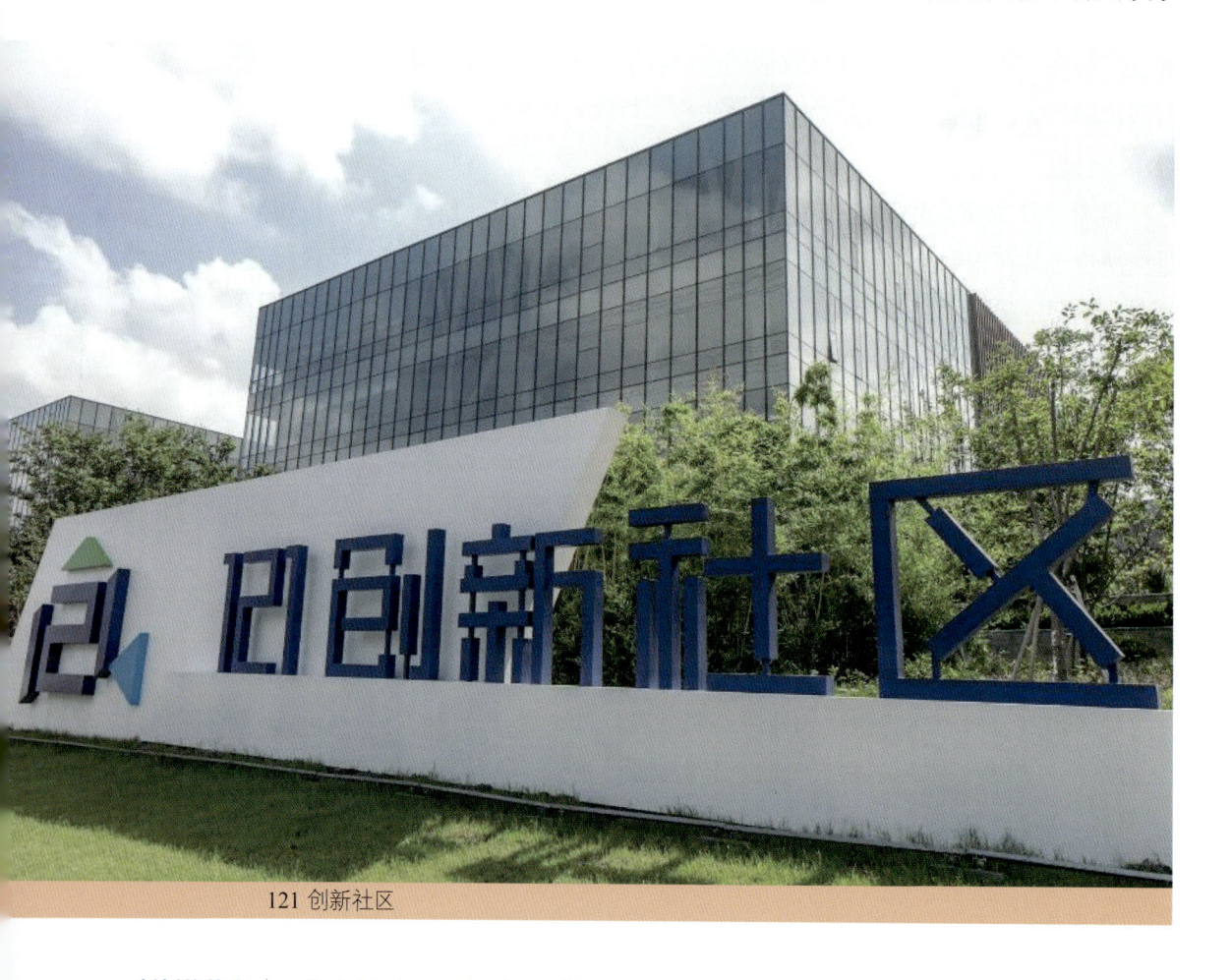

121 创新社区

公空间、新金融体验中心等创新空间及中研绿色金融研究院、南京数字金融产业研究院、南京理工金融数字科技研究院等新金融研究院所，创新氛围浓厚。同时，谷歌出海体验中心、赛仕金融科技创新中心等创新中心和以国际知识产权金融创新中心为主的专业服务中心，有效助力"121"扬子江国际基金特色创新社区形成专业化、便捷化的创新孵化加速平台，未来"121"扬子江国际基金特色创新社区将借助国家金融领域对外开放的东风，积极寻求金融领域政策在中央商务区的先行先试，为江北新区"芯片之城""基因之城"的构建及南京市"4+4+1"的主导产业体系提供有力的金融体系支撑。

"121"未来健康社区位于江北新区中央商务区的国际健康城之内，规划面积约525亩，目前已与国际顶尖大学剑桥大学、伯克利大学达成合作协议，搭建"剑桥大学南京科技创新中心""伯克利-南京创新中心"两大国际合作平台，其中"剑桥大学南京科技创新中心"是剑桥大学首次在英国境外设立的合作研究机构，也是该校在中国唯一冠名的科技创新中心。此外，"121"未来健康社区通过引进红瑞 Joslin 糖尿病医学专科中心、哈佛大学贝斯以色列女执事医学中心、哈佛大学 BIDMC 国际医院等一系列国际高水平医疗技术，能够提供国际领先的肿瘤、心脑血管、妇产、儿科、老年医学、眼科、整形美容、中医等专科医疗服务。未来医疗创新社区将继续深度对接国际先进专业医疗技术，加速建成"国内一流、国际知名"的精准医学高峰和具有全球影响力创新名城先导区，成为引领南京乃至全国专业医疗发展的活力集聚区和多功能示范区。

"121"创新社区研创园片区规划面积42亩，坐落于江北新区产业技术研创园内，以孵鹰大厦为主要载体，汇聚了紫光展锐、创意电子 GUC、中科芯、新芯电子等众多龙头科技企业，以应用领域芯片为突破口，重点解决了制约集成电路产业发展的技术问题和创新生态问题。目前，"121"创新社区研创园片区已汇聚集成电路类企业16家、规模以上工业企业6家、规模以上服务业企业18家、高新技术企业29家；市级孵化器、众创空间6个，是江北新区研发创造的浓缩与核心。未来"121"创新社区研创园片区将不断提升集成电路设计产业领域的规模和能级水平，目标到2025年建成极具竞争力的集成电路产业集群，支撑和引领江北新区乃至南京市的集成电路领域的高质量发展。

"121"创新社区新材料科技园片区规划面积2470亩，位于新材料科技园内，聚焦发展新材料、节能环保等新兴产业。目前，该创新社区拥有院士8人，引进国家人才工程22人，市级高层次人才41人。以人才集聚激发创新活力，2019年新材料创新社区申请知识产权451件，企业和个人的发明专利申请数量共计164件。未来3年，计划进一步打造社区的创新氛围，引进第三方机构建设高端孵化器或众创空间，建设新型研发机构10家以上，加速创新创业孵化。

"121"基因社区规划面积4500亩，紧邻龙王山风景区。围绕"两城一中心"主导产业打造基因之城，其初步建立了基因细胞产业链，加速了基因及细胞治疗产业集群。药谷基因社区为加快科技创新，着力建设公共技术服务平台，加速基因技术进步和创新企业发展。目前，社区内的创新企业提供三大基因细胞相关公共技术服务平台：基因细胞公共服务平台、生物医药检测服务平台、精准医疗服务平台。这些服务平台的落地，极大地满足和吸引了创新型企业纷纷落户药谷，孵化一批具有核心竞争力的优秀企业。

"121"智合社区规划面积300亩，位于江北新区的东北端，综合服务和配套环境齐全，社区范围内，建有人才公寓、餐饮中心、会议中心、篮球场、口袋公园等生活配套设施，满足人员入驻基本生活配套需求。社区周边3公里生活圈内涵盖美利广场、金陵新城大酒店、育英二外、扬子二中、南京江北人民医院、东南大学附属中大医院等，集住宅、医疗、教育、餐饮为一体，全方面满足创新创业人才生活需求。同时，2019年智合社区承办各类创新活动、会议、论坛、会展10次以上，在特色产业领域打造了长期举办的品牌性论坛。为了给更多孵化成功的企业"腾笼换鸟"，2020年启动研发大楼基地建设，拓展企业研发生产空间，升级优化载体配套支撑，预计3年内新增创新创业载体4万平方米。

（三）全面强化创新发展金融支撑

金融是支撑实体经济创新发展的血脉。聚焦"两城一中心"核心产业，南京江北新区全面推动产融结合发展，对重点扶持的产业，提供以项目贷款和配套流动资金贷款为主体的综合融资服务，大力改善对高新技术企业的信贷服务和融资环境。

近年来，江北新区持续优化政策环境，力促产业链、创新链、金融链深度融合，着力建立起以企业投入为主，多渠道、全方位的资金支持和保障机制，强化金融资源整合力度；建立支持企业技术进步的金融扶持和激励机制，充分利用税收优惠和技术创新基金等途径鼓励和引导企业进行技术创新；制定有针对性的信贷工作指引，引导信贷资金为制造业龙头企业提供综合性的信贷和金融服务。同时，着力加强金融机构和地方政府的有效配合，加大对企业技术改造、并购重组、股权转让、上市融资等支持力度，加速资产整合，不断推动制造业的规模效应和产能升级；完善社会信用服务体系，强化企业信用意识，规范信用评级制度，开展制造业企业信用体系试验区建设。积极探索发展场外交易市场，尝试建立区域性的小额资本市场；创新和推行债务融资工具，将多家先进制造业企业聚在一起，提高发行债券的可行性，系统建立符合江北新区实际的多层次股权投资体系。

扬子江新金融街区 SAS 科技金融创新中心

集聚全球资源打造要素齐全的创新生态 | 第二章

（四）健全完善知识产权保护体系

保障知识产权是技术自主创新的内动力。多年来，南京江北新区持续引进高端资源要素，推进知识产权制度改革创新，高点定位构建知识产权保护体系，增强知识产权服务科技创新和成果转化的重要功能，全面维护好新区创新主体公平竞争的市场秩序。

江北新区力促知识产权保护渠道"多样化"，通过凸显行政执法在快速打击侵权行为方面的重大优势，推动司法保护在侵权赔偿救济中发挥重要作用，发挥仲裁、调解在化解知识产权侵权纠纷方面的灵活功能，打开知识产权保护渠道各展其长、优势互补的局面。力促知识产权保护手段"智慧化"，一方面，通过建设智慧法庭、创新庭审形式，利用信息化手段提升司法审判效率；另一方面，通过建立"互联网＋"知识产权行政执法工作机制，加强对高风险区域、产业和商品的知识产权侵权风险线上监控，提升在线识别、实时监测、源头追溯的服务水平。力促知识产权保护体系"链条化"，强化知识产权保护联动机制。力促知识产权保护体系融合贯通，推动江北新区人民法院、知识产权检察室、知识产权维权援助分中心、知识产权保护中心、海外知识产权维权联盟、南京国际知识产权金融创新中心等平台协同发展。同时，引进北京大学新结构经济学研究院资源，建设新结构经济学知识产权研究院，多方参与共同打造多维度、宽领域、立体式的知识产权保护体系。

四、面向全球招才引智，集聚创新资源

（一）找准"引智"坐标系，全面提升创新能级

南京江北新区成立后，明确校准国际科技界的"创新大国和关键小国"坐标系，以产业链技术合作和知识产权保护为突破口，力促创新与世界同频共振，围绕"集成电路、生物医药、新金融"三大产业，集聚全球要素资源、深度融入国际创新链，着力把"创新"铸成推动开放型经济发展的强引擎，打造具备国际竞争力的创新体系和生态圈，虹吸创新要素在新区加速集聚。

2019年9月，剑桥大学南京科技创新中心奠基仪式在江北新区举行。该

中心成为剑桥大学建校 800 多年以来，首次在英国境外建立合作的研究机构。该中心设立不到一年，便已启动两个主导产业方向的关键核心技术项目研究工作。与德国弗劳恩霍夫 IPK 研究所签约共建中德智能制造研究院，联合美国劳伦斯伯克利实验室组建了"生命可持续研发中心"，与瑞典、芬兰合作，设立"中国 - 北欧创新合作示范园"。南京大学 - 伦敦国王学院联合医学研究院、南丁格尔护理学院等一批国际创新合作项目也相继落户新区。

南京南丁格尔护理学院

江北新区深入实施南京市创新驱动发展"121"战略，着力推动"申根出访"工作。为提高出访的目的性和实效性，一是组建"申根小组"，通过科学谋划、精心选取，梳理申根国家创新资源，大力度推进与江北新区主导产业方向高度一致、创新资源富集、合作基础良好的瑞典、美国、德国、英国等国交流，增进了各方在创新体系、产业投资方向等方面的了解。二是重点制定符合国际形势的总体规划和长效机制，全面破解过去出访"人走茶凉"的难题。

2017 年至今，江北新区围绕"两城一中心"主导产业集聚、重点项目建设，共组织出国（境）团组 152 批次（370 人次）。通过出访团组拜访，江北新区促成了南京市与芬兰奥卢市签订双城友好合作备忘录，增进与江苏省友好省比利时那慕尔省、南京友好合作城市美国圣路易斯市的交流；同时积极推进了与英国剑桥市、加拿大本拿比市的友城缔结联系。经过持续开展"申根出访"工作，江北新区已与瑞典国家研究院、瑞典国家研究院电子信息研究所、斯德哥尔摩投资促进署、瑞典驻中国大使馆、中国驻纽约总领事馆、波士顿市政府等机构建立了沟通交流机制。截至2020年上半年，江北新区46家已备案的新型研发机构中，北大分子医学研究院、南京先进光源产业技术研究院等12家机构，分别与纽约大学、斯坦福大学等生根国家国际知名科研机构开展项目合作，不断提升新区国际化水平和产业化能力。

（二）走出去设立海外机构，积极"聚智"拓展合作

近年来，江北新区在面向全球招才引智的同时，围绕海外创新布局，加速"走出去"对接，积极在美国波士顿、英国伦敦等地设立海外创新中心（离岸孵化器），着力联络海外相关产业领域专家、知名企业负责人、关键技术负责人及技术转移机构负责人，形成海外创新网络。建立海外人才团队和创新项目落地的全流程服务保障体系，多渠道引进创新创业项目，推动创新资源集聚。

一方面，江北新区借力海外创新中心运营主体的窗口作用，协助双边政府合作，先后与中国驻瑞典大使馆、瑞典国家研究院、瑞典国家研究院电子信息研究所、斯德哥尔摩投资促进署、瑞典驻中国大使馆、驻沪总领事馆，英国驻华大使馆、驻沪总领馆、中国驻纽约总领事馆、波士顿市政府、麻州商务与投资厅等机构搭建常态化沟通交流通道，并就双边政策衔接、信息沟通、成果转化等问题广泛开展讨论。

另一方面，江北新区聚焦主导产业推动创新项目落地，紧扣"两城一中心"主导产业，积极联络海外相关领域专家、知名企业负责人、关键技术负责人及技术转移机构负责人，多渠道向南京片区推介创新创业项目。探索建立长期、顺畅的项目信息对接机制，定期开展对接活动，并采取线上项目路演和需求对接等创新方式，精准匹配企业需求。深入开展"申根出访"活动，广泛宣传和推介南京片区创新环境，形成良好的海外影响力。

同时，江北新区还通过规范运营管理，提高对海外人才和项目的服务保

2019年中国南京创新周波士顿站-海外协同创新中心揭牌

障。出台了海外创新中心建设指引，明确海外创新中心组建方式、建设任务和管理考核机制，推动海外创新中心规范化建设，成为海外"申根"的重要节点。支持海外创新中心围绕南京创新发展重点与海外创新资源需求差异化开展专题研究，着力破解海外项目中迫切需要解决和海外人才最关心的问题，建立海外人才团队和创新项目落地的全流程服务保障体系。

　　截至 2020 年 4 月底，江北新区已在全球建立 7 家海外创新中心及离岸孵化中心，累计推荐创新项目 230 余个，引进落户生命健康、集成电路两大主导产业项目 52 个，27 位创新人才入选省、市海外高层次人才计划，累计吸引留学生回国就业 25 人、回国创业公司 9 家。此外，江北新区还在海外成功举办了"南京江北新区北欧创新推介会""2019 中国南京创新周波士顿站""伦敦科技周 - 江北新区专场推介会"等系列较大规模的特色活动，在向世界讲好新区高质量发展故事的同时，有效地提升了新区创新话语权与国际影响力。当前，江北新区正进一步增强开放协同创新能力，持续深化与美国、英国等"创新大国"和北欧"关键小国"的科技创新合作，通过加大对国际顶级研究中心和功能性机构的招引力度，完善离岸协同创新中心和孵化器建设等举措，力促高端创新要素资源高效流通。

第三节　建设更加契合创新发展要求的服务型政府

多重国家战略交汇，既是机遇叠加也是任务叠加、压力叠加。为更好顺应国家级新区、苏南国家自主创新示范区、自由贸易试验区等多区合一提出的新要求，南京江北新区充分发挥"大胆闯、大胆试、自主改"的改革创新精神，通过推动政府职能转变，提升专业化服务水平，力促"三区"高标准规划、高水平建设、高质量发展。江北新区设立不到 5 年，便用仅占南京市 5.9% 的土地面积，为全市贡献了 12% 的生产总值、17% 的高新技术企业增加量、21% 的新型研发机构数量和 60% 以上的人口增长量，正逐步成长为南京市乃至江苏省的增长极和创新高地。

一、坚持以人为本，激励释放人的潜力

人才是支撑创新发展的第一资源。为全面激发人才潜力，南京江北新区深耕"干部能上能下、员工能进能出、收入能增能减"的"三能机制"，结合自身发展特点，大力度推动聚焦市场、效益、贡献的人员聘任与激励机制改革，重点提升政府工作人员的服务意识、责任意识、团队意识。

江北新区按照核定员额数进行人员选聘，首次选聘员额数的 80%，预留 20% 员额鼓励全员创先争优，进一步激发员工工作积极性。在选聘中，坚持公平公正公开，明确员额人员晋升条件、畅通晋升通道。在人员管理上，通过淡化员额、企编管理差异，形成了全员聚焦关键绩效指标，按月写实打分兑现的全员统一考核管理，鼓励"多劳多得、少劳少得"，消除"身份不同"界限，实现"贡献高拿高薪"的管理目标。江北新区科技创新服务团队率先转变思路，主动走出办公室、走进企业，"送政策、送服务"上门，深入企业"问需求、解难题"。同时，主动学习集成电路、人工智能等产业知识，确保服务专业化。

创新的热土　│　南京江北新区打造创新"强磁场"

江北新区管理委员会科技创新局局长聂永军说："按照集约资源、统筹管理责任的原则，科技创新局把职责明确到各工作单元，重点提升各部门管理服务的专业度，引导每位科技创新工作者，既能当好支持'双创'的店小二、服务员，又能当好人才创业的导师和领路人。"

　　江北新区力推人事制度改革打破身份限制、职级壁垒，建立能上能下、能进能出、同工同酬的选人用人制度，实施大部制管理。现有18个部门对应市级、省级五六十个部门，一岗多职成为常态。近年来，江北新区的快速发展，特别是"两城一中心"建设的不断加码，离不开"大部制、扁平化"管理模式和"同岗同薪"管理体制的优势。例如，江北新区国际健康城领导小组虽然只有40人左右，但所有成员一人双岗或三岗，除了完成所在部门的工作，还要执行各自项目小组的任务，其中骨干力量还身兼第三重身份，即在商务法务、规划建设、政府政策三个专业小组中履行决策、评估职责。国际健康

江北新区产业技术研创园实景

集聚全球资源打造要素齐全的创新生态 | 第二章

城领导小组管理参照华为"铁三角架构",引入投行的投决制和金融机构的风险评估制,专业、高效推进项目建设。国际健康城领导小组自成立以来,已与15个高端国际团队谈成合作,推动31个项目落地。江北新区研创园根据园区企业发展变化进行了多次架构调整,2019年年底,研创园确定了"大部制+专业小组"的动态组织模式。研创园管理办公室与两个平台合署办公,下设7个职能部门,每个职能部门内部设立专业小组,小组成员既是企业管理者,又是服务企业发展的"店小二",职能范围覆盖行政管理、财务统计、规划设计、载体建设、产业招商、企业服务、科技创新各个方面,显著提升了园区的综合运营效率。

二、坚持创新实干,推动改革走向纵深

南京江北新区作为国家级新区、苏南国家自主创新示范区,自设立以来一直走在南京市改革创新的前列,尤其是在深化"放管服"改革、完善基层治理等方面,取得了一定成效。

2017年11月,江苏省政府发文依照法定程序赋予江北新区直管区46项权力,使江北新区获得了更多的审批权,实现了"办事不过江",服务机制顺畅高效。江北新区"惟改革者进,惟创新者强,惟改革创新者胜",加快推动"互联网+"审批模式创新,着力构建成本最低、效率最高、办事最方便的行政审批机制,打造与国际通行做法和政策规则相衔接的良好营商环境。高标准制定建设"芯片之城""基因之城"和"新金融中心"的专项产业政策,从项目落户、业务拓展、科技研发、金融税收到人才培养引进、知识产权保护、公共平台支撑、产品应用推广等各个方面,为企业创新创业提供全方位、全周期、全链条的精准扶持。江北新区着力推动用地制度改革,中央商务区在土地整理一级开发和地产建设二级开发之外,创造性地引入有年代约束的"1.5级低密度开发模式"。

2019年,江苏自贸试验区南京片区正式揭牌,南京片区的建设主体全部落在江北新区,江北新区再次被赋予担当改革创新"探路者"的重任。江苏自贸试验区南京片区落地后,江北新区充分发挥改革创新精神,进一步拓宽视

野、提高标准，突出"试验性"，提升"自由度"，改出新效率，创出新动能，主动对标党中央、国务院的指示精神和批复意见，借鉴国内外自贸区的成熟经验，严格审视自身政府职能及在营造一流营商环境方面存在的差距，从严、从细、从实抓好制度创新这一核心要务，为江北新区和南京市积累一批可推广、可复制的经验，加快建设具有国际影响力的自主创新先导区、现代产业示范区和对外开放合作重要平台。

在全面深化改革创新的过程中，江北新区坚持系统思维，着眼于"试在江北、用在南京、服务江苏、贡献全国"的使命，通盘谋划和推进制度创新。其勇于先行先试，在符合国家大政方针的前提下，尽快结合本地实际，推出一批受期待、有影响、见实效、得民心的改革"特色套餐"；勇于刀刃向内，真刀真枪地触碰既有格局、打破固化利益，以突破性的改革举措，进一步简化政府职能、释放市场活力，提升创新发展综合效能。

三、坚持大胆探索，打造创新发展试验田

南京江北新区坚持"大胆闯、大胆试"，在推动核心产业发展方面，多项引导性政策全国领先。2019 年 1 月 31 日，江北新区推出《南京江北新区深化创新名城先导区建设提升创新首位度实施方案》，着力打造科创森林与科技创新"强磁场"，提升集群化创新，营造创新生态。2020 年 4 月 27 日，江北新区在"创业江北人才十策"基础上，进一步编制了《关于促进自贸区人才发展、优化升级"创业江北"人才计划十策实施办法》，在大力推进人才国际化、拓展海外引才渠道，大力引进海内外优秀博士后人才、支持企业引才主体作用发挥，加大高层次人才举荐力度，完善市场化认定机制，扩大高层次人才奖补范围，建立人才职称评审"绿色通道"，扩大青年大学生集聚效应，加强人才公共服务等 10 个方面加强人才引进，进一步打造开放江北、创新江北的发展新格局。

以芯片产业为例。2019 年 6 月 28 日，江北新区编制了全国首例单一产业人才政策，即《南京江北新区集成电路人才试验区政策（试行）》。新政在人才引进方面，分别从顶尖人才及团队引进、人才工程申报、海外人才集聚、依托

社会组织引进领军人才、名校优生补助等方面给予支持，出台的奖补政策、支持力度全国领先。其中，对顶尖人才及团队一事一议，资助额度上不封顶，在江北新区新登记注册集成电路企业可参照享受高新技术企业相关政策。

在留才奖励方面，江北新区分别从高层次人才个税奖补、IC 设计专项奖励、规模企业核心团队奖励三个方面给予支持。其中，对企业新引进年薪收入超过 50 万元的高端人才，以用人单位代扣代缴个税为标准，超过应纳所得税额 10% 的部分给予用人单位奖补；设立 50 亿元的集成电路产业专项基金和 IC 设计专项奖励，企业首次达到一定规模给予核心团队最高 1000 万元奖励。在人才培养方面，成立南京集成电路产业创新学院，探索新的人才组合模式，为创新企业提供更加坚实的支撑，分别从职业技能培训、校地联合培养方面给予支持。在生活配套方面，将现有人才安居政策支持范围扩大至所有集成电路领域企业，其均可享受相应的购房补贴、租赁补贴、购买人才住房（共有产权

国家集成电路设计服务产业创新中心

房)、承租人才公寓、公共租赁住房政策，为人才提供优先购买商品住房服务；采用"人才金卡"的方式给予高端人才就医、体检、子女入学等绿色通道。

为推动"芯片之城"高标准建设，江北新区正进一步发力高端芯片设计领域，计划在 2020 年年底建成国家集成电路设计产业创新中心，集聚 500 家以上集成电路企业，从事集成电路产业人才超过 3 万人，集成电路产业产值将超 1000 亿元。预计到 2025 年，集成电路企业超 1000 家，集成电路产业规模及人才集聚度迅速提升，建成全球领先的集成电路产业及人才集聚地，集成电路设计等相关产业研发和创新能力达到世界领先水平。在集成电路人才培养领域，联合南京大学、东南大学等多所高校成立了"南京示范性微电子学院人才培养联盟"，计划 5 年培育专业性人才 5000 人以上。

江北新区打造创新发展试验田及围绕知识产权保护深化改革，是其打造创新发展试验田的突出特色。当前，江北新区是加速建设全国领先的知识产权金融创新试验区。江北新区紧抓新一轮知识经济发展机遇，在推动"三区一平台"高质量建设的过程中，突出强化对知识产权的创造、保护和运用，为全区创新创业筑起坚实的后盾。通过对标国际，江北新区建立了知识产权法庭、检察室、仲裁院、维权援助分中心等多机构协同保护机制，实现知识产权行政和司法保护"闭环运行"。通过深化多方合作，江北新区构建起了知识产权创造、保护、运用生态体系。江苏省知识产权局与江苏银行、南京银行分别签订了共建知识产权金融战略合作协议，在知识产权质押融资、投贷联动等方面开展合作，助力江北新区建设国际知识产权金融创新中心。江北新区管理委员会科技创新局与知识产权出版社签署了共建"南京自贸区国际知识产权金融创新中心"战略合作协议。双方将在推动知识产权金融服务机构集聚、共建南京自贸区区块链与数字资产创新中心、共建南京自贸区原创认证知识产权保护平台、推动知识产权高端人才培育等方面开展合作。

同时，江北新区实现了知识产权金融引领全国。江北新区高起点规划建设南京国际知识产权金融创新中心，推动知识产权与金融资源有效融合，聚力打造全国领先的知识产权金融创新试验区。积极规划建设国际知识产权金融创新中心，并于 2019 年 6 月正式揭牌运营。该中心立足江北新区，聚焦长三角，服务全国，链接全球创新资源，坚持建设国家级知识产权金融创新发展试验区、打造知识产权金融创新服务集聚区线下平台和线上平台、构建知识产权金融大数据研究院、知识产权价值评估体系和知识产权风险缓释体系的"一区两平台三核心"发展战略，积极探索知识产权制度创新，率先打造全国知识产权金融资源开放高地，力推新区高质量发展。

针对驻宁知识产权质押融资客户，江北新区大胆尝试，推出了知识产权金融产品"永智贷"，产品以"我的麦田"平台为通道，以南京联合产权（科技）交易所受托管理的民营企业转贷互助基金为支撑，通过流程创新，为平台客户在知识产权质押贷款到期之际提供先还后贷的一站式服务，助力企业缓解转贷难题、节省转贷成本。江北新区建立的知识产权金融服务已经辐射江苏省，截至 2020 年上半年，已成功为 1100 余家企业提供知识产权质押融资，融资金额累计逾 37 亿元。该知识产权质押融资模式经国务院批准向全国复制推广。

不到 5 年时间，江北新区在知识产权创造数量上迅猛突破。2019 年，江北新区直管区实现专利申请 13633 件、专利授权 6300 件，累计有效发明专利 6424 件，完成 PCT 申请 295 件，万人发明专利拥有量达到 79 件，实现历史新高。围绕知识产权服务全链条布局，江北新区集聚了超过 50 家知识产权服务机构，建设了中国（南京）知识产权保护中心，打造了"一站式"知识产权公共服务平台，提升了知识产权公共服务供给能力。

第三章

推动"创新热土"高质量发展

第一节　正确把握产业与创新的内在关系

一、促进创新向生产力转化

只有创新没有产业，创新就无法落地形成生产力；只有产业没有创新，产业就无法实现转型升级，形成核心竞争力。南京江北新区设立后，面临的首要命题就是理顺产业与创新的内在关系，着力打通产业创新向生产力转化的"最后一公里"，找准高质量发展的重要方向。

（一）在空间维度上推动创新扩散

创新实际效应的发挥在很大程度上取决于创新扩散程度，创新扩散是影响一个国家或区域整体创新能力和持续发展能力的重要因素。空间规模优势不断增强的新区能够将具有不同才能、教育、文化和语言背景的人聚集在一起，为创新及其溢出提供最适宜的环境。

南京江北新区把高度专业化的企业聚集在一起，共享特定劳动力市场、信息和内部联系等资源，产生了创新外溢效应。在江北新区的"两城一中心"产业集聚区，众多产业并存较单一专业化产业的集中，为地区带来了更多活力，产业之间的交流也产生了更具生产力的新思想和新组合。尤其是同一产业链的创新主体在空间上相互邻近，不仅缩短了彼此的距离，更带来了运输成本的降低，而且有助于缩短文化和价值观念差距，增强彼此的信任度，为非正式交流提供持久、同步的交流环境，便于形成信息交流网络，使新创意不断涌现。近年来，为了保障新区创新空间维度上的持续扩散，江北新区着力做强基础教育和职业技术教育的积累，促使人力资本能够得到充分的集聚衍生，促进人力资本加速形成和积累。江北新区人力资源的专业化与多样性、信息交流网络及人力资本形成等优势，进一步促进了创新的产生。

（二）在产业维度上推动创新扩散

近年来，南京江北新区持续强化在产业维度上推动技术创新的扩散，不断加大技术创新源的投入。一则通过利用产业集群政策优势，联合企业、科研院所和高校等单位，积极引进技术创新源和高端创新要素；二则通过提供产业集群技术创新的政策导向，把优惠政策由原来的向区域倾斜转为向技术倾斜或向科技产业倾斜，有目标地吸引具备产业带动优势以及产业优势和产业关联效应或配套协作能力强、技术溢出效应大的项目进入产业集群园区，提升产业集群的整体技术创新能力；三则通过完善和搭建良好的技术创新扩散系统，增强传播效果和扩散能力，并利用集群内的交流平台，推动集群内企业与群外企业、机构的交流合作，提高集群创新能力，收集集群内企业在生产及产品开发中面临的难题，切实推动产学研结合，积极营造区域创新环境，搭建科技开发平台及交易平台等；同时，江北新区积极鼓励和引导技术创新采纳者和创新创业精神，通过组织和实施一系列产学研合作计划，引导和激励各方合作并实现合作双方的"共赢"，着力加强对集群企业的知识产权保护，创建产业集群专业市场，鼓励企业间的联合创新。

（三）强化产业与创新"双链融合"的布局分工

南京江北新区从破解创新载体资源分散、力量单一的难题出发，加强创新体系建设的整体布局和创新链协同，以企业为主导，整合产业链上下游、科研机构、高校等创新资源，采取市场化运作机制模式，组建了一批以产业化需求为导向、以应用创新为主的制造业创新中心等新型研发载体，持续强化行业共性技术供给。同时，注重鼓励和引导龙头企业提档升级现有研发机构，建设企业中央研究院等开放、高效的共性技术创新平台，并聚焦国内空白，分类建立重点产业链技术、装备、关键材料、关键部件、软件等短板技术清单，对近几年可能实现突破的产品或技术，实施关键核心技术攻关工程，采取"技术悬赏""揭榜挂帅"等市场化方式，支持以企业为主体牵头开展攻关，力争突破一批关键技术、装备和产品。

（四）建设开放共赢的创新体系

南京江北新区全面探索更高水平的开放式创新，坚持"引进来"与"走出去"相结合，突出企业的创新主体地位，着力提升引进技术的质量和效率，充分利用全球创新资源，重点深化产学研合作、加大金融支持力度、完善创新服务体系，加速形成"引进消化吸收再创新"的螺旋式发展。

技术引进与引资、引智协同发展是引进消化吸收再创新的源头，自成立以来，江北新区始终注重拓宽技术引进渠道，提高技术引进质量，巧用"他山之石"推动技术创新。一则坚持市场化、法治化原则引进技术，鼓励通过联合设计、合作生产，学习和积累相应的技术知识，提升自主创新能力；二则加速构建外商投资的促进、保护和管理机制，营造自由高效的外商投资环境，为

南京北斗产业基地

引资、引技提供法律保障；三则大力实施招才引智工程，建立更加科学、务实、完善的知识型外籍人才引进机制、留学人才回流机制和技术人才移民制度体系；四则通过设立联合实验室、海外孵化机构以及开展国际科技合作项目等方式引进国外高层次人才和高端科研团队，鼓励机构间专家群体积极开展长期交流与合作；五则强化企业在引进消化吸收再创新中的主体地位，支持有条件的企业"走出去"，扩大国际创新合作"朋友圈"，建立国内外企业协同创新的"技术联盟"，加快技术研发的国际化进程；六则支持企业"走出去"融入全球创新链和价值链，统筹利用海外技术、品牌、渠道、管理经验等方面的创新资源，提升自身创新能力和核心竞争力；同时，鼓励企业基于平等互利原则，在遵循国际规则与标准的基础上，与国外创新型企业和研发机构加强合作，推动创新资源的有效吸收、应用、再创新。

构建多元化研发经费投入机制，引导企业加大对消化吸收经费的持续投入力度，设立消化吸收再创新专项基金，强化风险投资对引进消化吸收再创新的促进作用。引进消化吸收再创新是一项高投入、高风险的活动，需要构建企业资金主导、政府资金引导、社会资本支持的多元化融资体系，为技术引进消化吸收再创新提供融资保障。江北新区长期致力于设立引进消化吸收再创新的专项基金，通过市场化方式引导商业银行、风险投资机构及社会资本共同参与，对消化吸收重点项目给予扶持。江北新区鼓励银行探索适合企业开展技术引进、消化吸收、再创新活动的金融服务模式，提高融资效率，降低融资成本。同时，江北新区重点培育新金融产业，推动产融结合发展，为企业在引进、消化、吸收和再创新各阶段提供融资服务，充分发挥风险投资机构对消化吸收再创新项目的发现、筛选、培育和风险分散功能，引导风险投资重视消化吸收再创新项目，鼓励其更多关注技术再创新的潜在市场价值。

二、提升综合创新活力

（一）构建"到位不越位"的营商环境

南京江北新区在系统提出城市创新活力的过程中，一方面，突出做好打基础、建环境、提效率、严作风等工作，通过完善政策、夯实基础保障、明确责任、厘清权力界限等，用"有形之手"为创新主体构建干事创业、健康自由的积极环境；另一方面，突出做好搭平台、创空间、善引导、给扶持等工作，遵从规律释放创新自由、主动服务多些雪中送炭等，用"无形之手"进一步激发各类因素的活力和"牛气"，通过探索"强政府、大社会"的新型政府与社会关系，真正减少政策落地的阻力、权力寻租的滞力，营造鼓励创新、服务创新、支持创新的良好局面。

（二）营造"全面创新"的良好氛围

南京江北新区注重从横向和纵向上，为系统营造良好的创新氛围提供保障：江北新区政府部门在调研、拟定相关政策时，从横向上，紧紧围绕"企业、高校、院所"等创新主体的核心需求，结合实际从资金引导、平台搭建、技术引进、队伍建设、成果应用等配套领域，全方位设计和推进工作；从纵向上，充分考虑创新主体从孕育期、初创期、成长期到成熟期的全生命周期实际需求，综合统筹科技创新局、经济发展局等部门职责与资源，拟定出台涵盖创业资助、发展扶持、推广应用等政策体系，"贯穿式"体现支持创新、服务创新的理念；同时，江北新区注重突出科技创新的核心引领作用，兼顾实现发展方式、体制机制、科技、产业、社会文化等领域全面创新，综合实现创新体系健全、创新要素集聚、创新效率高、经济社会效益好的城市创新体系。

（三）激发主体创新创业活力

南京江北新区注重激发调动全社会创新激情，一则通过积极弘扬倡导创新文化，在全社会营造注重创业、更加包容、崇尚创新的精神意识，使创新成为普遍共识和行动自觉；二则通过大力提倡创新教育，培养企业员工的思辨和创新精神，鼓励他们参与科技发明竞赛，鼓励社会组织积极传播科学精神和创新意识；三则通过举办"创意月""创新大讲堂""创新大赛"等活动，深化建设创新文化和环境氛围；四则充分结合空间、资源、环境等城市特点，注重发展高附加值、绿色、低能耗、智慧产业，努力探索特色鲜明的创新发展之路。

第二节 目标：实现创新发展走在全国前列

一、着力加强产业发展源头创新

南京江北新区着眼于未来产业发展和主导产业竞争力提升，近年来，加速布局前沿技术研发、构建产业创新体系。一方面，围绕集成电路、生命科学等重点方向和优势领域，江北新区聚焦有望引领未来发展的战略制高点，以重大科技任务攻关和大型科技基础设施建设为依托，创立"集成电路研究""生命科学研究"两大专项，筹建跨学科、综合性、多功能的江北新区"江北实验室"，通过建立开放、协同、人才集聚的实验室运行机制，把"江北实验室"建设成为江北新区乃至长三角区域集成电路和生命科学领域科技创新的核心动力源。江北新区超前谋划和布局前沿性、颠覆性技术，聚焦新一代信息技术、生物医药、先进制造等领域，以龙头企业为牵引，集聚行业创新资源，建设推动颠覆性创新、引领产业技术变革方向的国家技术创新中心、制造业创新中心和产业创新中心，加快建设一批市级技术创新中心、制造业创新中心和产业创新中心。另一方面，江北新区大力发展高水平新型研发机构，探索试点院所长海内外公开招聘制、人才双聘制、组建学术及专业专门委员会、实行员额制管理、市场化薪酬、科研人才双向流动制度、授予高级职称评审权等体制机制改革，引导科研机构形成市场导向的科研体系，推动原创性科研活动与国家和地方经济社会发展紧密关联。江北新区聚焦经济社会发展需求，紧盯国内外高端创新资源，先后引进建设了一批引领支撑江北新区经济社会高质量发展的高端研发机构和联合研发基地（中心）。鼓励国内外知名研发机构在江北新区建立分支机构，大力吸引海内外顶尖实验室、科研机构、跨国公司在江北新区设立科学实验室和研发中心，搭建科技创新平台，开展应用基础研究和关键共性技术攻关，就地转化科技成果，服务地方经济社会发展。

同时，聚焦基础研究和产业发展需求，江北新区加快高校院所学科建设布局调整，强化生命科学、信息、数字经济、人工智能等新兴学科建设。江北新区通过深化与全国知名高校院所的教育科研合作，共建优势学科、实验室和研究中心，联合培养学生、共同开展研究，持续提升了基础研究、技术创新和人才培养等能力，形成若干个一流学科和特色学科群。

二、着力推进创新型产业集群发展

南京江北新区立足产业发展特色和优势，以集成电路、生命健康为主要方向，聚力建设关键核心技术攻关体制，实施引领型新兴产业培育工程，突破了一批具有全局性、前瞻性、带动性的关键共性技术，具有全球影响力的创新型产业集群逐步形成，有力推动和引领了区域经济的高质量发展。面向世界技术革命前沿，江北新区紧抓新技术发展战略机遇，通过引进、培育和集聚行业龙头企业和研发中心，探索推进应用基础研究和技术创新一体化布局，超前谋

江北新区智能制造产业园

划和布局前沿性、颠覆性技术，催生了一批引领性新兴产品，打造了集成电路、生命科学、生物医药、人工智能等战略性新兴产业集群。

切实发挥新材料、化工等产业的先发优势，集中力量突破技术瓶颈，促进数字化、智能化、绿色化、高端化转型。聚焦新材料产业发展，加快产业发展的前瞻与共性关键技术研究，加快高性能树脂、功能性材料等绿色化工产品研发，提高创新资源的集聚能力，引导企业围绕品种开发、质量提升、节能降耗、清洁生产、"两化"融合、安全生产等方面开展科技创新活动，推进企业提质增效。

大力发展科技服务业。重点围绕电子信息产业、生命科学、装备制造等优势产业，加强以标准、计量、检验检测、认证为主要内容的质量技术基础平台建设，建设技术标准创新基地，为设计开发、生产制造、售后服务全过程提供观测、分析、测试、检验、标准、认证等高效服务，支撑优势产业高质量发展。大力增强研究开发、技术转移、创业孵化、知识产权、科技咨询、科技金融、科学技术普及等专业科技服务和综合科技服务，提升科技服务业对科技创新和产业发展的支撑能力。

围绕主导产业加速引进具备科技创新龙头带动作用的大项目、大企业，聚焦重点产业补链成群的关键环节、引进高端创新要素，建立重大战略投资者（公司）集团资源库，绘制全球招商地图，开展靶向招商、以商招商、补链招商，出台专项政策支持大型跨国企业、行业领军企业、具有核心优势的创新型企业、研发机构、创业团队来江北新区设立区域总部、研发中心及结算中心、物流中心、营销中心等功能型总部。同时，着力培育引进以高技术性企业和高成长性企业为重点的科技型企业，引进和培育一批瞪羚企业、独角兽企业、行业领军企业、隐形冠军企业，力求科技中小企业铺天盖地、"双高"企业顶天立地。

三、着力完善"双创"服务"软硬件"

（一）优化创新创业服务软硬件

自设立以来，南京江北新区持续构建创新创业孵化生态系统，优化区域创新创业环境，大幅降低创新创业成本，全面为江北新区加快培育发展新动能、实现经济高质量发展提供坚实保障。以直管区为核心，江北新区近年来加速汇聚创新创业服务机构，目前已初步形成了全链条、全方位、线上线下相结合的创新创业服务体系，正全力打造引领长三角、全国领先、全球一流的创新创业示范区。

江北新区积极引进风险投资，鼓励创业团队和个人，在新技术、新产品、新模式、新产业等方面积极探索，形成不怕失败、敢想敢干的创新创业氛围。江北新区探索设立非共识科技项目试点，积极支持非共识性、变革性研究，引导和鼓励研发人员面向重大科学研究方向，自由畅想、大胆假设、认真求证，勇于攻克最前沿的科学难题，提出更多原创理论，做出更多原创发现。江北新区充分利用税收优惠、财政资金引导方式，鼓励天使投资和创业投资发展。同时，设立创新创业投资引导基金等，鼓励种子期、早期阶段企业健康成长发展。

江北新区加快培育新型创业载体，培育和引进一批技术转移专业化机构，打造国内外科技创新成果江北集散高地。江北新区持续健全支持创新创业的政策体系，简化企业研发费用加计扣除等政策落实手续，并推出"创新券"，引导和促进科技创新发展，激励国内科研机构为创新创业团队提供科技创新服务。同时，江北新区积极探索建立创新产品及服务政府采购和推广制度，着力促进创新产品研发和规模化应用。积极吸引和推动国内知名高校院所在江北新区设立分支机构，鼓励世界500强企业、国内500强企业和独角兽企业总部或区域性总部落户江北新区，在基地建设、人才引进、项目支持、公共服务等方面，采用"特事特办、一事一议"方式给予支持，并推动国际知名或经国家备案的众创空间在江北新区设立分支机构，积极引进众创联盟、创业社区等新型孵化机构，提供一定年限的零租金创业场所或相应租金补贴。

（二）加快构建金融创新公共服务平台

自江北新区成立以来，持续加快推动金融科技创新，大力发展金融科技产业，推动金融与科技深度融合发展，持续完善金融科技创新创业生态系统，促进金融科技服务于产业发展、城市治理、区域协同等方面取得突破性进展。

经过 5 年的努力，逐步把江北新区建设成为具有一定影响力的长三角金融科技创新中心。

一是推动金融科技底层技术创新和应用。加快推动金融科技底层关键技术的发展，加快新技术的应用推广，形成良好的基础技术研发生态，为新技术与新金融的互动融合创造基础条件。重点支持以企业为主体，联合研究机构，开展底层关键技术、前沿技术研发，在新技术领域尽快形成一批知识产权和专利，打造金融科技前沿创新高地。

二是积极开展科技金融结合试点。探索科技与金融结合各种方式先行先试，引导银行、天使投资、创业投资、私募股权、保险、知识产权运营公司等金融资源集聚科技创新。进一步推进科技型企业知识价值信用贷款改革，鼓励银行提供以知识产权为核心的知识产权质押贷款、知识价值贷款、商业价值信用贷款等多种金融产品，支持科技创新创业。鼓励银行设立服务科技型中小企业和创业企业的科技支行和科技金融事业部等专营机构。探索推动投贷联动发展的有效模式，推动保险公司研制推广科技保险产品。

三是加快培育金融科技产业链，发掘培育底层技术创新企业。着力培育和引入底层技术创新型领军企业，支持有潜力的初创企业发展，为其提

中央商务区新金融中心效果图

供健康成长的生态环境，引导企业在金融科技产业园或功能区聚集。重点支持底层技术企业加强面向金融机构的产品与服务创新，鼓励各类底层技术企业开展合作，在合规前提下，共同推动技术研发与创新应用。

创新的热土 | 南京江北新区打造创新"强磁场"

四是深入推动新技术应用于金融服务领域。支持智慧银行建设，支持金融服务场景化建设。重点围绕科技型中小微企业，探索应用大数据、区块链等新技术，建立具有首都特色的大数据信息共享与信用评价系统，构建线上线下相结合的担保增信模式，开发有针对性的金融科技类服务产品，满足企业融资需求，降低企业融资成本。鼓励银行、供应链核心企业有效运用新技术，建立供应链金融服务平台，为上下游中小微企业提供高效便捷的融资渠道。

（三）着力深化国际交流与合作

南京江北新区坚持"引进来"与"走出去"并重、引智引技和引资并举，当前，正加快全球高端创新资源集聚，打造长三角对外开放高地，推动江北新区成为全球创新网络重要节点。江北新区通过持续加强与国外知名高校、科研院所、企业等合作，引进国外优质创新资源。支持有较强国际竞争力的企业、高校、院所通过建立海外研发中心等方式，有效利用当地科技资源。建设海外创新服务平台，促进国内外创新成果高效跨境转移转化。同时，积极引导和鼓励国内资本与国际优秀创业服务机构合作建立创业联盟或成立创新创业基金。建设长三角国际技术转移中心，完善市场化、国际化、专业化的服务体系，吸引国际高端科技成果落地，形成面向长三角、辐射"一带一路"的技术转移集聚区。

江北新区鼓励各类创新主体建立国际化创新网络。通过提升在研发合作、技术标准、知识产权、跨国并购等方面的服务，构筑全球互动的技术转移网络，加快国际技术转移中心建设，推动跨国技术转移。推进海外人才离岸创新创业基地建设，为海外人才在江北新区创新创业提供便利和服务。鼓励国内企业在海外设立研发机构，加快海外知识产权布局，参与国际标准研究和制定，抢占国际产业竞争高地。

江北新区着力加强区域创新空间布局，强力支撑南京都市圈发展，积极融入长三角城市群协同创新，并加强与京津冀、珠三角等优势区域之间科技创新的协同发展，构建区域协同创新网络。围绕高层次、高标准打造"宁淮特别合作区"的目标，积极创建宁淮创新共同体，按照"共建共享共赢"原则，探索协作、高效、共赢、可持续的"飞地"科技创新模式，通过共建科研基础设施、核心技术联合攻关等方式，加快建设长三角区域科技创新一体化先行区、宁淮两市协同创新发展引领区。围绕"宁滁跨界一体化发展示范区"建设，大力开展新能源、生物医药、智能制造等产业的协同创新，推进科技成果转移转化工作，加强科技孵化器等平台共建合作，推进建设宁滁一体化科技创新示范区。

同时，江北新区还着力加强与长三角区域内主要城市各类科技、人才、产业规划对接，积极参与研究谋划区域科技创新战略。通过探索联手构建长三角城市群基础性大型数据库，合力推进建设重大科技基础设施集群，加快创新资源的共享利用。通过选择与长三角城市群重大支柱产业发展关联度大的产业技术领域，联合推进影响产业集群发展的基础性科研和关键性技术。并聚焦消除市场壁垒和体制机制障碍，通过合作建立科园园区或建立成果转化基地等方式，加强"长三角"科技成果双向转移转化，推进江北新区与长三角城市群创新链和产业链深度融合。

第三节　创新理念融入城市建设肌理

南京江北新区在推动城区建设的过程中，深入融合创新理念，借力物联网、5G、大数据、人工智能等新一代信息技术，培育"智慧产业"，建设"智慧新区"，统筹推进落地了政务云中心、电子政务外网、企业服务平台、大数据管理平台及基础数据库、行政审批服务系统、综合感知平台、视频监控联网平台、智慧医疗、智慧教育、科技统计平台等重大工程，着力把新区建设成以物联、数汇、智创为特征，以集智能感知、智敏响应、智慧应用、智联保障为一体，更具创新气质的"智慧新主城"。

一、智慧产业丰富"两城一中心"内涵

在"芯片之城"打造人工智能产业高地。南京江北新区充分激发集成电路行业龙头、独角兽企业带动能力，依托 ARM、Synopsys、展讯等龙头企业，借力江苏省产业技术研究院、中德智能制造研究院等创新平台，发展网络通信、物联网等领域的集成电路设计业。强化 ICisC 平台支撑作用，以创建国家集成电路设计产业创新中心为核心，打造集成电路设计产业基地。依托台积电等龙头企业，大力发展晶圆制造、配套材料及封测产业。推动健康医疗、新一代显示项目的建设、投资与量产，打造江苏省新一代信息技术产业示范基地。近年来，江北新区借力人工智能技术，在芯片研制、应用领域，积极推动人工智能传感、虚拟现实、混合增强等技术在产业发展中的融合应用，提升集成电路企业智能制造水平，并引导发展智能软硬件、智能机器人、无人系统、智能终端等产业，培育人工智能产业生态链，集聚龙头企业，带动区域经济社会创新转型发展，在芯片之城打造人工智能产业高地。

在"基因之城"打造国际一流健康大数据产业园。南京江北新区依托生物医药谷，建设国家重大新药创制、重大科技成果转移试点示范基地，聚力发展基因产业、免疫细胞治疗、CART 细胞治常、生物制药、国药研发、医疗器械等大健康产业；建设健康大数据产业应用园，以新区产业技术研创园、扬子科创中心等为载体，依托国家健康医疗大数据中心，聚力发展多组学检测、基因检测、高端体格管理等领域，构筑强大的基因测序平台、存储中心、大数据中心和展示中心等一系列应用中心；打造健康服务产业示范区，依托江北新区国际健康城，聚力发展医疗、教育、研究、康复、养老五大板块，建设覆盖全

生命周期、内涵丰富、结构合理的健康服务体系；同时，依托国家健康医疗大数据中心及产业园试点，促进基于健康大数据的创新创业，聚力培育一批健康大数据龙头企业和创新型中小企业，形成了多层次、梯队化的创新主体和合理的产业布局，当前，正加速构建生命健康大数据生态，打造具有国际竞争力的健康大数据产业园区。

把新金融中心建设成数字金融研究应用新高地。南京江北新区依托南京数字金融产业研究院，研究数字技术、服务数字金融、打造数字经济，推动数字货币、数字金融示范应用。推动传统金融机构建设开放共享的"金融＋科技"小生态圈，围绕金融科技与金融服务创新，通过构建政、产、学、研、用的联系机制，为江北新区金融机构、高科技企业提供便捷、普惠投融资综合服务，为南京创新名城建设提供金融创新动力。此外，江北新区率先应用区块链、大

中央商务区智慧城市企业服务平台

创新的热土 | 南京江北新区打造创新"强磁场"

数据、人工智能等技术，借助全国首个数字资产登记结算平台，为企业提供数字资产登记、披露等服务，高效连接资金端和资产端，将传统资产数字化，让资产充分流动。

二、智慧政务提升政府服务效能

为全面深化国家及江苏省、南京市"互联网+政务服务"建设要求，近年来，南京江北新区着力打造以"不见面审批"为核心的政务服务应用体系，提升政务服务体验。江北新区建立审批改革信息系统，提供流程仿真、运行模拟、数据测试等功能，从事项梳理、数据共享、流程优化着手，推进行政审批改革探索；以政务服务体验为核心，建设统一受理、统一服务的政务服务总门户，铸造政务服务线上统一出入口，以政务信息资源和业务协同融合应用，推动实现前台统一倒逼后台办理流程整合，助力江北新区打造审批事项最少、办事效率最高、创新创业活力最强的一流营商环境。

（一）建设完善企业服务平台

南京江北新区依托新区企业画像建设，集合企业办事服务、科技创新、专业咨询、投融资等政府、市场等多方服务资源，强化企业发展全生命周期信息资源汇聚融合，建设新区企业全生命周期服务系统，深化事中事后监管、行政审批服务、法人信用信息、企业安全生产主体责任落实信息等各类业务及信息资源在企业全生命周期管理服务中的应用。以企业画像为支撑，以现有企业服务平台为基础，通过兴业服务各类信息采集、汇集和共享应用，结合各企业发展阶段实际需求，建设系统针对企业不同发展时期的差异化监管和个性化人才与资金支持、信息推动服务能力；推进系统与重大项目管理和资源集约利用等系统数据及业务融合协同，逐步实现以重大项目、行业龙头企业、各类科技型企业为核心的全生命周期管理服务，提升土地资源集约化利用水平。在企业画像基础上，深耕精准服务，做到金融、政策、灾害预警、法律援助信息精准推送，深化企业供给侧改革。拓展江北新区内现有双创中心（基地）功能，招商引进、鼓励各行业大型龙头企业联合成立各领域的联创中心，如围绕集成电路、生物医药技术研发、创业解化、成果转化等全资源、全链条式科技联合创新服务。推进现有中介服务、科技创新服务、大型仪器共享服务平台接入平台，园区内外设计研发、管理咨询、人力资源、法律、金融支持、检验检测等专业服务资源的集聚，提升新区各类产业生态发展合力。

（二）借力新技术优化不见面审批

南京江北新区利用大数据管理中心的数据共享和分析能力，建设江北新区一体化审批服务平台，打通各政务服务层级，注重服务下沉，实现江北新区就近办、一网办，利用大数据分析挖掘和机器学习技术，对多个部门的审批服务事项进行采集、分类、加工，按照办事对象、办事流程等各种业务场景对业务进行多维度重组，提供精准定制场景服务，智能搭配办事套餐，主动推送服务；加快自然语言处理、计算机视觉等技术应用到政务服务预约、受理和办理环节，深度利用大数据、知识图谱和人工智能技术，挖掘公众需求和政务服务之间的关联，利用技术手段克服"找谁办""去哪办"和"怎么办"等政务服务困境。应用人工智能技术，让系统自动学习政务服务内容与流程设计算法模型，变被动服务为主动服务，让服务找人、让数据跑路，实现系统与市民的有机互动，提高市民的满意度和政府的运行效率。

（三）推进新区综合执法建设

南京江北新区深化"先照后证"改革，强化事中、事后监管，持续完善新型市场监管机制。基于相关标准推进新区现有 27 个监管信息系统整合共享，同时整合工商、交通、公安、安监、食药监、信用、园区等部门监管资源，建立江北新区统一的市场监督管理一体化综合管理平台，汇聚各市场主体的工商登记、行政许可、执法、信用等信息，围绕食品安全、安全生产、行政执法等推进各部门实现联动监管，打造统一高效、互联互通、协同共享的江北新区智慧监管新体系。联合业务主管部门，面向中型规模餐馆建立综合许可审批平台，为餐馆提供开门营业所需许可审批的一站式服务，同时为注册餐馆提供消费者在线排队点单、支付、评价一条线服务，衔接明厨亮灶，为消费者提供透明安全的餐饮环境。以江北新区现有行政执法和行政执法监督体系为基础，综合相关部门的信息资源，建立行政执法综合指挥平台，实现渣土运输、市容环境整治、执法决策等协同执法，实现市容环境违法行为的发现及时、执法高效、查处有力。

三、智慧惠民构建民生服务新境界

智慧城市建设与人民群众的生产生活密切相关，在改善群众生活条件、提升百姓幸福指数等方面发挥着重要作用。随着南京江北新区城市化进程的加速发展，区域人口膨胀、主干道交通拥堵、园区停车难，化工园区安全生产和环境保护、建设工地扬尘监管，城市公共安全等"城市病"不断浮出水面，江北新区积极践行新理念、新思路，应用新技术、新手段，破解城市管理和社会治理方面的难题。特别是通过加强信息化、建设智慧新区，持续提升基层治理和政府服务能力。

（一）精准提升服务水平

南京江北新区基于市民画像、资源画像，梳理服务请求、整合信息资源，建设便民服务大数据分中心。综合运用人脸识别、语音互动等技术，优化服务引导、一键申请、关联业务推荐等服务获取交互体验。打通服务应用，整合服务资源，优化服务流程、闭环服务管理，洞察服务对象，满足个人的便捷化、个性化、多元化服务需求。构建智能化、一体化、联动化的公共便民服务平台，形成江北新区便民服务统一入口。江北新区打造15分钟便民服务圈。依托江北便民服务平台App、微信公众号、微信小程序等多渠道提供服务，在社区便民点、大型商超、营业厅等人群密集处部署统一的自助服务终端机，优化不同年龄层次居民服务体验；逐步丰富服务内容，支持各社区定制，提供物业服务、社区自治、社区议事投票等功能，对接政务服务系统提供政务服务预约办理、公交车到站查询，对接公共事业单位公共服务系统提供远程问诊、公共事业缴费，对接社会第三方服务机构，提供家政养老服务。

（二）聚焦医疗服务便利性

南京江北新区加速推进居民健康档案、电子病历与南京市以及邻近其他省市医院对接。鼓励国际医疗机构开展智慧云医院建设，提供便捷、完善的云预约挂号、视频问诊、远程会诊、云支付、云影像、云配药、云随访、云健康管理等医疗服务。持续整合国际领先医疗资源，引进医学影像智能分析诊断系统、远程病理会诊系统、电子病历、慢性病管理、双向转诊系统等信息化应用，有效实现"分级诊疗"，提高医疗资源利用率。

南京鼓楼医院江北国际医院

（三）完善社区养老体系

南京江北新区依托社区公共服务站建设了一批自助健康检查终端，正逐步全面普及基本健康自助体检服务。江北新区与可穿戴健康监测设备企业合作研究开发便捷的一体化软硬件智慧养老产品，可为老年人提供远程健康监护、定位援助、一键呼叫、社交互动等服务，满足老年人个性化和多样化养老需求。

四、智慧新区创造美好新生活

南京江北新区建设智慧新区目的是让政府决策更精准、更科学、更有效，让民众对城市运行的感知更直接、生活体验更幸福。近年来，智慧新区建设持续发力智慧教育、智慧卫生、智慧社区等一批民生服务项目建设，聚力增强民众获得感，创造美好新生活。

江北新区一网通办政务服务，实现办事指南统一展示、网上预约、申报、查询、推送等功能，建立创新服务需求统一受理的互联网和移动互联网平台，发布创新服务二维码，集成人工智能技术，优化政府服务方式，实现新区网上服务大厅与南京市统一实名认证服务有效对接，达到政务服务和公共服务应用融合汇聚……江北新区加速推出系列"智慧+"改革举措，有效实现了民众办事"只进一扇门""最多跑一次"的服务目标，提升城市精细化管理水平。

长期以来，江北新区坚持以人为本，立足需求驱动应用，依托应用带动智慧城市发展，通过"信息惠民"，为广大市民提供均等、便利的信息与应用服务，使广大市民享受到城市精细化、智慧化管理带来的实惠与便利。目前，江北新区正着力探索符合实际需求的智慧城市建设，重点推进智慧新区在保障和改善民生等领域的信息化升级，全面构建广大群众用得起、用得上、用得好的智慧应用体系。

第四章

专家访谈

林毅夫：科技创新、制度创新"双轮驱动"是南京江北新区打造创新策源地的核心竞争力

"新结构经济学知识产权研究院"由南京市人民政府、北京大学新结构经济学研究院、江苏省知识产权局和江苏大学四方共建，是北京大学新结构经济学研究院在北京以外地区成立的第一个专业类的研究院。中国经济信息社分析师对话"新结构经济学"创始人、著名经济学家林毅夫，深度解码新结构经济学，共同探讨世界经济的实践探索与道路经验。

林毅夫教授

专家访谈 | 第四章

（一）新结构经济学破解区域发展难题

分析师：2020年4月，全国首家新结构经济学知识产权研究院在江北新区揭牌成立。作为新结构经济学的创始人，您如何认识和理解新结构经济学？新结构经济学的本质是什么？其在经济社会发展上有哪些优势？

林毅夫：现阶段，我们国内经济理论的研究缺乏，现有经济理论难以解释新中国的经济现象。而新结构经济学的开创正是为了填补国内理论在发展中国家经济现象研究上的空白。

不同于以发达国家作为理论参照系的传统经济学，新结构经济学致力于总结中国和其他发展中国家的发展经验，形成适合发展中国家的国情特点和产业禀赋的自主理论创新体系。新结构经济学是以马克思唯物辩证法和历史唯物主义为指导，借鉴新古典经济学的方法，总结中国和其他发展中国家发展成败经验所形成的社会科学自主理论创新体系。

此次落户南京江北新区的新结构经济学知识产权研究院，则是我国首家运用新结构经济学的理论框架、专门从事知识产权理论和政策实践研究的专业机构。

新结构经济学认为，一个经济体在每个时点上的产业和技术结构内生于该经济体在该时点给定的要素禀赋结构，与产业、技术相适应的软、硬基础设施也因此内生决定于该时点的要素禀赋结构。

简单来说，如果要快速提高资本积累，最好的办法是经济体在每个时点按照要素禀赋结构决定的比较优势选择技术、发展产业，企业的要素生产成本最低，具有自生能力；当经济中的软、硬基础设施合适时，交易成本也会最低，形成的竞争力最强，生产的剩余会最大，资本回报会最高，资本积累的积极性会最强，要素禀赋结构、比较优势、产业升级和收入增长也会最快。在此过程中，一个发展中国家还可以利用后发优势，取得比发达国家更快速的技术创新和产业升级，从而促进经济发展。

根据产业和世界前沿的差异和技术研发的周期，新结构经济学将我国的产业划分为5种类型，即领先型产业、追赶型产业、换道超车型产业、转进型产业和战略型产业。

当前，伴随着新一轮科技革命和产业革命，全球创新活力竞相迸发，为经济社会发展注入了新动能。从新结构经济学的角度来看，创新的方式必须与不同发展阶段的产业和技术的比较优势相结合，才能推动经济的可持续发展。无论处于何种发展阶段，一个国家的经济若要不断发展，需要有新技术和新产业不断涌现的创新来持续提高生产力水平才可实现。同时，创新必须跟一个经济体的比较优势相结合才能有最高的回报，最有效地贡献于经济的可持续发展。

分析师：新结构经济学知识产权研究院此番落户江北新区，创始团队有着怎样的考量？

林毅夫：把新结构经济学知识产权研究院放在江苏、放在南京江北新区，一方面得益于各级地方政府的支持，另一方面源自江苏作为产业大省与新结构经济学理论的天然适配性。

研究院将秉承"开放研究、合作创新、优势互补、协作共赢"的原则，聚焦国家高质量发展中的重大政策性、战略性、前瞻性问题，以知识产权为特色方向，拓展新结构经济学的理论和实证研究，努力建成立足南京、辐射长三角、连通全球，具有较强国际学术影响力、决策影响力、公众影响力的高水平决策咨询智库和人才培养基地，为推进长三角一体化国家战略、破解区域经济发展难题提供理论支撑和人才支持，为全国乃至全球发展提供智慧和经验借鉴。

我期待研究院能够在江苏省知识产权局、南京市人民政府和学校的大力支持下，抓住时代机遇，深化新结构知识产权理论体系研究，引领新的理论和政策思潮，践行"知成一体"，贡献于江苏省、长三角和全国的高质量发展。

（二）知识产权保护激发创新活力源

分析师：近年来，江北新区聚焦集成电路、生物医药、新金融等领域，正着力打造"两城一中心"。您如何评价江北新区近 5 年来的创新发展路径？

林毅夫：自 2015 年 6 月江北新区成立以来，江北新区聚焦"两城一中心"主导产业，实施科技创新，加速建设具有全球影响力的创新名城先导区。高端创新资源加速集聚，使得国内外顶尖高校的众多创新平台相继落户江北新区；围绕产业链布局创新链，江北新区的备案新型研发机构和高新技术企业数量逐年增加，经济高质量发展，驶入快车道。

在外部环境明显变化和经济下行压力加大的态势下，江北新区依然跑出了连续 8 个季度 GDP 增速高于全市 5 个百分点的"加速度"。这些成绩的取得跟江北新区这 5 年来的创新发展战略密不可分。

自成立以来，南京江北新区从提升知识产权创造、保护和管理能力等方面入手，加快知识产权整体规划，突破知识产权体制机制改革，建设省级知识产权服务业集聚发展区，并通过不断完善知识产权管理体制充分发挥企业生产经营活动各要素的效能，从而提高企业的市场竞争力，优化创新环境、扩容创新生态，推动了自主创新先导区高质量建设。

分析师：具体应用到实践中，结合新结构经济学，江北新区作为国家级新区，该如何确立自己的定位与未来发展方向，适应新时代的要求？如何利用新结构经济学赋能江北新区打造具有国际影响力的创新策源地？请您谈谈如何抓住机遇、克服挑战、创新发展、积极适应新时代的要求。

林毅夫：从新结构经济学的视角，我们认为，政府应该在产业、技术结构升级中发挥因势利导的作用，深化改革完成向市场体制的转型，对接近或已位于世界产业链前沿的产业，按发达国家的做法，在产品和技术创新上政府应建立比较好的专利保护、知识产权保护，鼓励创新。

科技创新和制度创新"双轮驱动"是南京江北新区打造具有国际影响力的创新策源地建设的核心竞争力。南京江北新区要积极调整产业政策，因势利导，发挥知识产权的引领作用，打造具有国际影响力的创新策源地。

经过改革开放以后 40 余年的快速发展，我国已经进入新时代，经济由高速度增长转变为高质量发展。这种发展阶段的变化也意味着我国创新方式的调整。

对于江北新区而言，现阶段有越来越多的产业开始接近世界技术前沿水平，甚至已经成为世界领先的产业，这些"领先型"产业的技术进步需要来自自主创新，如集成电路；在一些新的、以人力资本投入为主的短研发周期"换道超车型"产业，江北新区有和发达国家直接进行竞争的比较优势，如新能源汽车。对于上述几种类型产业的发展，知识产权的保护对推动自主创新活动的开展至关重要。

此外，对于那些现阶段仍处于以技术引进消化吸收再创新为主的"追赶型"产业（如生物医药产业），或者失去比较优势需要把产业转移出去的"转进型"产业（如传统的纺织产业），则需要从动态发展的角度去考虑知识产权对这些不同类型产业的技术创新的不同作用。

分析师：在新一轮发展格局中，推动区域经济和产业发展，融入长三角一体化是关键点，江北新区该如何把握？

林毅夫：未来，江北新区应该依托集成电路、生物医药及新金融等主导产业，积极形成产业集群，融入长三角一体化。在一体化过程中，江北新区应该按照比较优势进行分工，通过长三角一体化使江北新区形成有效产业集群，将比较优势变成竞争优势，进而推动生产力进一步发展。

具体而言，江北新区应该坚持扩大总量与提升质量并举、新兴产业与传统产业齐抓，加快构建现代化产业体系；做大"芯片之城""基因之城"规模，全力推动传统产业"动能转换"；支持中车浦镇、南汽等骨干企业培育更多新增长点；以提高新材料产业占比为目标，加快实现"腾笼换鸟"；主动对接上海临港新片区，加速宁淮特别合作区建设；深化省际毗邻地区协同发展，完善长三角软、硬基础设施，实现与滁州、马鞍山等地的多点对接；以中车生产基地为纽带，建好顶山—汊河一体化发展示范区，积极打造先进制造业转型转移与跨区域发展合作典范。

（三）应对疫情挑战，要为企业提供强支撑

分析师：目前，新冠肺炎疫情在欧美的迅速扩散，使其已经从一个区域性的传染病向全球大流行转变。在您看来，本次疫情对于全球经济的影响主要有哪些？

林毅夫：在新冠疫情暴发前，包括世界银行和国际货币基金组织在内的国际组织已经多次下调世界各国经济增长的预期，全球特别是发达国家的经济就已经走软。而疫情带来的隔离或封城措施，对已经在下滑通道的经济而言更是雪上加霜。美、欧、日等发达国家和地区现在的利率已经是零利率或负利

率，除了采用非常规的数量宽松外，没有多少其他货币政策手段可用，政府财政积累的负债率也已很高。

为了应对疫情期间失业的剧增，维持社会的稳定，有些国家不得不出台高达 GDP 的 10% 甚至 20% 的超常规财政援助措施，但收效有限。按照国际货币基金组织的预测，2020 年美国经济可能下滑 5.9%，比 1 月份的预测下调 7.9 个百分点；欧元区 2020 年经济下滑 7.5%，比 1 月份的预测下调 8.8 个百分点；全球经济下滑 3.0%，比 1 月份的预测下调 6.3 个百分点。回首 2008 年的国际金融危机引发了全球动荡，导致全球经济进入历时 10 多年的衰退调整，深刻改变了发达国家与发展中国家之间，以及发达国家内部的力量格局。2020 年由于疫情和油价等带来的经济下滑压力和不确定性，已经触发了发达国家由这 10 多年来宽松货币政策支撑起来的股市的崩盘，所以往前看，很有可能演变成一场全球性的经济危机。

对于中国而言，作为世界第二大经济体，也是最大的出口国，所以疫情在影响全球经济的同时，对中国经济的影响也很大。疫情最大的影响是同时冲击了需求和供给，还带来了巨大的不确定性。一方面全球疫情暴发后，需求大幅萎缩。虽然线上购物和线上娱乐产业有较好增长，但线下产业受到了很大影响。疫情也冲击了供给端，对城市和农村都带来了一定程度的影响。比如，城市调查失业率从 5.2% 上升到 6.2%，上升了 100 个基本点，虽然 3 月开始复工复产，失业率仍然高达 5.9%。相比 2008 年全球金融经济危机时，处于最高点时的失业率从 4.0% 上升到 4.3%，只提高了 30 个基本点。由于农产品外运和农民工外出的困难，农村就业不足的情形会加剧。这会连带导致农村家庭和低收入人群的生活受影响。另一方面外贸确实会不可避免地受到国外疫情和经济衰退甚至萧条的不利影响，而且下降程度会比较大。2020 年头两个月我国的出口同比下降了 17.2%，3 月份开始复产复工以后，除了口罩、防护服、测试盒、呼吸机等防疫必要物资之外，许多外贸企业的出口订单被取消，出口下降幅度为 3.5%，整个一季度出口下降达 11.4%，作为"自由贸易区"的江北新区难免会受到较大的影响。处在当前形势之下，中国的增长必须依赖国内市场和需求。应对经济危机时，投资拉动是很重要的对策，但这次还需要同时保护家庭、保障消费，帮企业渡过难关。

创新的热土 | 南京江北新区打造创新"强磁场"

分析师：您认为，对于中国和江北新区而言，应该如何应对新冠疫情对全球经济的冲击？

林毅夫：就中国和江北新区而言，一定要给予中小微企业等市场主体更大力度的支持，如减免租金、减免税收、减低税率、推迟社保医保缴费、推迟偿还贷款本息、提供新的贷款等。

我们认为，一定要重视中小微企业，提高中小企业的生存发展能力。在中国，中小微企业提供了大量就业机会，也是很多全球产业链的重要组成部分。中小微企业的破产倒闭会带来失业的增加。保他们的生存就是保中国渡过难关后维持全球制造业大国地位的必要举措，所以保企业也就是保护我国的就业和维护我国经济的根基。此事宜急不宜缓，出手要快不能迟疑。

东南大学首席教授时龙兴：南京江北新区以"服务先行"探索出产业培育新路径

集成电路是工业发展的基础、整机设备的心脏和国家安全的保障。南京江北新区作为全国第 13 个、江苏省唯一的国家级新区，经过 5 年时间发展，快速在集成电路产业空白之地上集聚起 300 余家相关企业，构建了涵盖芯片设计、晶圆制造、封装测试、终端制造等环节的完备产业链。中国经济信息社分析师对话东南大学首席教授、南京集成电路产业服务中心（ICisC）主任时龙兴，共同探讨集成电路产业培育的创新模式，以及生产性服务业在江北新区的实践探索。

（一）坚持创新驱动，"芯片之城"发展势头强劲

分析师：近年来，我国加速布局集成电路产业，在政策支持和市场需求双重拉动下，产业实现高速成长。您认为，这背后有何战略意义，我国集成电路产业发展主要面临哪些短板？

时龙兴：人类进入信息社会，信息采集、传输、计算、处理、存储、转换等需要依赖集成电路，可以说集成电路是信息社会发展的"引擎"。国家一直高度重视集成电路

产业发展，最近发布的7大领域新基建，包括5G基站建设、特高压、城际高速铁路和城市轨道交通、新能源汽车充电桩、大数据中心、人工智能、工业互联网，其核心都是集成电路。在此背景下，江北新区把集成电路作为核心产业来抓，也有一定的必然性。

近年来，我国集成电路产业发展迅速，但依然存在短板，迫切需要突围发展。一方面起步较低。我国信息产业和整机企业发展成效举世瞩目，而集成电路产业起步低，即使奋起直追，仍与信息产业和整机的发展形成明显剪刀差。另一方面依赖进口量大。以2018年为例，全球集成电路销售额约5000亿美元，中国集成电路进口额超过3000亿美元，其中约2000亿美元的集成电路转化为整机再次出口，国内市场需求约1000亿美元；同时，存在"卡脖子"问题。国内集成电路在部分关键、通用领域，如存储器、高端CPU方面，仍有空白。集成电路产业存在受制于人的风险，这其中的关键点是EDA软件。而江北新区一直以来高度关注EDA，围绕EDA产业进行布局是具有前瞻性的，非常值得期待。

分析师：打造集成电路千亿级产业集群是江北新区"两城一中心"产业布局的核心板块。据您观察，江北新区成立以来，集成电路产业发展态势如何？

时龙兴：江北新区集成电路产业在国内起步较晚，底子相对薄弱，但南京市作为科教名城、国家信息产业重镇，具有集成电路产业发展的人才和市场优势，可为江北新区发展提供有力支撑。

江北新区成立5年来，创新驱动发展的特色较为突出，整体上集成电路产业呈现出较强发展势头。2019年，江北新区集成电路全产业链累计完成主营业务收入305.6亿元，同比增速达153.5%。一是江北新区在2016年抓住了台积电落户的机遇，围绕台积电先进工艺，联合Synopsys、Cadence、ARM、GUC等优质企业，将全区集成电路产业资源配置提升至国际级领先水平；二是集成电路产业集聚效应现象，江北新区高端化的产业布局吸引了企业纷纷进驻，上下游企业越来越多，集聚效应越来越强；三是江北新区充分发挥南京市科教人才优势，通过集成电路等高新技术产业发展和企业集聚，使人才得到赋能，以高校就业情况来看，留在南京工作的微电子专业学生比例逐年增加；四是通过布局鲲鹏、龙芯等集成电路产业生态，江北新区将更好撬动集成电路产业对区域经济增长的倍增作用，其意义价值将远大于企业自身的产值贡献。

（二）推动"服务先行"，助力产业更好更快发展

分析师：ICisC是全国首个涵盖人才、技术、资金、市场等全方位产业要素的集成电路公共服务平台。请您介绍一下，江北新区成立ICisC的初衷是什么？

时龙兴：自2016年成立以来，ICisC始终围绕促进集成电路企业集聚、打造产业生态的目标使命，以专业平台为建设主体、以服务能力为建设内容、以项目实施为工作单元，通过提供专业化、市场化、可持续的精准服务，推动集成电路产业发展。

ICisC学习、借鉴了全国集成电路ICC产业基地的发展经验，并在此基础上率先提出了集成电路"产业发展、服务先行"的理念，持续为江北新区"芯片之城"建设赋能。一是人才资源服务集聚数千人才。招聘服务已线上发布1000多个岗位，举办专场招聘会20场；累计服务企业130余家，满足企业用人需求900人；组织培训超过40场，参训13400人次；从2017年开始，组织全国大学生嵌入式芯片与系统设计竞赛暨智能互联创新大赛、全国大学生FPGA创新设计竞赛、集成电路EDA设计精英挑战赛三大赛事，吸引全国300多所高校近2万人才参与，成为南京市实施人才"掐尖"计划的主要战场。二是公共技术服务助力企业技术提升。建成华东区规模最大、标准最高的高性能EDA计算中心，开展EDA共享服务；建成420平方米标准防静电实验室、晶圆测试中心，开展仪器测试服务，整合全市仪器设备资源，筹建大仪共享平台；依托台积电生产工艺，已开展流片服务业务约1亿元；累计公共技术服务额约1.2亿元，共享资源为企业节约成本8000万元。三是集聚产业资源提升江北新区影响力。营造产业氛围、推介江北新区"芯片之城"形象，策划举办世界半导体大会、中国研究生电子设计竞赛、SOI国际论坛等行业大型活动、全国竞赛10余场，协助江北新区开展项目对接，已成功对接硅基光电子等10余个项目。四是助力"芯片之城"落地近百企业。依托ICisC专业服务能力协助江北新区招商，已协助华大九天、晶门科技、中星微、灵动微电子等40余

家企业落地；依托集成电路"创芯中心"，落地 3 家新型研发机构，孵化 30 家新型研发企业。ICisC 已成为国家第一批芯火双创平台；建设了全国首个产业大数据库"芯上南京"，全国首个联合政、产、学、研，培育创新型人才的集成电路产业协同创新学院；目前正在联合相关单位，争创全国第一个集成电路设计服务产业创新中心、第一个集成电路设计技术创新中心。

分析师：在服务、培育集成电路产业的过程中，ICisC 主要面临哪些难题？未来将如何破解？

时龙兴：江北新区集成电路企业快速集聚，产业链不断完善，不断给产业服务提出更高要求。一方面企业服务需求愈发多样。集成电路产业链较长，技术多元化、迭代快，产业链各环节所需要的技术、设施各不相同。作为以产业需求为导向的专业服务机构，面对企业需求的不断多样化，需要我们进一步深化市场运营，根据服务业务的市场反馈，提升服务质量和效率，探索更多增值服务。另一方面资金投入需求持续增加。集成电路产业发展需要在人才、技术、科研、金融、市场等多个要素上全面、持续发力。随着企业的迅速集聚，服务设备、服务场地、服务人员等硬投入，服务质量、服务品牌等软环境方面的投入持续、快速增加，给 ICisC 带来可持续发展问题，对 ICisC 的服务产品价值、自我造血能力提出了更高的要求；同时，对服务人才的要求不断提高。集成电路产业专业性较强，作为市场化运营的专业服务机构，服务意识要求较高，需要我们通过体系留才、制度留才、事业留才、待遇留才等多种方式，集聚更多、更加优秀的产业服务人才。

为进一步强化 ICisC 的综合服务能力，下一步，我们将按照"一个基本面、三个特色、两个支撑"的工作路径，推动服务升级，助力产业发展。

一个基本面，即以公共技术服务为基本面，不断升级 EDA 软硬件服务、仪器测试服务、MPW 流片服务、IP 共享服务能力，满足集成电路企业的基本需求。

三个特色，即以人才服务、开放创新、芯机联动为特色。人才服务依托南京科教人才优势，开展特色竞赛集聚人才，建设集成电路产业协同创新学院培养人才，做好招聘服务落地人才；开放创新，搭建开放型、国际化创新平台，整合创新资源，汇聚创新要素形成创新生态；芯机联动，围绕 AI、5G 应用等领域，助力芯片与上下游产业对接、合作，打造产业生态，发挥芯片对产业发展、区域经济 1∶10∶100 的倍增效应。

两个支撑，即以品牌、投融资为支撑。品牌支撑，打造 ICisC 的服务品牌，助力江北新区打造"芯片之城"产业品牌，开展品牌宣传和输出，吸引企业汇聚、产业集聚，服务企业发展；投融资支撑，搭建对接和交流平台，对接企业、项目方与资本方需求，为优秀项目和企业投资引流，促进发展。

（三）靶向产业链中高端，释放研创经济新动能

分析师：到 2025 年，江北新区目标引育集成电路企业超 1000 家，建成全球领先的集成电路产业及人才集聚地。为实现这一目标，您认为，江北新区需要从哪些方面着力？

时龙兴：2020 年一季度，受新冠疫情影响，各地经济发展指标均呈现下降态势，而江北新区一季度 GDP 却实现逆势 7.4% 的同比增长，其中集成电路产业一季度实现增长 21.15%，展现出了强大的生命力。这背后有江北新区长期布局研创经济的支撑。

聚焦集成电路产业，江北新区要打造具有国际竞争力的"芯片之城"，建议江北新区下一步：一是在布局先进工艺的基础上，提高碳化硅、氮化镓等第三代半导体特色工艺，IDM 产品线的关注度，统筹布局、多元化发展；二是深挖集成电路对 GDP 具有 1∶10∶100 的倍增效应，进一步强化"芯机联动"，在大力发展集成电路产业的同时，关注整机企业、信息产业，整体提供区域产值体量，形成集聚效应、良性循环；三是因区域经济发展，特别是前期需要制造型企业提高经济总量，建议在关注研发型企业的同时，提高对制造型企业的关注度，在集成电路设计领域承担国家使命，重点抓 EDA，在集成电路封测领域关注龙头、重资产企业，有助于提高区域产业的吸附效应。

EDA 在集成电路领域扮演了一个很重要的角色，广泛应用于芯片设计、芯片制造、芯片封测等环节，与装备、材料一起构成了集成电路的三大战略支撑基础，也直接影响了芯片的性能、质量、生产效率及成本。现在的 EDA 市场还是一个被外商高度垄断的市场。

香港大学校长张翔：优化资源配置、力促机制改革，进一步推动创新策源地建设

香港大学校长张翔在接受中国经济信息社分析师专访时表示，充分优化资源配置、力促机制改革、大胆尝试新模式，是突破当前创新发展瓶颈的法宝。

分析师：创新是引领发展的第一动力。抓创新就是抓发展，谋创新就是谋未来。您认为，我国目前创新发展的现状如何、有哪些成果、存在哪些问

张翔教授

题、应如何突破？

张翔：改革开放以来，我国通过短短几十年的艰苦奋斗，在各领域已取得巨大的发展与跨越。无论是关乎国计民生的大科学装置，还是与老百姓日常生活息息相关的黑科技，在很多方面已经走在时代的前沿，如最近激动人心的"胖五"发射成功。科技强国之路已成为我国开辟发展新局面的重要组成部分。

与国际顶尖科技强国相比，我国在研究规模和政府资助上依然需要很大的提升。目前，国内大量研究项目分散于各大高校，缺少系统性的牵引规划，与工业界的联系也不够紧密，因此，充分优化资源配置、力促机制改革、大胆尝试新模式，是突破当前创新发展瓶颈的法宝。

分析师：您如何理解国家对南京江北新区提出打造"自主创新先导区"的定位要求？江北新区将如何利用"双区"叠加优势、如何制度创新、如何用新的思维，将人才效益发挥到最大？

张翔：南京江北新区作为南京市创新名城建设先导区，在过去的5年里着力于高新技术人才引进、科技创投公司政策扶持、科技与金融深度融合，为科创企业发展引来了"源头活水"。

南京江北新区管委会为引进海外高端人才团队，出台了数十种人才激励政策，从入境到就业提供一站式服务，加速了人才集聚效应，如江北新区科技创新局从新型研发机构、科技金融等方面着手，不断优化完善科技创新支持政策体系，为高科技企业在江北新区发展打造了巨大空间，也符合与长三角其余自由贸易区适度错位、竞合发展的需求。

当前，基础研究、应用研究和试验开发的内在关联日益增强，各个环节都存在大量的原创机会。就"源头科学"创新而言，可能引发新学科、颠覆性技术、新产业的兴起，甚至可形成新技术经济范式，催生新经济时代来临。在重点区域和领域强化原始创新策源功能，在关键领域、"卡脖子"的地方多下功夫，将对中国和世界产业发展做出更大贡献。

江北新区地处长三角地区核心地带，自由贸易试验区落地这里，具有显著的创新活力。江北新区把自由贸易区和自主创新对接起来，充分利用国内国际"两个市场、两种资源"，将有效促进科技、金融、贸易、产业的多维度融合，吸引全球技术和人才高端生产要素，也将深化科技创新体制改革，激活创新要素。

分析师：下一步，江北新区如何更好推动具有国际影响力的创新策源地建设？

张翔：江北新区可以在监管制度上做出更大的改革，便于企业走出去、引进来。譬如，给予在高新技术领域有对外投资需求的企业提供快速通道，助力企业快速收购国际上比较优秀的中小型科技公司，让国内优秀企业和国际上的竞争者处于同一起跑线。鼓励企业在创新中发挥主体地位，联合全球的研发转化创新资源形成新的增长动力源泉，同时培养创新领袖型人才。持续优化提升营商环境，以更加开放的贸易和投资政策推动企业转型发展，为企业提供更为广阔的空间与深度。

集萃药康董事长高翔："去行政化"服务和创新发展是南京江北新区吸引企业扎根的重要因素

作为南京创新名城建设先导区，江北新区近年来的目标是打造千亿级生命健康产业集群，持续完善政策设计、加强项目招引、升级营商环境，生命健康产业营收规模从不足150亿元，发展到2019年全产业链主营业务收入达902.8亿元，5年内实现了超500%的爆发式增长。中国经济信息社分析师对话江苏集萃药康生物科技有限公司董事长高翔，从本土策源的生物医药企业视角，共同探讨国家级新区改革创新背景下，企业的"双创"机遇及破解产学研转化路径。

高翔教授

（一）靶向市场，破解产学研转化"断崖问题"

分析师："大众创业、万众创新"是新时代我国的重大发展战略。作为南京大学医药生物技术国家重点实验室主任、教授，您是在怎样的初衷和契机下开始向创业者转型的？

高翔：转型对每个人来说其实是一个自然的过程，只是这个过程在外人看来，好像是很大的改变。我希望自己能够做一个对社会有用的人，年轻时一直对基础生物学研究情有独钟，慢慢发现科学家可以做很好的研究工作，但离真实世界总有一段距离。为此，我决定跳出事业单位体制，联合团队筹措了800万元，开始在南京江北新区建立江苏集萃药康生物科技有限公司，希望在有生之年可以看到自己为社会创造的价值。

集萃药康自2017年成立以来，始终专注于为生物医药研发提供实验动物的基本支撑，现已拥有7000多个小鼠品系、500多名优秀的员工，并且在广东、四川和江苏等地建立了子公司，为了对接国际高端资源，也已注册完成。

作为国家科技资源共享服务平台"国家遗传工程小鼠资源库"的共建单位，集萃药康的愿景是通过建立能模拟人类疾病的小鼠模型和能用于筛选新药及新型治疗方案的人源化模型，为人类的健康服务。我们希望新模型的开发，一方面可帮助解析疾病发生、发展的机理；另一方面能为治疗这些疾病提供条件。

此次新冠疫情，我们研发的人源化小鼠模型就可用来开展病毒感染、疾病病理分析，以及用来研发疫苗和其他治疗手段。目前，一批小鼠模型已提供给知名团队进行新冠药物的研发。

分析师：从基础科学研究到科技成果转化往往存在"断崖"问题。您认为，高效实现产学研转化的关键点有哪些？集萃药康做了哪些实践？

高翔："断崖问题"的核心首先是很多基础研究没有以应用需求为导向；其次是由于科学研究的不深入，导致部分基础研究科学家不理解系统层面的科学问题，只关心研究不重要的细节。成果转化的源头应从需求端入手，集萃药康的研发项目大部分来自生物医药企业的需求，所以这些项目不愁转化。

聚焦大分子药物和抗体药物研发，集萃药康制作了上百个人源化的明星产品。研究院研发的肿瘤免疫检查点基因的人源化模型，在新药公司的抗体有效性及部分毒性研究中可直接使用。该模型已被几十家生物医药企业和 CRO 公司使用，并取得较好的市场反应。

针对科研市场需求，集萃药康还启动了"斑点鼠"计划，4 年内将制作所有蛋白编码基因的条件性敲除小鼠品系，最终完成超 20000 个条件性基因敲除模型品系，届时将成为全球最大的小鼠模型资源库。

近年来，集萃药康通过大量资金和人员的集中投入，提高了技术和流水线作业效率，实现了全自动的 AI 设计软件开发，在 2019 年完成了 5000 多个品系的制作，有望迅速获得所有编码基因敲除模型品系的产品化。疫情期间，我们还从需求端着手，根据药厂对冠状病毒的研究需求来建立人源小鼠模型，以此来确立双方合作关系，并且以这种模式合作开发更多产品。

对企业来说，产品需要找到符合行业趋势的风口。同时，创新、科技成果转化必须和市场紧密配合，并与优良资本携手，将短期内相对简单的技术改进和长期的革命性变革结合起来。

（二）"去行政化"改革为企业带来"实在"红利

分析师：过去 5 年，各类要素资源加速在江北新区集聚，特别是生物医药产业，相关企业快速从 180 余家增加到 800 多家。您认为，江北新区的"引力"背后有哪些支撑？您最初选择在江北新区发展有何考虑？

高翔：我已经在南京江北新区生活了近 20 年。江北新区为集萃药康发展提供了强有力的支持和帮助，如政策红利、资金支持、环保技术、项目审批等方面。多年来，集萃药康也与江北新区形成了一种亲情融合的关系。

江北新区获国务院批准设立以来，始终把改革创新摆在第一位，着力推动政府转变管理职能，打破了传统行政壁垒对服务效能的限制、体制机制对创新创业的限制，紧抓实干为企业发展解决实际问题。具体看，江北新区在 4 个方面特色是比较突出的。

一是聚焦产业，抓创新有重点。江北新区聚焦思路，提出建设"两城一中心"，在原先产业体系上再聚焦，把主导产业再收拢，围绕"芯片之城、基因之城和新金融中心"主导产业，加速布局产业生态，有利于形成集聚效应，提高创新浓度，快速营造完善的产业生态环境。

二是去行政化管理，政策兑现率高。一方面江北新区发挥"一网一厅"科技服务体系作用，全面提升对江北新区科技型企业服务效能，大力引进高端国际化科技服务机构，打造科技服务业特色基地。另一方面江北新区力促"去行政化"改革，取消行政级别概念，在机构设置上突出精简高效，建立更加符合企业发展需要的组织架构，加强落实发展规划、推动政策落地、协调服务企业、促进产业发展等经济管理职能。

三是专业服务，服务体系与企业密切契合。针对人才培训，很多地方倾向授予知识与理念，会存在培养目标不清晰的问题。江北新区则比较注重实战性的训练，会联合高端机构、高层次专业性人才和各类科创载体开展专题培训、企业家沙龙、项目路演等系列活动，全面提升各类创新要素活跃度，营造浓厚的创新创业氛围。

四是本土化与国际化两条腿走路，新研机构与国际合作发挥积极作用。江北新区以创新与世界同步为目标，长期以来坚持与国际顶尖创新资源对接，深度融入全球创新体系，培育了一批海内外顶尖专家领衔建设的新型研发机构，成为推动产学研落地的桥梁。特别是在项目合作上，江北新区大力支持新型研发机构与海外高校、国际知名机构开展合作，探索出了构建科技成果海外研发孵化、国内转移转化的新模式。

分析师：请您从企业和创业者的角度，解读一下江北新区的"去行政化"改革。

高翔：江北新区地方局弱化了级别概念。在江北新区某个局办理事务，不是按照处长、科长等级别来，而是按工作岗位来处理事务。去行政化做得最好的其实是广东，我觉得江北新区已经逼近广东这个城市，你可以感觉到它整个文化氛围是不一样的，它削弱了原有的级别概念，跳脱于传统体制，把这个打碎了，对双创生态的建设非常有利。

从企业角度来说，江北新区的这种模式肯定是最好的，方方面面都很方便，企业办事也更加省心。对创业者来说，制度创新红利是江北新区吸引本地创业者继续扎根、外地创业者奔赴于此的重要因素之一。在江北新区做事，最大的利好是埋头做事时、需要帮助时，随时能找到相对应部门，并得到很好的服务。

（三）强化高端要素招引，赋能本土创新策源

分析师："打造具有国际竞争力的创新策源地"是江北新区的重要发展目标。对于"创新策源地"，您如何理解？

高翔：江北新区建设"创新策源地"，就是要从本土发起创新、激发整体原始创新力。以项目招引为例，我认为，与其花巨资招引世界500强企业，不如自己培养一个500强企业。江北新区近年来也确实培育了一大批土生土长的新型研发机构和企业。这些机构、企业发展潜力大、有后劲，在江北新区的支持下能够做大企业规模，增强实力，为经济高质量发展多做贡献，如药石科技、南微医学等一些发展比较好的企业，都是在江北新区土生土长的。

分析师：集萃药康未来在江北新区将做哪些布局和突破？对江北新区的下一个5年发展有何期待？

高翔：集萃药康主要从事大小鼠疾病模型创制及应用技术开发，具备基因工程改造、人源化模型构建与药物筛选、微生物菌群定植、辅助生殖4大技术平台，拥有代谢、心血管、免疫、肿瘤、神经等领域疾病模型7000多个，资源保有量居全球前列。公司大小鼠疾病模型年创制能力超5000个，拥有国际AAALAC认证的生产型SPF级动物设施，形成了集模型销售、模型创制、繁育保种、药物筛选一站式服务，市场网络覆盖全国及欧美、其他亚洲各国，数千家客户中包括国内外双一流高校及科研院所、著名三甲医院、知名药企和CRO公司。

下一步，集萃药康将在江北新区新增投资大小鼠疾病模型与应用技术研发及产业化项目。同时，公司将利用自身的实验动物模型优势，建立生物制药必备疾病模型资源，为创新药物的药理、药效、安全评价等提供关键工具。这对加速江北新区乃至南京市的生物技术和医药产业自主创新能力和市场竞争力，也会产生一定的战略意义。

构建良好的产业发展生态，需要协调社会网络、产业关联和技术创新等资源要素。就生物医药产业而言，期待江北新区一方面强化引进与产业发展相关的优质教育资源和研究所。高校与企业创新资源的深度对接是产业发展的关键因素。建议江北新区加快引进高端教育资源落地，推动产业与教育双方全领

域合作，推动创新研发、科技成果转化。另一方面期待能在江北新区落地几家医院的主院区，进一步推动产业链上下游的配套，吸引更多优质资源。

周延鹏：坚持知识产权保护引领，南京江北新区为创新发展贡献智慧

知识产权是推动产业转型升级的有效支撑，在引导创新、优化结构、配置资源方面发挥重要作用。作为江苏省打造知识产权运营服务体系的核心区域，近年来，南京江北新区系统推进知识产权保护工作，立足本土优势，不断完善政策体系，探索出"知识产权+金融"等服务模式，持续提升知识产权对全区经济发展和创新创业的贡献度。在2020年南京创新周即将召开之际，中国经济信息社分析师对话孚创云端公司董事长周延鹏，共同探讨打造国际知识产权保护高地的创新路径。

周延鹏董事长

（一）知识产权保护需重点培育高价值专利

分析师：知识产权日益成为社会财富的重要来源和国家竞争力的核心战略资源。历经多年发展，您认为，中国知识产权保护运用水平在全球处于什么地位，

目前还存在哪些问题？

周延鹏：完善的知识产权制度是创新驱动发展的战略支撑和法律保障。这个制度包括立法、司法、行政，甚至整个产业或商业的投资和融入。目前来看，中国的知识产权制度只做到，如申请数量、专利导航、专利交易和质押担保等，而知识产权各项措施的真正落实方面则较为薄弱。

在专利方面，只有少数公司的专利具备较高技术含量，极少公司可以取得国际主张权利或许可、出售在国外的专利，大部分公司的专利技术含量较低。要破解这一难题，就必须从研发上深入改革和长期投资，关于研发机制的建立，也可借鉴美国太空总署发展的技术成熟度机制（TRL）及软件产业的敏捷机制（SRCUM）。

在专利申请方面，绝大多数企业依旧停留在冲数量阶段。就专利申请而言，不应只追求数量，必须从知识产权与全球产业的竞合关系来布局，从不同的商业竞合和货币化维度去申请高质量和高价值专利。从大数据分析角度来看，由于缺乏专利资产组合管理（Patent Portfolio Management）机制和原理原则及用大数据支持的专利全生命周期敏捷管理（Agile Patent Life Cycle Management）机制，中国距离产业竞争还很遥远，即中国的专利是一件一件没有原理和规则而堆积起来的，缺乏居于专利资产的组合、全生命周期与产业的竞合处理，因此，专利组合、全生命周期敏捷管理的专业机制是值得中国借鉴的。

中国知识产权保护，由行政执法与司法两条途径协调运作。行政执法在知识产权保护体系中占据重要地位，是我国知识产权保护的一大特色。司法方面，目前中国设立了知识产权法院或知识产权专门的审判庭，但对于知识产权的案件管理还是不可预测的。知识产权管理如何以法官案件管理和数据实时透明为起点，让原告、被告双方放手去诉讼，包括技术、经济专家的参与，成为全球最大专利诉讼市场是中国所面临的一项重要课题。

在法庭审理方面，首先可以在法院分两阶段审理。第一阶段为是否侵权，也包括是否有效；第二阶段则是在有效和侵权确认以后，针对损害赔偿进行审判。这两个方面可以让被告方承担某种程度的举证协作。

在数据开放方面，一是中国政府需要全面实时开放完整的专利申请、无效和诉讼数据，让知识产权的任何活动环节保持透明；二是关于法院的审判与行政的保护到无效审判，相关数据不能及时公开，要等到案件判决后才看到判决书，所以整个行政与民诉实时的信息、数据公开是非常重要的基础。

（二）"大数据+"是新区知识产权管理的突出特色

分析师：近年来，南京江北新区围绕"两城一中心"建设，在原有"4+2"产业布局基础上，进一步聚焦集成电路、生命健康等战略性新兴产业，加速促进产业结构优化升级。作为推进全市知识产权运营服务体系建设的关键区域，您认为江北新区应如何推动知识产权和实体产业融合？

周延鹏：南京江北新区在推动知识产权和实体产业融合方面需要更多国际级创新。自1985年以来，无论是深圳、上海、北京或其他城市，知识产权其实并没有和实体产业相融合，更多的是追求申请数量和大量低价的交易、融资担保。

江北新区关于知识产权和实体产业融合的最大创新点，就是纳入全球专利数据，比较性透析自己的虚实。这点可以借助政府力量，按江北新区不同产业类别来使用全球优质专利数据，而使用这些优质数据的意义，就是支持江北新区产业方面的研发活动、知识产权的布局、知识产权各阶段运营。例如，在半导体领域，如果半导体中的晶圆、封装与设备产业每天都有实时的全球优质专利数据支持，这对江北新区将有重大意义。无独有偶，医疗器械或是医药也面临相同的情形，国外的专利数据可以让中国少走弯路，而且可以用比较快的时间研发新的产品上市。

针对大数据的使用和分析，江北新区需要持续探索出一个具有江北新区特色的知识产权运营服务体系，加快促进知识产权与创新发展深度融合、知识产权运营与实体产业相互融合、全球优质专利数据与产业融合，以实现江北新区经济高质量发展。

分析师：2019年，自由贸易区南京片区在江北新区揭牌，江北新区步入双区联动发展时代。在知识产权保护方面，江北新区应如何把握自由贸易区红利，推动产业发展取得更大突破？

周延鹏：江北新区最大的产业是半导体产业、医疗器械、医药和医疗、汽车产业，尤其电动车等发展前景向好的产业。这些产业亟须调研、布局、申请、维护、许可、买卖、诉讼、融资担保等高端知识产权方方面面的专业服务。如果能引进更先进的实务作业，再加上大数据服务，将为江北新区带来新的发展机遇。

分析师：南京江北新区积极探路知识产权制度创新建设，2019年启动建设南京国际知识产权金融创新中心，推动知识产权与金融资源有效融合，助力打造国家级知识产权金融创新试验区。您认为，对建设知识产权运营体系有何实际意义？

周延鹏：南京国际知识产权金融创新中心建设对进一步完善知识产权保护体系、新金融服务体系是一个很好的机会。目前，知识产权的金融创新面临3个发展难点。

一是知识产权的金融创新缺乏全球优质专利数据的支撑，没有全球优质专利数据的支持而要成为知识产权金融创新中心是有一定难度的。二是缺乏对知识产权金融创新的意义、内涵和业务类型、商业模式及商业流程等的论证和创新。三是知识产权金融创新还须解决评估知识产权的质量与价值，尤其是跳脱传统资产评估理论和实务的机制，因为有形资产评估理论与机制不适用于知识产权，尤其是专利。专利质量和价值的评估，创新中心可以用人工智能和大数据来评估与金融所需有关的知识产权必较分析，才会让金融创新中心可被信赖。

以江北新区与南京来看，许多产业的发展有一定基础，但知识产权需国际化。目前，南京国际知识产权金融创新中心的参与者仅仅是中国企业或科研机构，这是不足的，真正能从国外，包括欧洲、日本，引进更多新的知识产权与科研，甚至是投资。创建国际知识产权金融创新中心是一项很有意义的举措，但如果没有国际参与者的加入，它未来的成长将会受到一定限制。

（三）加速对接国际高端要素，打造创新策源地

分析师：聚焦创新发展源头支撑，南京江北新区正式启动"策源地计划"，全力育强"双创"氛围优势。面对打造更高层次科创体系、生态和营商环境的要求，您认为，江北新区应该弥补哪些短板？

周延鹏：南京江北新区科创体系、生态和整体营商环境主要有四个方面

不足。一是国际化亟须提升，国际参与者较少。创新生态系统的关键要素之一是一流的国际创新资源，各类创新主体协同互动、创新要素顺畅流动高效配置的优质创新生态，才能刺激真正的科创、生态和整体营商体系的顺利构建。二是要加强培育尖端技术。尖端技术的创新突破依赖国际上更多的高精尖人才，包括海归派人才投入。创新驱动实质上是人才驱动，综合实力的竞争归根到底是人才竞争。当前，科技创新人才欠缺，高层次基础研究、应用基础研究人才与工程技术人才远远不能满足科技创新需要。解决人才供给方面的突出矛盾，就要全面加强高端科技创新人才队伍建设，加大高层次人才引进的力度，突出"高精尖缺"人才导向。三是目前江北新区的配套融资做得很好，如何达到国际风投、私募基金及天使投资的档次是关键。四是江北新区提倡的科创体系缺乏研发的流程、纪律等机制。建议可参考 NASA 的 TRL 来做，根据 TRL 的机制再与全生命周期的知识产权业务匹配，建立这样的生态系统配套，江北新区科创体系将日趋完善，科技服务能力得到显著增强。

分析师：2015 年，南京江北新区获批成立，是全国第 13 个新区，也是江苏省唯一的国家级新区。历经 5 年建设，江北新区从一个"初创版图"逐渐成长为一方"科创森林"。5 年创新发展路径中，南京江北新区最大、最突出的竞争优势有哪些？

周延鹏：江北新区最大的优势是能够根据既定的核心产业架构进行项目招引。然而，江北新区的外商体系中，制造业居多，真正从事研发的占比较少。因此，在提升本土企业的研发创新能力、提高产品技术含量的同时，需要让外商体系积极投入研发创新。如何在这一层面进行突破，江北新区推出的政策需要更有组织性、透明性和便利性，让广大投资者能实实在在地享受到政策红利，激发创新动力。

当前，江北新区的发展路径非常明晰，但发展路径的评量指标和机制需要再度创新。江北新区的评量指标较为表面，怎样从真正评量走到实质技术面且在全球同领域占有一席之地是江北新区面临的一项重要课题。江北新区的 5 年创新发展路径及其创建的一套新的评量机制，加快了江北新区与国际接轨的步伐，推进了创新策源高地的建设。

第五章

创新发展案例

第一节　新型研发机构

坚持创新驱动，打造技术研发核心优势
江苏省产业技术研究院智能制造技术研究所

制造业智能化升级是推进制造业转型的主战场，也是经济社会持续健康发展的"压舱石"。江苏省产业技术研究院智能制造技术研究所（以下简称"智能制造所"）聚焦先进制造与高端装备领域，以新一代信息技术与先进制造业深度融合为着力点，创新突破体制机制藩篱，持续培育产业竞争优势，搭建起产学研高效联动的桥梁，孵化出一批行业"高精尖"企业，力促集成创新抢占智能制造行业制高点。

（一）突破体制机制藩篱激发创新活力

2016年9月，由江苏省产业技术研究院、骆敏舟智能制造核心团队与南京市江北新区共同发起成立的智能制造所正式落户南京市江北新区研创园。4年来，智能制造所依托新型研发机构在科研资源以及产学研转化等方面的综合优势，研发收入实现从0到1个亿的突破，并成立了江苏省智能机器人创新中心、江苏省智能机器人工程研究中心等10多个省市级公共服务平台，持续为我国制造业加速向智能化、信息化、绿色化转型赋能。

江苏省产业技术研究院智能制造技术研究所

2018年，智能制造所获批南京市新型研发机构备案，且连续两年绩效考核优秀。这背后，原因在于智能制造所长期推动体制机制创新释放出的改革"红利"。

智能制造所着力体制创新，全面盘活产学研资源。传统研发机构体制机制较僵化，往往承担许多社会职能，导致功能定位不清、精力分散，已不能适应产业发展和创新驱动的需求。

在学习借鉴美国国家标准与技术研究院、德国弗劳恩霍夫应用研究促进协会、韩国科学技术研究院、日本产业技术综合研究院等发达国家和地区科技创新研究院推动产业发展的成功经验后，智能制造所量身打造了新体制。

江苏省产业技术研究院、江北新区以及团队以现金入股、团队控股的方式成立运营公司，机构运营权和成果所有权、处置权和收益权归运营公司（江苏集萃智能制造技术研究所有限公司）所有；运营资金的增值部分按股权分配。

地方政府出"大钱"、持中股，产研院出"小钱"、持小股，研发团队出"零钱"、持大股。新体制把机构的发展与科研人员的积极性捆绑起来，盘活了科技资源。据悉，江苏集萃智能制造技术所有限公司的科技研发团队占有公司 60% 的股份，而南京市江北新区和江苏省产业技术研究院分别持股 25% 和 15%。

智能制造所战略投资中心总监孙岭说："江北新区制造业基础十分雄厚，同时，在支持新研机构发展方面也具备在国内有竞争力的政策、营商环境等优势，为我们大胆创新，提供了'扎根发芽'的沃土。"在这种新模式下，"多劳多得"成为智能制造所的新规则，团队积极性持续高涨。此外，该模式还有一个特别之处，团队占 60% 的股份且按照实缴股本进行，在经营方面有更大自主权，团队与智能制造所命运紧紧联系在一起，最大程度上激发团队的创造力。

"瞄准传统技术研发体制机制、技术转化、资源整合等关键'痛点'，推倒创新障碍点，突破体制机制的藩篱是我们研究所不断发展壮大的关键点。"孙岭说。

智能制造所着力人才机制创新，充分激发人的积极性。截至目前，智能

穿刺机器人样机

制造所已集聚了包括中国科学院"百人计划"以及海内外知名院校在内的20多位智能制造技术领域领军人才,员工总数110余人,其中研发人员80余人,公司员工平均年龄仅33岁,硕士以上学历员工占员工总数的42.5%。

为充分调动人员积极性,智能制造所采用股权激励机制,在团队所占的60%股份中,20%为所长所有,20%为高管所有,剩下的20%留给团队的未来发展。"普通员工干得好,年终时就会有期权奖励。从另一个角度来说,股权激励机制突破了以往事业单位的规则限制,员工产出越多,奖金也就越多,职位也会得到相应的提升,员工的工作积极性被充分地调动起来。"孙岭说。

团队持大股、公司化运营,正是智能制造所打通传统科研机构体制机制"成梗阻"的一剂良方。

江苏省产业技术研究院院长刘庆说,运用团队控股的轻资产运营公司来运营智能制造所的建设模式,实现了团队真正对智能制造所和研究成果的所有权的享有,同时,团队在增值部分才能让股权进行分配,也兼顾到了地方政府资产的保值和对团队激励这两个作用。

(二)聚焦两大核心产业,重塑发展优势

当前,互联网+与人工智能技术发展方兴未艾,机器人作为互联网+与人工智能技术的最佳载体,已开始向工业、金融业、服务业、医疗行业等多个领域发力,未来将影响到经济、社会的方方面面。近年来,智能制造所紧抓智能机器人产品和系统集成两大核心产业,持续提升科技研发与市场化运营水平,用科技创新为制造业转型升级赋能。

1. 定制智能机器人助力中小企业转型升级

传统工业机器人往往服务于品种单一、批量大、周期性强、生产节奏快的重负荷大规模工业品生产,其主要服务对象是大型制造企业,绝大多数中小企业被排斥在传统工业机器人的服务对象之外。

为此,智能制造所通过自主化研发,突破机器人各运动状态下的共振与抖动问题,推出与人共融轻型协作机器人——IIMT05机型轻型协作机器人,为中小企业提供定制化服务。

与人共融轻型协作机器人

  该款机器人灵活、可快速完成编程且本质安全，非常适应于个性化、定制化、中小批量、任务切换频繁的小型生产线以及人机混线的半自动生产线。而针对当前轻型工业机器人用永磁无刷力矩电机国产化率极低、进口电机价格较高的问题，智能制造所研发团队攻克小体积内复杂绕组三维有限元仿真技术难题，设计制造具有完全自主知识产权的高效率、低齿槽力矩、低转矩波动力矩电机产品。智能制造所同时建立了自己的生产工厂，使得电机成本大幅度下降，填补了国内市场长期依赖进口的空白，有力促进了轻型工业机器人大规模市场化应用、增加了相应的力矩电机市场规模。

  据了解，智能制造所协作机器人共有 6 个旋转关节，有效负载分为 3 千克、5 千克及 10 千克三个型号，形成了不同应用场景下的产品系列。机器人本体运行典型的程序功耗 300 瓦，包含 4 个数字输入、4 个数字输出，2 个模拟输入，2 个模拟输出，无须大规模系统集成，精密装配、检测、产品包装、机床上下料、抛光打磨、医疗行业均可使用，市场前景广阔。

智能制造所智能协作机器人的开发利用，使得工业机器人与人类的关系正迈入人机协作的新阶段。目前，已有部分中小制造企业开始尝试将协作机器人引入生产线，完成精密装配、检测、产品包装、打磨、机床上下料等工作。同时，凭借其人机交互的独特优势，该款产品正积极向医疗、物流、远程安全和监控等领域拓展。

2. 专注系统化集成支撑企业智慧化发展

"除智能机器人外，我们智能制造所还是中小企业智能制造系统集成方案的供应商，可以在最短时间内完成从诊断、方案、实施到调式等一整套专业化改造流程。"孙岭说。

刚出炉成型的镁锭温度极高且一块重达十几千克，工人采用夹钳进行抓取并码垛作业不仅效率低下，而且危险系数及工作强度都极高。

为帮助镁锭生产企业解决高温镁锭生产下料及码垛堆放问题，智能制造所自动化项目组在企业不停产的快节奏生产条件下，先后解决了自动化下料生产线的问题、高温环境下机器人手爪工作稳定性问题。该生产线自动化流程运用了机器人及 AGV 自主导航技术，实现全自动码垛、拆垛、转运和仓储，现场无人化作业，将工人从繁重的生产工作中解放了出来，大大提高了生产效率。

目前，该自动化生产系统替代了 8 个熟练工人 24 小时作业的工作量，只需 1 个工人进行简单安全的操作即可完成整条线的操作运转，为企业更快速地领先市场提供了技术支撑。

智能制造所还自主开发了企业级生产管理系统，包括以 PLC 控制为核心的设备控制层，以工业以太网为核心的车间监控层，涵盖生产计划订单生成及排程、在线物料质量控制（称重）及仓储自动化管理等为一体的工厂管理系统。只需将每天的生产计划表输入系统，系统软件即可进行仓储自行分配车间内各区域的生产作业，从而实现整个车间的智能化生产。

经过近 4 年时间的发展，智能制造所已签订了 30 多项横向研发合同，开发出 10 多条自动化生产线以及 10 多个新技术和新产品，包括协作机器人、穿刺机器人、教育机器人、四足机器人、低速无人清扫车、智能化护理床等；签订了纵向项目 50 多项，包括国防创新特区以及科技部重点研发计划等重点项目在内合同 4000 万元，成功获批为高新技术企业、南京市新型研发机构、江苏省智能机器人创新中心、江苏省智能机器人工程研究中心。

（三）搭建产研联动桥梁，孵育行业"高精尖"企业

科技与经济"两张皮"问题，是目前阻碍创新驱动发展的主要瓶颈。新型研发机构能够敏锐洞悉全球核心关键技术发展趋势能力，是引领产业发展的"领跑员""助推器"。

智能制造所依托一流的机器人与智能制造公共技术服务平台，搭建起先进制造与高端装备领域的公共技术服务体系，以市场化为导向，在江北新区的支持下，集聚优质资源，孵化出一批优质企业。

2017 年，福建某检测设备公司落户江北新区。"该公司属于科技型企业，且公司高管有渠道、有技术，还具有丰富的管理经验，符合入孵企业条件。因此研究所与其达成了合作协议。"孙岭介绍。

根据协议，智能制造所采用知识产权入股的形式，持有 10% 的股份，为企业协调位于研创园范围内的办公、生产场地；提供高新技术企业、政策性项目、人才项目、重大科技项目等申报支持，协助企业办理工商注册、税务登记等手续。

同时，智能制造所还要为入孵企业提供市场推广、合作洽谈、项目投标、展会或媒体宣传等支持，不定期组织创业辅导、政策解读、主题沙龙、合作对接会、企业联谊交流等活动，提供银行、风投、基金等投融资对接服务。

孙岭说，对企业的孵化，智能制造所只占有 10% 的股份，做好配角的角色。按照注册资本，智能制造所将所有符合企业需求的知识产权挑出来，供入孵企业选择，选定后评估作价，这就是知识产权入股模式。

该模式解决了国有资产流失问题，研究所按照年度，实行孵化企业淘汰制，对于发展前景不好的企业，研究所会将股份退出，同时收回先期提供的办公、生产场地等固定资产，优胜劣汰，从而逐渐形成一个良性循环。

目前，智能制造所累计孵化企业 33 家，其中，高新技术企业 3 家，规模以上企业 2 家。并有多家省科技型中小企业入库，更有多位企业负责人入选

"创业江北""创业南京"等人才计划。

2019 年 1 月，南京鑫业诚机器人科技有限公司作为智能制造所第一批孵化的重点企业，正式宣布完成 2000 万元首轮融资。根据签署的协议，本轮融资将主要用于产品技术研发、市场渠道建设以及优秀人才的引进。

鑫业诚机器人成立于 2016 年 11 月，是一家专业从事智能视觉自动化检测解决方案的高科技企业。作为智能制造所第一批孵化的企业，目前，鑫业诚已率先进入智能视觉自动化检测领域，在图像识别、精密检测、软件算法等自动化领域拥有多项自主知识产权，是国内精密智能仪器领域为数不多的拥有核心技术与自主知识产权的企业，技术水平达行业界先进水平。该公司的技术已经在 3C 配件、新能源电池、显示屏、半导体、食品、汽车等多个行业应用。

智能制造所通过共享空间、共享服务的方式为入孵企业节省时间、少走弯路、营造科技型企业聚集效应，从而提高孵化成功率，帮助中小企业迅速壮大形成规模，助推社会经济发展。

孙岭说，下一步，智能制造所将仍依托创新驱动发展，以市场化为导向，一头连着研发、一头连着市场，围绕孵化企业上下游进行突破，以人才为本，以科技赋能，携手江北新区推动南京制造业向"智造"不断迈进。

靶向高通量脑成像和新药研发，推动科技成果落地转化
北京大学分子医学南京转化研究院

随着创新名城建设的深入推进，国内外著名高校院所与南京的对接合作不断深化，创新人才、项目和新型研发机构持续集聚。作为江北新区推进"基因之城"建设的重要举措，北京大学分子医学南京转化研究院，发挥北京大学和江北新区双方优势，打造科学及工程化研发平台、孵化载体和人才培养基地，为南京市、江北新区生命健康产业发展提供坚实的创新支撑，助推区域生命健康产业发展。

北京大学分子医学南京转化研究院

（一）首席科学家带队，力促"产学研"融合加速成果转化

近年来，江北新区始终以高质量发展为主线，聚力聚焦"芯片之城""基因之城""新金融中心"三大主导产业方向，围绕脑科学与类脑研究领域，把脑科学研究应用的最新科研成果与江北新区独特的发展优势结合起来，打造江北新区脑科学发展高地。

什么是分子医学？"就是把实验室里的基础发现变成社会公众看得见、摸得着的产品，应用于临床，填补基础发现与实际应用之间的鸿沟。"肖瑞平说。分子医学的核心任务是阐明人类疾病在分子、细胞和整体水平的生理、病理机制，并通过综合集成，将有关成果转化为临床预测、诊断、干预和治疗的有效手段，增进人类健康。

2018年，北京大学分子医学研究所携手南京市江北新区、南京生物医药谷共同打造北京大学分子医学南京转化研究院。作为北京大学分子医学南京转化研究院的运营实体，南京景瑞康分子医药科技有限公司在中国科学院院士、北京大学终身讲席教授、长江特聘教授、国家杰出青年基金获得者程和平院士

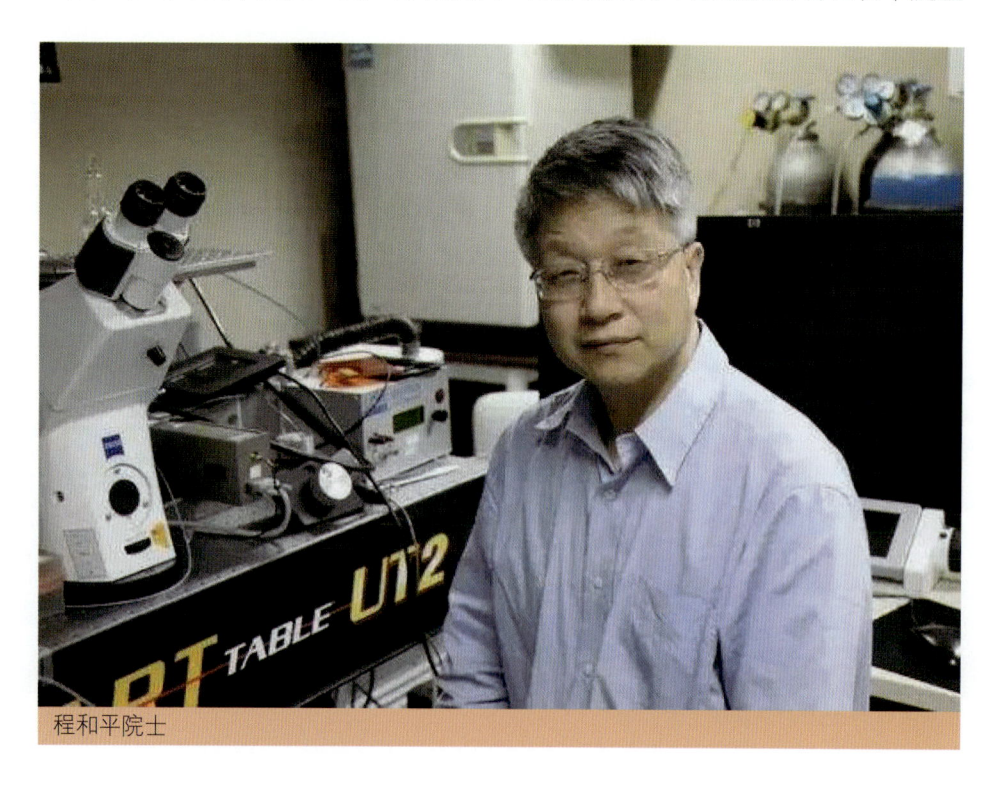

程和平院士

创新的热土 ｜ 南京江北新区打造创新"强磁场"

团队的科研成果的基础上，围绕产业发展需求，搭建以高通量脑成像和新药研发为主体的公共技术服务平台，提供高通量、流水化、专业化、高分辨脑成像研究服务及中枢神经系统药物临床前试验服务，以及开展候选药物筛选、靶点鉴定、药代药效等研发，为南京地区创新药物在研项目及国内外新药创新提供服务。

作为首席科学家，程和平院士领衔国家重大科技基础设施建设项目——多模态跨尺度生物医学成像设施；共计发表SCI论文470篇，平均影响因子8，刊载的国际学术期刊包括《自然》《科学》《细胞》等；北京大学分子医学研究所创始所长肖瑞平教授，经过十多年的研发，找到了糖尿病及其并发症的关键分子MG53，研发出特异抗体与蛋白药物，提出了治疗糖尿病的全新思路……北京大学分子医学研究所正用源源不断的杰出原创研究成果，切切实实践行着解决事关中国国计民生重大生物医学课题的宗旨与使命。

北京大学分子医学研究所作为北京大学成立的第一个新体制单位，是一个多学科交叉的研发团队，以心血管病和代谢综合征等重大疾病为主题，集基础、转化、前临床研究为一体，秉持从分子到疾病模型到人"一条龙"的研究战略，进行分子机理和转化医学的研究。

据悉，北京大学分子医学研究所已建成具有国际水准的18个研究室和研究中心、3个大型公共科研平台，其中包括国际知名的"非人灵长类研究中心"。在II期发展规划中，该研究所将建成25个实验室和研究中心，开展代谢与心血管转化医学研究，核心宗旨是解决事关中国国计民生的重大生物医学课题，培养"创新型、复合型、学科交叉型"领军人才。

北京大学分子医学研究所聚焦的研究方向，属于资金、技术、人才密集型产业，三者缺一不可。如何让科研成果真正地"开花结果"，填补从基础到研发再到市场中间这一段空档？

"江北新区'两城一中心'定位与我们高度契合，具有后发优势，不做传统的加工类而是做研发类。更重要的是，江北新区愿意投资未来、培育未来。"中国科学院院士程和平说。

自北京大学分子医学南京转化研究院落户南京以来，得到江北新区和生物医药谷的大力支持和帮助。目前已初步建成具有国内先进水平的生物医药研发场地；完成高水平人才队伍的建设，拥有团队员工69人，其中16人具备博士学历，并拥有中国科学院院士1名、长江学者2名。

（二）脑园药园协同驱动，抢占科研成果高地

全新的科研平台是企业开展科技创新和技术成果转化的保障。目前，该研究院正在"高端生物医学成像装置"和"重大疾病创新药物研发"两大方向上深入探索，打造由脑园与药园双园协同驱动产学研融合的新型研发机构，承载转化医学的探索与实践。

1. 高端设备自主研发，抢占脑科学研究高地

高端科研医疗装备研发能力不足一直是制约我国生物医学、生命健康产业发展的"卡脖子"问题。如何破解这一难题？针对全球脑科学计划重大需求，

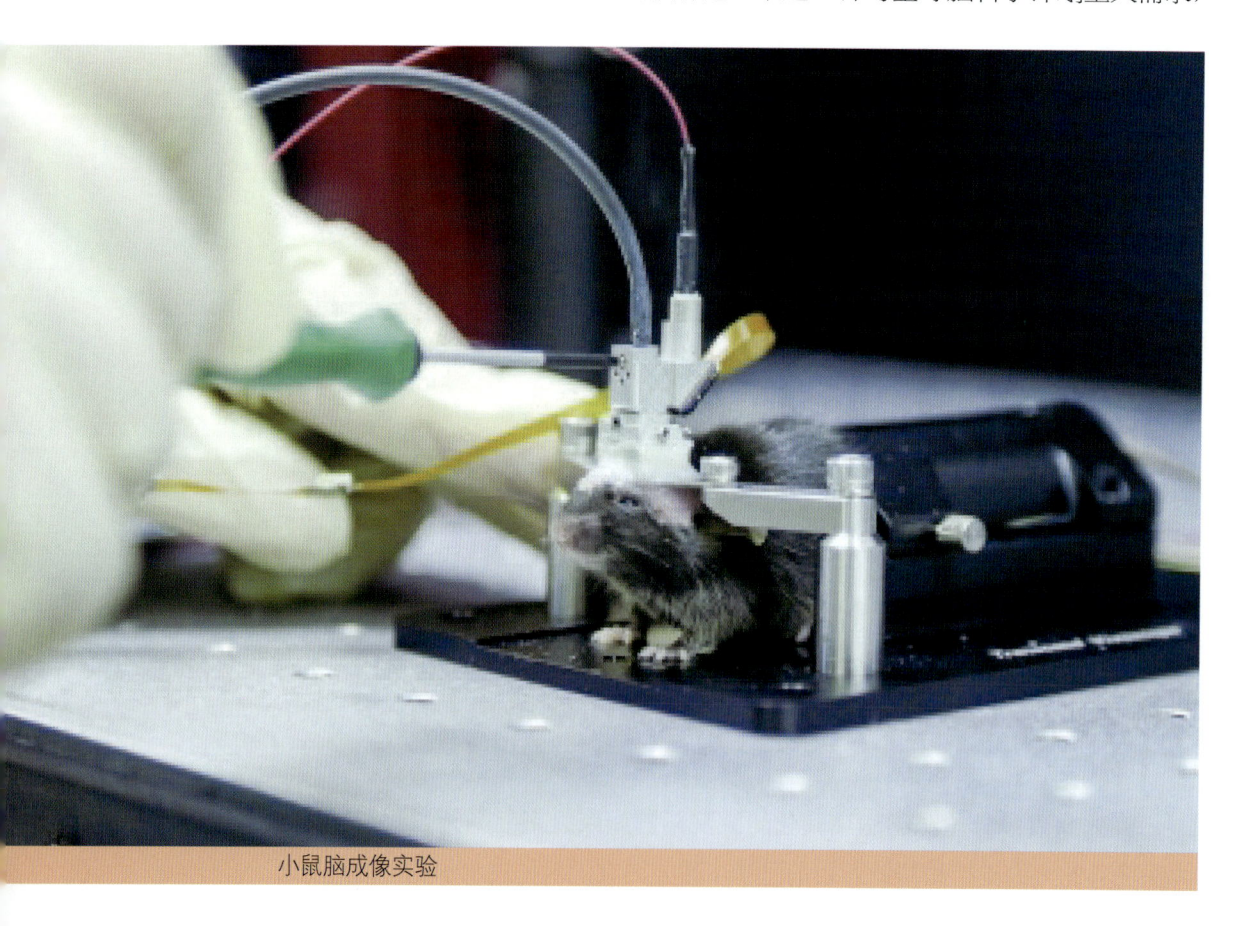

小鼠脑成像实验

该研究院建立南京脑观象台，打造"自由行为动物脑成像"的核心能力，推动重大原创发现，助力脑疾病临床新药创制。

集成多学科技术，脑园将研究者从繁琐高难的技术细节中解放出来，加速科技成果转化进程。目前，南京脑观象台已汇聚创建团队所自主研发的微型化双光子成像系统（FHIRM-TPM）、超灵敏结构光超分辨显微镜（SIM）及高速三维扫描荧光成像系统（VISoR）等先进独有装备，构建从突触、神经元集群，到神经环路，再到全脑水平的全景式脑功能成像体系。

以北京大学程和平院士团队研制出的"超高时空分辨微型化双光子在体显微成像系统"（FHIRM-TPM）为成像工具，平台建立专业技术服务队伍，引入工业流水线与标准化管理模式，践行"集约化、高通量、流水化、标准化"理念，为探寻大脑的奥秘打造一个基于超级研究工具的技术与工程服务体系。该技术提升了"自由行为动物成像"领域的整体水平，获评"2017年中国科学十大进展"，入选Nature Methods 2018年度方法，诺贝尔生物学奖得主Edvard I. Moser称之为研究大脑空间定位神经系统革命性的新工具。

截至2019年年底，平台配备高分辨型、大视场型、双探头型、光遗传型微型化双光子显微镜共10套，专注于神经科学领域的课题合作与项目开发，提供动物手术、病毒注射、载体表达等专业化流水化的技术服务。

超灵敏超分辨结构光显微镜（SIM）是目前成像时间最长、时间分辨率最高的超高分辨率显微镜。该显微镜的空间分辨率达85纳米，可分辨1/600到1/800单根头发大小的结构，最快实现每秒钟拍摄188张超高分辨率图像，所需要光照度小于常用共聚焦显微镜光照度三个数量级。与获得2014年诺贝尔化学奖的受激辐射损耗超高分辨率显微镜（STED）相比，超灵敏超分辨结构光显微镜以极高的时间分辨率、极低的光毒性在活细胞超高分辨率成像方面占显著优势。

高速三维扫描荧光成像系统融合神经环路示踪、急性早期基因活动印迹、组织透明化、高速全脑三维显微成像等技术，快速、高通量地解析大脑的结构连接图谱与活动印迹图谱，在微米和亚微米级的高分辨率下对小鼠、大鼠甚至非人灵长类动物进行全脑快速三维成像及分析。该平台综合应用组织透明化与免疫荧光标记及高速三维成像技术，为病理组织的全面成像提供服务，为癌症早期筛查、切片病理诊断提供依据。

基于自主研发的尖端成像设备，脑园已形成脑观象台、脑信息处理院士工作站、生物医学显微成像设备公司的"三位一体"功能布局。未来，将助力江北新区规划"脑与类脑产业园"，为中国脑科学计划、国际脑科学合作项目及重大脑疾病的病理机理研究与新药创制，打造国际品牌的科技服务平台，催生新兴战略产业。

2. 搭建完备药研平台，深耕重大疾病新药领域

瞄准重大疾病开展新药研发，景瑞康新药研发平台积极建立大小动物临床前成药性一站式评价服务体系，为医药研发领域提供创新性、综合性的药效学服务。

依托于北京大学分子医学研究所十多年来在转化医学领域，尤其是在心脑血管与代谢疾病领域的深耕，目前，围绕大小动物疾病模型和表型病理分析，景瑞康新药研发平台建立了完备的技术体系，囊括了一整套分子与生化、

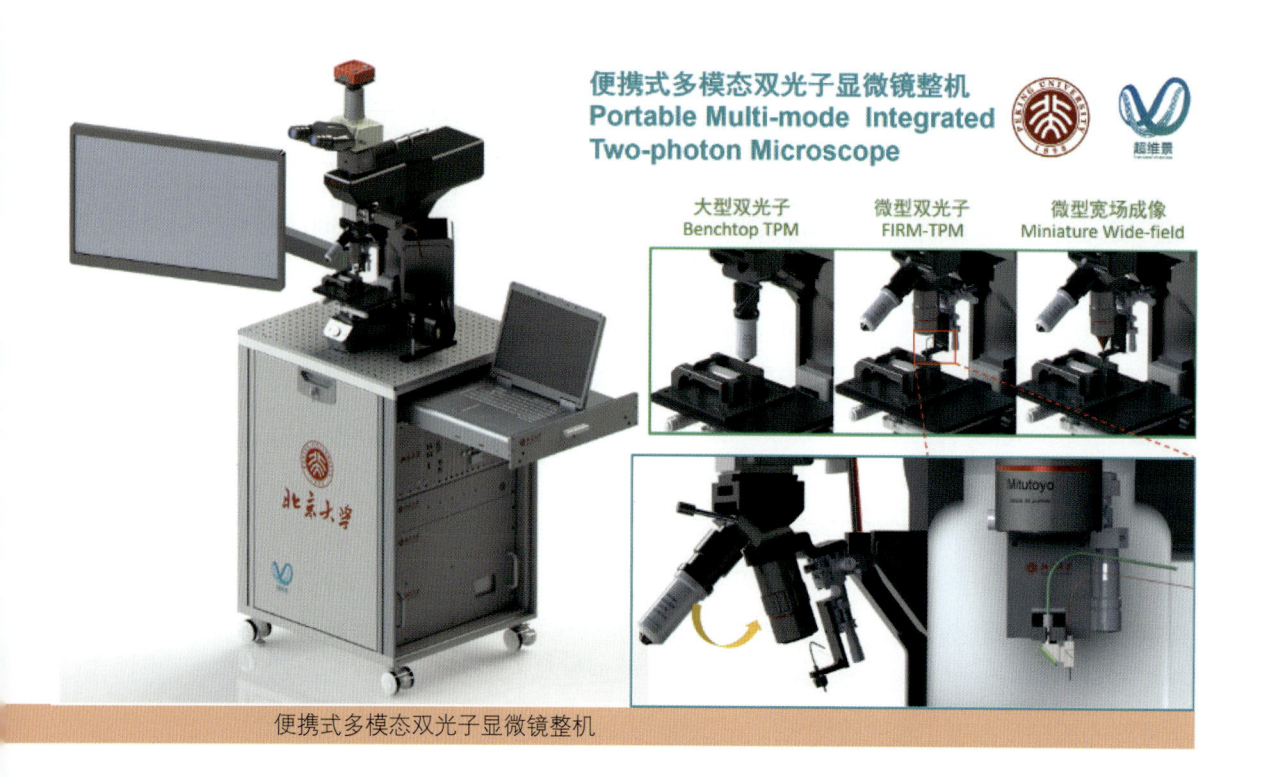

便携式多模态双光子显微镜整机

细胞与药筛、生理与病理的研究方法，并配套了世界最前沿尖端的仪器设施。

得益于南京江北新区良好的区位优势，景瑞康新药研发平台位于江北新区生物医药谷制剂加速器2层，办公、试验区域2800平方米，配套SPF级大小鼠屏障设施1000平方米，可同时开展6000只小鼠、3000只大鼠的药效学实验。实验室拥有分子相互作用仪、快速全自动蛋白分析系统、高内涵细胞工作站等，建立了包括心梗、心衰、心肌肥大等在内的十余种小鼠、大鼠心脑血管与代谢疾病模型。目前，该新药研发平台已与国内外多家高校、科研院所、企业等开展合作，提供临床前药效学服务。

聚焦人类重大疾病研究，北京大学分子医学研究所利用中国灵长类动物资源优势，打造了一个以灵长类动物模型为特色的临床前研究平台，实现了"从分子到人"的转化医学研究。该平台已建立代谢综合征、高血压、心梗、心衰等在内的一系列重大疾病灵长类动物模型，并建立了清醒大动物实时监测血流动力学检测、二维斑点追踪技术等一系列心血管功能评估技术，为新药及其他新型研究及诊疗设备提供全面、规范的临床前评估。

据悉，该平台作为在北京大学做"first-in-class"原创新药提供了制高点和战略支撑。目前与美国哈佛大学麻省总医院、瑞士罗氏、瑞典阿斯利康、德国拜耳等国际药企开展多项临床前合作研究，享有良好的国际信誉。

（三）"高标准"孵化项目 企业培育立足国计民生

高风险、高投入、高技术、周期长，是生物医药行业的特点，孵化器作为中小微企业重要的服务主体该如何持续赋能中小微企业？北京大学分子医学南京转化研究院通过推进项目申报，为增强医药企业可持续发展能力做好"守门员"。

"一些高校教师手上拥有许多有价值的研究成果，却离药物临床试验阶段还有一段相当长的距离。"北京大学分子医学南京转化研究院新药研发平台主任马淇博士说。孵化器是很好的一个平台，方便去做市场化所需要的事情，这对科研成果转化极为重要。

原创专利是第一条拦路虎，对于孵化企业或项目，北京大学分子医学南京转化研究院拥有自己严格的标准。申报的企业或项目要经过内部及外部的专家评审，经过市场前景、竞争优势、技术特色等综合考量，择优录取。2019年项目淘汰率达到50%，目前，北京大学分子医学南京转化研究院在孵新药研发管线6个，在孵企业包括南京超维景生物科技有限公司、和其瑞医药（南京）有限公司、南京昕瑞再生医药科技有限公司、忻佑康医药科技（南京）有限公司等4家。

和其瑞医药（南京）有限公司（以下简称"和其瑞医药"）是一家科学驱动的临床阶段生物制药公司，在中国北京、上海和南京设有办公室。公司的创立基于北京大学分子医学研究所肖瑞平教授和她的团队对人体生物学和转化医学的深入理解与研究，肖瑞平教授和娄实先生为公司联合创始人。

作为北京大学分子医学南京转化研究院"重大疾病创新药"研发方向的主力孵化企业之一，和其瑞医药致力于研究、开发和商业化首创新药，针对流行广泛的男性和女性疾病，以改善生命质量为目标。2019年4月宣布与拜耳公司就开发与产业化靶向泌乳素（PRL）受体的单克隆抗体签署一项全球独家许可协议，并获挚信资本1千万美元和南京其瑞佑康1亿元人民币的融资。

依照许可协议，和其瑞医药将基于拜耳公司的知识产权，在全球开展靶向泌乳素受体的全新抗体的开发和产业化。据介绍，泌乳素受体的单克隆抗体初始研发适应症是子宫内膜异位症，实验中却意外发现它有显著的促进毛发生长功能。

"我们在亚洲独有的红面猴身上做实验。"肖瑞平教授表示。红面猴在性成熟以后会出现秃顶，是雄激素型脱发的理想模型。

研究团队利用这一模型进行药效评估，治疗后头发明显增多增粗，并且这批实验红面猴只长头发不长毛发，在停药3年后，头发依旧茂密。据悉，这一研究成果未来将有望用于男性及女性脱发症的治疗。目前，该药物的研发已经进展到临床试验II期阶段，拟于全球进行多中心临床实验，有望于5年后上市。

忻佑康医药科技（南京）有限公司成立于2018年，致力于心脏再生修复的创新药物研发。据悉，该公司董事长田军博士具有25年的商务拓展和企业经营管理经验，公司聘请了高级顾问指导公司药物研发与业务拓展。未来五年，公司将主要开发靶向全新靶点在心肌梗死病人的治疗药物及全新的促进心肌细胞增殖或再生的化学小分子药物。

南京昕瑞再生医药科技有限公司 2019 年度入选"创业南京",并获得中科创星 1000 万元的投资,用于心肌细胞重编程、肿瘤细胞重编程的研究。

紧抓自主创新与市场化，抢占行业发展高地
人源化模型与药物筛选创新技术研究院

高层次人才领军，具备行业细分领域顶尖竞争力的科研水平，以市场化为导向的综合运营体系……人源化模型与药物筛选创新技术研究院，这家在南京江北新区土生土长的遗传工程小鼠资源中心和基于创新性动物模型的技术服务中心，正不断点亮新型研发机构变革发展新坐标。以新模式、新理念、新姿态为发展主题，该研究院持续变革机构管理机制，深挖全球优质资源，增强创新策源能力，在科技创新工作上探索出一条运用市场化手段，集成科研资源，应用主导，联合创新的新路径。

人源化模型与药物筛选创新技术研究院

（一）高层次人才领军，聚拢"双创"合力

江苏是经济大省、产业大省、制造业大省，产才融合是江苏人才工作的鲜明特色和重要经验。党的十九大报告提出，人才是实现民族振兴、赢得国际竞争主动的战略资源。2018 年以来，全省上下以深化人才发展体制机制改革为主线，深入实施"双创计划"，积极探索引才聚才用才新模式，着力推动各行各业双创人才强强联合，助力企业做大做强做精做优。

2017 年，南京大学教育部长江学者特聘教授、国家杰出青年科学基金获得者、时任医药生物技术国家重点实验室主任、国家遗传工程小鼠资源库主任高翔博士跳出事业单位体制，联合团队筹措 800 万元现金在南京江北新区建立新型研发机构——人源化模型与药物筛选创新技术研究院。

"南京市新型研发机构的快速发展，主要在于其突破原有事业单位体制限制，通过股权激励稳固高端人才团队，通过投融资实现爆发式增长和开展海外业务。"高翔说。放手由科学家及职业经理人团队共同注册为民营控股的企业，在激活创新活力的同时还吸引了市场资本，保证机构按市场需求开展研发和生产活动，为新型研发机构的稳定发展提供了根本保证。

作为南京市首批备案的新型研发机构，人源化模型与药物筛选创新技术研究院以江苏集萃药康生物科技有限公司为运营实体，聚集了一批行业领军高端人才。核心研发团队参与制作了国内首例利用基因编辑技术建立的基因敲除小鼠模型，全球首例 Cas9 KO 犬等，也是"国际小鼠表型分析联盟"大科学计划的发起参与团队，主持参与的"基因工程小鼠等相关疾病模型研发与应用"项目曾获国家科技进步二等奖。

针对早期产学研合作平台无法实施股权激励，难以吸引优秀职业管理人和研发技术骨干，人才流失现象严重等发展"痛点"，该研究院发展了创新人才引进和培育机制，以实现岗位目标为基础，建立差异化薪酬绩效体系及晋升制度，推动个人事业发展和企业目标的统一。同时，利用股权激励和高薪，该研究院放手引进高层次人才。其中，公司总经理赵静博士曾任南京大学副教授，子公司广东药康总经理王韬博士曾任西澳大学助理教授，技术总监王宏宇博士先后在英国邓迪大学和牛津大学从事博士后研究。

把传统的财务资本创造价值，转变为人力资本、知识资本与财务资本共同创造价值，该研究院创新实施"知识资本化"，以人才激励为理念，引入竞争机制挖掘公司内部潜力，让员工有机会选择更适合发挥自己才能的职位，以优化人员配置；设立创新奖等奖项，全面激活人才创新内生动力。

人才是企业可持续发展的基础保证，人才引入是企业发展战略的重要一环。截至目前，该研究院在职人员约500人，核心成员全部毕业于"985""211"等重点院校，团队研发能力较强，在相关领域承担国家重大科技项目和实现成果转化方面有丰富经验，在行业内具有重要社会影响力。

新型研发机构企业化运作并强调团队控股，政府部分参股，但不大包大揽，这是南京市政府和江北新区在扶持建立新型研发机构时探索出的全新路径。江北新区明确要求科学家为项目和产业化第一责任人，帮助研发机构开展管理培训，提供技术和资源平台支持，介绍和对接天使资本和风险投资资本，每年对机构做真实性检查，鼓励市场竞争。对那些愿意并能够依靠自己的力量

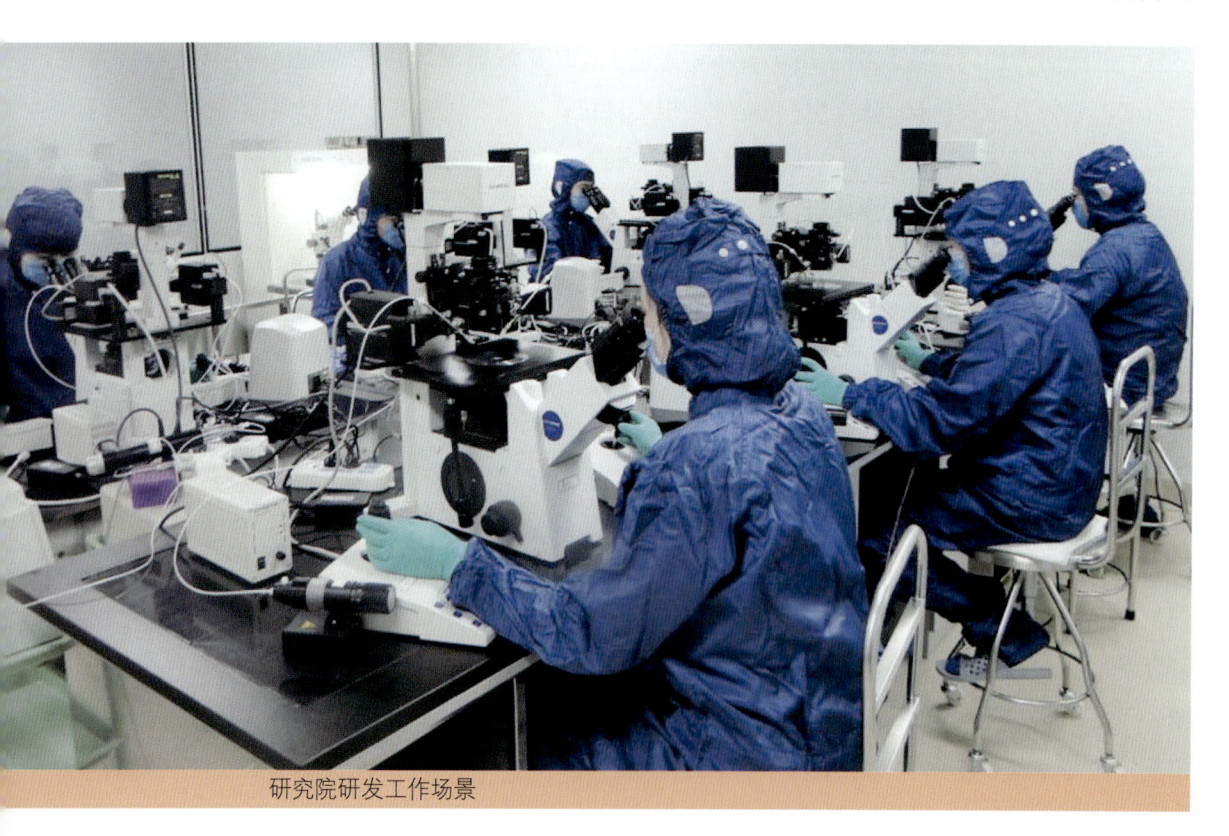

研究院研发工作场景

创新的热土 | 南京江北新区打造创新"强磁场"

活下来的新型研发机构，江北新区给予政策和项目资金支持。

"依靠但不依赖政府。"高翔说。该研究院在运行期间，得到了江苏省和南京市政府的多项财政支持，被评为南京市十佳新研机构之一，荣膺多项市级财政奖补支持。

（二）突出原始创新，育强核心竞争力

该研究院努力瞄准原始创新，力争实现创新突破从"0"到"1"。人源化模型与药物筛选创新技术研究院高度重视密切跟踪市场需求变化，专注关键核心技术攻关，着力打造开放平台，以极致的产品和服务点燃快速发展强引擎。

高翔说："公司要把有限的时间和资本投入到重要的方向和项目上，需要集中力量专攻主营业务。"该研究院制定《研究开发组织管理制度》《研发经费核算管理制度》《科技成果转化的组织实施与激励奖励》等制度性文件，完善创新成果转化和技术创新体系。近两年，公司研发支出占销售收入百分比远高于全国双创企业平均水平。

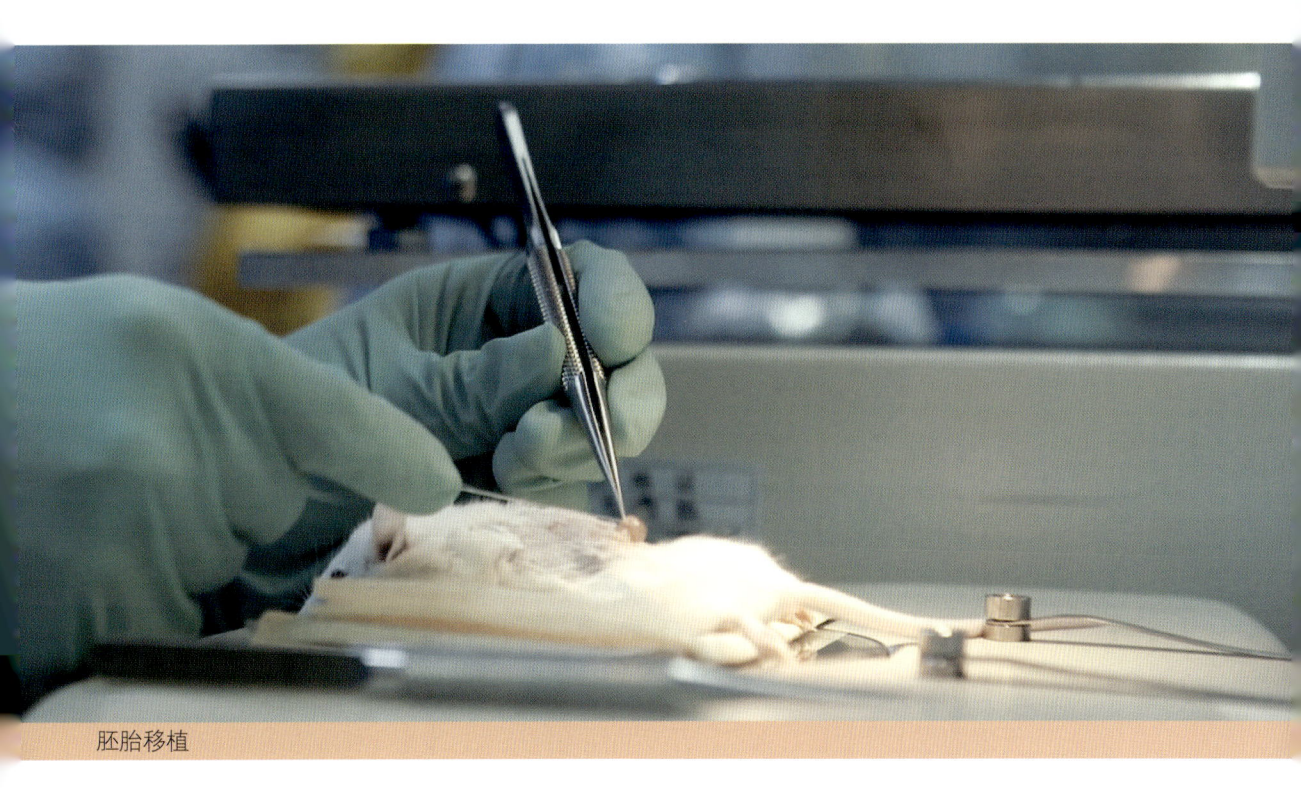

胚胎移植

作为国家科技资源共享服务平台"国家遗传工程小鼠资源库"的共建单位，该研究院在关键核心技术上持续发力。该研究院重点围绕支撑新药研发方向开发药物评价新靶点疾病模型、用于临床药物筛选与指导精准治疗肿瘤模型等，获批和申请专利近 50 项。2019 年研发项目"人源化小鼠模型建立及其在肿瘤免疫治疗药物评价中的应用"获得江苏省科学进步三等奖。

（三）坚持市场导向，构建综合运营体系

如何破解基础科学研究与科技成果转化间的桎梏？"基础研究应该以应用需求为导向。"高翔说。2017 年以来，该研究院已形成集模型创制、冷冻保种、代理繁育、药物筛选、生产销售的一站式服务体系，通过创制、生产和供应小鼠等动物模型，破解了我国动物模型资源瓶颈，显著提高了新药创制和临床技术转化效率，全面支撑了国内生命科学研究及医药产品与技术开发。

该研究院一手连着科研，一手连着市场。针对科研市场需求，该研究院启动"斑点鼠计划"项目，拟在 2021 年完成 2 万多个蛋白编码基因的条件性敲除小鼠品系制作，成为全球最大的小鼠模型资源库，实现所有编码基因敲除模型品系的产品化。

聚焦大分子药物和抗体药物研发，该研究院制作了上百个人源化模型的明星产品。该研究院自主研发的肿瘤免疫检查点基因的人源化模型被使用于新药公司的抗体有效性及部分毒性研究，相较传统实验动物模型大大提高了药物筛选的成功率。据了解，该模型已被几十家生物医药企业和 CRO 公司使用，并取得良好的市场反应。

利用基因编辑及干细胞技术，该研究院重点开发用于药物评价的人源化小鼠模型和用于指导精准治疗及医学研究的疾病模型。其中，自主研发的 BALB/c-Hpd1 等三种动物模型品系入选南京市创新产品推广示范名录。使用该研究院小鼠发表的相关专业论文累计过百篇，创造了良好的经济和社会效益。

"3～5 年内，公司将有望成为国际上规模最大、市场占有率位居前列的实验小鼠资源中心。"高翔说。未来几年内，公司将继续针对医学研究和药物开发的重大产业核心难点，开发共性关键技术，发展干细胞和基因编辑技术，

完善药物研发方案，前瞻性布局重大战略研发项目和产品，提高公司技术服务与产品的国际市场占有率。

（四）着力多元布局，构筑开放协同生态圈

良好的市场表现，离不开优质环境的支撑。该研究院在产品研发、生产营销、融资发展、国内外市场推广等方面加快布局。

着力推动开放合作，创优国际市场环境。该研究院充分利用外部科研和技术优势，与多家科研院所开展多元化产学研合作项目。以南京大学医药生物技术国家重点实验室为依托平台，该研究院与国内外众多一流高校、科研院所、著名三甲医院、国内外知名药企等近千家单位建立了稳定合作关系。

公司作为国家科技部认定的 50 个国家科技资源共享服务平台之一"国家遗传工程小鼠资源库"的共建单位，与美国、日本、韩国等十余国 20 多家资源库建立交流合作，推进技术交流、实现数据共享。

该研究院在支撑江苏生物医药研发的同时，积极拓展全国和海外的服务。在国内，研究院在生物医药最活跃的三个板块布局。成都药康生物科技有限公司依托四川丰富的临床资源，借力母公司江苏集萃药康生物科技有限公司疾病模型小鼠研发、对外技术服务及丰富的模式动物资源等优势，连通生物医药上下游产业链，立足西南放眼全球市场。广东药康生物科技有限公司将作为华南遗传工程小鼠资源共享平台及人源化动物研发应用平台的载体，为华南粤港澳大湾区提供最高质量的实验动物模型，从而支撑华南健康产业的升级更新。通过在南京、常州、成都、广州建立基地，完成总公司加全资子公司的架构，为国内市场发展、提高市场占有率奠定坚实的基础。

国际市场方面，美国是国际生物医药行业最前端、技术最前沿的市场，生物医药企业规模及研发投入独占鳌头，公司已经完成美国公司注册，下一步将布局欧洲市场。公司的多个核心品系已经授权国际最大的实验动物生产供应商查尔斯河实验室公司，供应美国和欧洲市场。公司同时通过销售商向日本、韩国等国家供应相关产品。

拥有自主知识产权的实验小鼠

　　为助力南京江北新区生物医药产业集聚与发展，公司还与江北新区生物医药谷共同打造国际会议品牌，每两年一次"人源化动物模型国际论坛"在江北新区成功举办。公司董事长高翔教授作为中国"国际小鼠表型分析联盟"（IMPC）首任指导委员会委员、"亚洲小鼠表型分析联盟"（APMC）理事长，成功召开IMPC年会，10余个国家13个国家级资源中心科学家聚集江北新区，共同探索小鼠疾病模型科学与技术发展之路。

　　下一步，该研究院将针对医学研究和药物开发的重大产业核心技术、共性关键技术和重大战略性前瞻性技术等研究与开发，发展干细胞技术和基因编辑技术，建立新型人源化动物模型，提高药物筛选成功率，储备产业未来发展的战略性前瞻性疾病模型技术和目标产品。此外，还将完成国内西南、华南两大研发基地布局，结合当地临床及大动物模型优势，进行产业链延伸，建立发展海外研发基地。

创新的热土　｜　南京江北新区打造创新"强磁场"

以智能化为先导，助力现代综合交通运输体系高质量建设
南京协同交通产业创新发展研究院

在当今快速城镇化和机动化环境下，汽车为人们出行提供便利的同时，随之也产生一系列交通问题。如何运用大数据等现代信息技术提升交通规划、管控与决策的科学性，缓解大城市交通拥堵情况，对于交通运输行业转型升级具有重要意义。近年来，南京协同交通产业创新发展研究院（以下简称"协同

南京协同交通产业创新发展研究院

交通研究院")扎根江北新区，紧抓智能交通建设趋势，持续提升整体架构规划，整合资源共享，强化数据与业务深度融合，着力实现对人、车、通行空间及时间的整体管控，推动江北新区智慧交通示范区高质量建设。

（一）深挖数据价值，布局智慧交通

随着互联网、物联网、云计算、大数据、人工智能等高新技术的融合应用，通过现代化的管理手段提高现有基础设施的服务能力，建设发展智慧交通、智慧交管，已经成为破解城市交通拥堵难题、提升城市交通治理水平的重要手段。

近年来，南京江北新区着力促进交通运输向"数字化、网络化、智能化"发展，通过强化与科研机构、高等学院等的全面合作，深化交通基础设施网和数字信息网融合发展，构建起了现代化的综合交通大数据体系，高标准、高水平、高效率推动全区智慧交通示范区建设。

在智能交通建设大势下，2018年，协同交通研究院落户江北新区，成为江北新区智能交通产业发展的新"引擎"。该研究院通过持续提升整体架构规划，整合资源共享，强化数据与业务深度融合，实现了对人、车、通行空间及时间的整体管控。

"江北新区区位优势明显，经济社会发展势头强劲，综合管理水平和营商环境较为出色。"协同交通研究院副院长程清远说。同时，芯片是江北新区核心产业，产业链要素这几年快速集聚，在江北新区，各企业间可以充分交流，从而降低生产成本、提高创新效率，这些对于研究智能交通来说都是得天独厚的条件，未来协同交通研究院将携手江北新区共同打造智能交通领域的技术高地。

目前，协同交通研究院已发明推出了基于交通大数据的交通状况分析与预测方法、装置及系统新模式。相比于传统基于车流密度来对交通状况进行分析与预测的方式，该发明可基于待查询时间段内和待查询路段的历史车辆的平均速度，以及当前该待查询路段的车辆瞬时速度，预测待查询时间段内和待查询路段的预估车流速度，使用户更加直观地感知交通道路实际状况，为出行做好必要准备。

协同交通研究院相关人员介绍，传统基于交通大数据的交通状况分析与预测方法，通常采集终端车流量等数据，再利用服务器基于车流密度，预测交通道路的状况。但在某些情况下，车流密度并不能真实反映道路的实际交通。例如，在城市快速道路上，车流密度可能并不低于一般道路的车流密度，但城市快速道路上的行车畅通状况却可能比一般道路上的行车畅通状况要好。或者，在一些道路上，虽然车流密度较低，但如果个别车辆行驶缓慢，也会在一定程度上影响该段道路的交通状况。因此，基于车流密度来对交通状况进行分析与预测，用户有时并不能准确地获知一段交通道路的实际交通状况。

具体来看，协同交通研究院基于交通大数据的交通状况分析与预测方法、装置及系统，主要是通过在预设数据库中搜索待查询路段之前七日中，历史车流速度平均值的中位数，并获取路段上一个实时数据采集时刻的车辆瞬时速度数据集合，根据车辆瞬时速度数据集合，计算待查询路段在上一个实时数据采集时刻的车辆瞬时速度平均值，最后，计算历史车流速度平均值的中位数与车

主动安全防控系统

辆瞬时速度平均值的平均值，作为该路段在待查询时间段内的车流速度预测值，为用户提供精准的出行参考。

协同交通研究院成立一年多以来，依托综合交通大数据应用技术国家工程实验室，快速实现将顶尖智能交通技术在江北新区率先落地。研究院充分发挥强大的产业链资源整合能力，持续提升科技创新研发水平，力促科技成果的产业化、市场化，正在江北新区逐步布局具有高质量、高效益的智能交通产业集群。

（二）聚力产品创新，扣紧场景应用

智慧交通的重点是智能化管理，实现智能化管理，首要问题是解决具体场景下的交通痛点。协同交通研究院本着以市场为导向构建管理机制，目标定位于"市场缺少什么，我们就发明什么"，突出应用自动驾驶测试、车联网与大数据分析、道路交通协同控制等技术，探索"人、车、路"智慧化协同运行，打造综合交通大数据应用平台，系统化现代综合交通体系的"智慧大脑"。

协同交通研究院推出现场级交通信号协调系统及装置，破解道路拥堵难题。道路拥堵是交通管理的第一大难题。国内一、二线城市无一不在忍受着道路车辆负载的问题。从行车慢到停车难，都是让有车一族头疼不已的"城市病"。传统的交通治理方式相对被动，收效甚微，且一直没有形成系统化的治理方案。

"采用智能化交通信号协调系统可以科学分配通行权利、改善通行秩序，从而提高道路交叉口的通行能力和通行效率，减少交通延误、资源浪费，有效缓解交通拥堵。"协同交通研究院相关负责人说。

在大规模路网条件下，协同交通研究院的现场级交通信号协调系统及装置，采用递阶分散式控制结构，通过将城市各路口分解为若干个子区，子区内路口数量相对较少，结合准确的交通流数据，采用区域动态协调算法，均衡控制区域内各路口的车辆消散，真正实现更加精准的区域协调控制和区域交通优化配置。

如今，这种智能信号机已在江北新区江北大道上布点试用，通过 5G 通信技术和车辆进行通信，车每到一个路口，手机、行车记录仪或车辆的抬头显示

上都会显示精确的倒数时间、通过路口时间等，该智能信号机还会实时监测周围交通情况，遇到拥堵，就能及时预测并迅速调整信号灯方案。该系统将各项数据有机结合，无须架设烦冗的交通信号中心管控系统，即可实现指定区域内的交通协同优化，形成更为丰富的交通流数据，降低了区域级路口优化成本，适用于县级市、开发区交通信号控制等应用场景。

协同交通研究院研发推出基于车辆协同的车辆防碰撞提示方法、装置及系统，聚焦提升交通安全。在车辆行驶速度较快的高速公路上，一旦前面车辆出现故障或变向行驶，后方车辆将可能会与前车发生碰撞，从而造成车辆毁坏、交通拥堵甚至几车连撞的情况。

协同交通研究院的"一种基于车路协同的车辆防碰撞提示方法、装置及系统"致力于打通城市数据管道，发掘数据背后更多价值。

该系统通过在预设距离路况可视范围内进行图形特征标记，根据现有特征标记建立图形特征数据库，并在数据库进行聚类筛选分析，根据聚类筛选分析结果筛选障碍物特征，将障碍物特征与图形特征数据库内预设特征进行比对，根据比对结果，确定障碍物位置并推送给用户，解决现有防碰撞提醒系统留给驾驶员操作改变方向的时间长度较低、防碰撞预判范围小的问题。

协同交通研究院研发推出城市高速路超载车辆远程跟综方法、装置及系统升级交通管理水平。近年来，全国各地对大型货车超载超限的治理已列入城市公安、交通部门的重要日程。当前，大货车超载超限治理主要采取在重要道路卡口设立检查站、交警现场执法等手段，存在执法成本高、效率低、不安全等弊端。

为解决此问题，协同交通研究院研发出城市高速路超载车辆的远程跟踪方法、装置及系统。该系统通过获取路段影像数据，在行驶路段数据库中调取行驶车辆重量数据，在行驶路段影像中进行特征标记，对特征标记聚类分析，筛选有效特征标记，根据有效特征标记提取的图像边缘，确定轮廓边缘像素，根据轮廓边缘像素确定车辆行驶轨迹，并将数据传输至终端显示界面，筛选出有效的特征标记进行跟踪，提高超载车辆跟踪的准确性，通过筛选有效特征标记，生成有效轮廓特征标记，对有效轮廓特征标记进行跟踪，以解决现有基于区域的匹配方法。但是，自然光线及其他车辆遮挡等原因造成无效影像较多，

高性能智能信号控制机

从而影响影像跟踪的精确性。

　　研究院研发推出基于高速动态称重技术的货车 ETC 系统研发及应用，强化对货车运输的管理。目前，ETC 系统主要服务小型车，货车 ETC 是要停车称重的，造成货车收费窗口排队的问题。这就需要解决货车快速通过收费闸口时精准称重过杆的问题。以前高速公路上的货车称重均为静态称重，高速状态下的动态称重由于精确度不够，会导致很多货车司机投诉。研究院研发推出的货车 ETC 系统，解决了高速状态下精确称重技术难题，使得货车 ETC 成为可能，未来收费站人工收费窗口基本可以取消。这项技术还有另外一个应用，就是对货车司机超限超载现象进行管理，减少交通隐患。

　　以协同交通研究院主动安全预警技术为核心而孵化的江苏货斯基网络科技有限公司，目前正打造全国首家面向散货的货运综合服务平台，旨在为物流行业的主力军——个体运输户解决保安全、降成本的问题，该平台现已吸引了认证的散货用户 500 余人、车辆 300 余台。

（七）构建开放平台，服务创新创业

依托自有创新平台，近年来，协同交通研究院加速引育高端人才，构建开放共享的研发生态，通过创新科技孵化体系，引导更多高新技术企业和"双创"企业深挖交通数据价值，着力把江北新区打造成交通大数据产业发展聚集区。

协同交通研究院坚持"客户需求和核心技术"双驱动的研发理念及"产学研用"相结合的研发思路，自成立以来，一方面，注重引育行业高端人才，建立了一支包括长江学者、青年学者、科技创业家等在内的研发团队。另一方面，协同交通研究院突出构建合作共赢的研发生态圈，先后与东南大学、南京理工大学、上海交通大学、北京工业大学、新加坡国立大学、澳大利亚 MONASH 大学、WOLLONG 大学等国内外高校建立合作。通过产学研核心资源，致力为行业提供智能交通整体解决方案。

协同交通研究院负责人表示，"智能交通行业属于高科技行业，需要有政策对研发企业的支持，江北新区在此方面的支持力度是比较大的，同时，其芯片产业布局，也与智能交通产业紧密相关，对人才吸引力也比较大"。据了解，在协同交通研究院中，自然人股东一半都曾经具有创业经历，研究院员工 95% 以上都来自交通行业，都曾经在行业内知名的上市公司、研究所、院校或民营企业任职，都曾经在智能交通行业摸爬滚打，对市场本身也有着充分的敏锐度。

同时，为充分融合大交通数据资源，协同交通研究院结合科技孵化体系，重点打造了集数据、计算、市场化发展为一体的新型创业孵化平台。通过为创业初期企业提供更优质更低门槛的创业资源，给予智能交通技术产业转化指导和提供与顶尖科学家技术交流通道，以及开放交通数据资源和计算资源等举措，吸引和推动社会各方力量利用交通数据进行创新、创业，驱动江北新区交通服务水平和服务能力不断提升，与江北新区共同打造具有国际影响力的智慧交通示范区。

在此平台下，协同交通研究院已累计孵化及引进企业 33 家，其中广宇科技、量动信息、货斯基和金苏泽四家企业作为最早一批孵化的企业，在经过一年的发展后，市场运营趋于成熟，已分别在智能网联交通信号管控、公路散货安全信用大数据、高速公路 ETC 自由流、路面新材料等领域，推出了众多科研成果，实现业务量的飞速增长。

在新型冠状病毒肺炎疫情冲击艰难开局的前提下，2020 年 1 至 4 月，这四家公司累计销售收入达 2400 万元，整体孵化企业的签约合同总额达到 1 亿元。目前，协同交通研究院正在与实力雄厚的基金公司合作，共同筹备 10 亿元产业发展基金，实现对孵化公司的资本赋能，激发孵化公司的创新活力。

集聚产学研优势创新资源　建设新材料产业发展高地
江苏省产业技术研究院先进高分子材料技术研究所

在南京创新名城建设中，江北新区凭借高校院所资源优势，支持人才团队持大股，形成了一批市场化的、"老母鸡"式的新型研发机构。其中，江苏省产业技术研究院先进高分子材料技术研究所（以下简称"研究所"）以特种高性能高分子材料、功能高分子材料、变革性成型加工技术及装备、前沿高分子材料为研究方向，定位于科学到技术转化的关键环节，着力打通科技成果向现实生产力转化的通道，为产业发展持续提供技术支撑，构建促进产业技术研发与转化的创新生态体系。

（一）立足创新名城新材料产业根基　依托高校实验室科研积累

新型研发机构是产业和区域创新发展的重要力量，也是科教资源向现实生产力转化的重要载体。2018年1月2日，由江苏省产业技术研究院、南京江北新区管理委员会、项目经理李光宪及四川大学高分子材料工程国家重点实验室核心团队三方共建的新型研发机构——江苏省产业技术研究院先进高分子材料技术研究所正式落户江北新区研创园。研究所致力于集聚全球顶尖创新资源，攻克面向行业的关键技术和共性技术，打造全球先进高分子材料创新的策源地。

近年来，江北新区集聚国家级新区、自由贸易试验区南京片区、苏南国家自主创新示范区"三区叠加"的政策环境优势，大力支持高校人才创新创业，为新型研发机构建设厚植扎根的沃土和成长的养分。"作为江苏省产业技

江苏省产业技术研究院先进高分子材料技术研究所研发团队

术研究院下属的专业技术研究所，研究所和母体单位共同在江北新区积聚发展势能，助力南京创新名城建设。"研究所执行所长吴宏说。

作为四川大学与江苏产业积极对接得出的成果，研究所充分依托四川大学高分子学科和高分子材料工程国家重点实验室在新材料领域的科研成果积累。前期，研究所在超临界流体发泡、连续纤维增强热塑性复合挤出、柔性高分子3D打印制造等行业共性、变革性加工技术方面高标准遴选出10多个技术先进项目，实现多家科技型企业孵化。

目前，研究所多个项目已完成中试产业化，基于超临界流体发泡技术开发的5G通信用透波新材料经华为公司试用测试合格，开发的3D打印柔性高分子材料（TPU）成功用于糖尿病矫正足垫、医用手术导板等领域并出口到欧洲。2019年，研究所承担了江苏省重点研发项目——"基于高性能热塑性复合材料的新一代增材制造及成套装备关键技术研发"，项目现已建成国际先进的高性能热塑性复合材料预浸料成套生产装备，开发的热塑性复合材料也已供部分航天航空领域客户使用。

（二）打通科研成果转化壁垒　加速孵化企业"金蛋"

科研成果"成"在实验室"熟"在市场，如何有效破解科研与产业"两张皮"，打通科研到产业的"最后一公里"，是新研机构亟须解决的问题。研究所在发展过程中，力求做好科研成果转化三件事，明确在企业孵化过程中承担的三种角色，实现科研成果变为有竞争力的产业。

1. 做好三件事加速科研成果转化

完善受益分配机制，调动科技人员积极性和创造性。研究所坚持"研发作为产业、技术作为商品"的发展理念，依托国家重点实验室技术成果资源储备优势，瞄准行业技术发展趋势和市场需求，采取核心技术团队持大股的激励措施，完善成果转化收益分配激励机制，进一步调动科研人员科技转化成果的积极性，提升科技成果转化动力，最终实现"科技创富"。

打通产业创新链，联合行业龙头企业共同发展。研究所和行业龙头企业建立联合研发中心，填补上游基础研究和下游企业产品生产之间创新链的缺

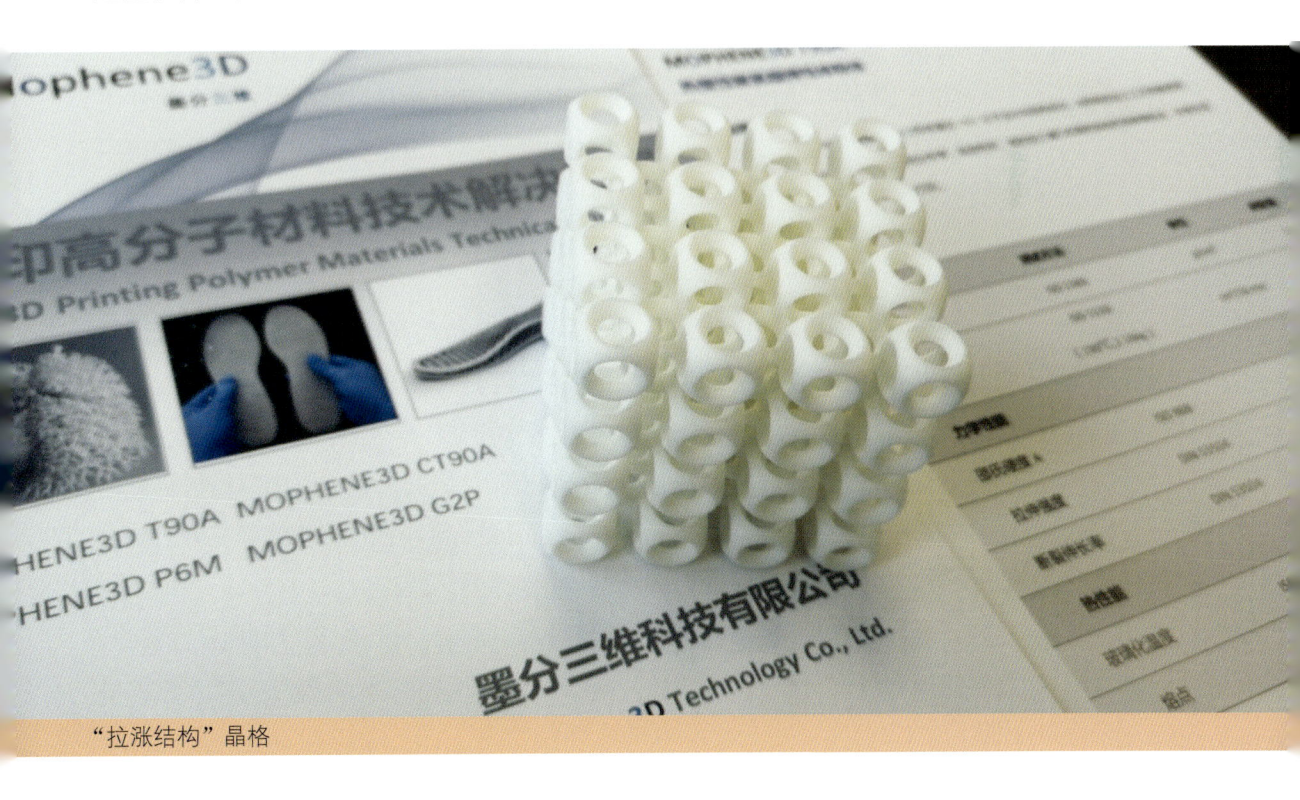

"拉涨结构"晶格

"拉涨结构"晶格相关应用产品

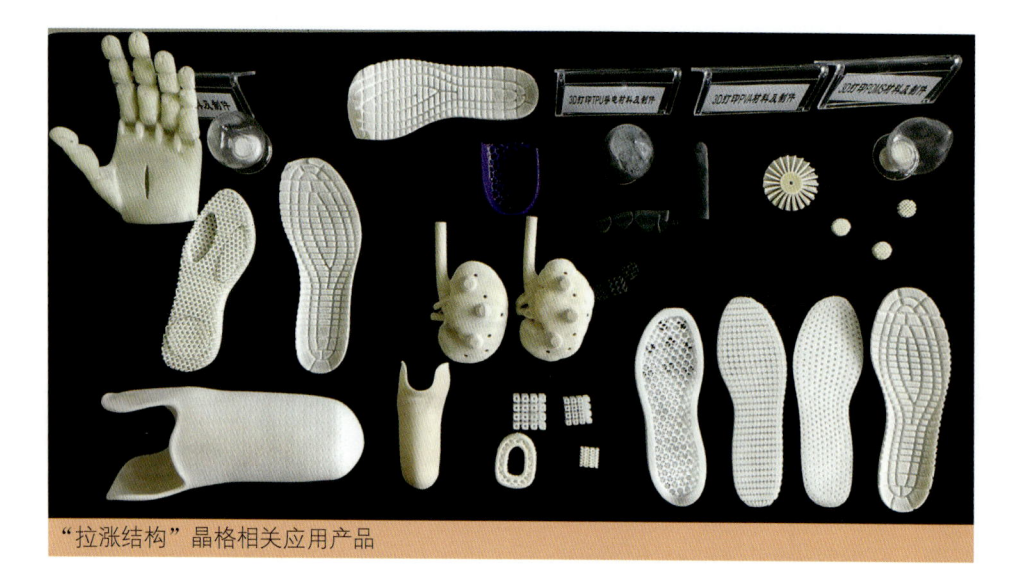

失,实现从源头创新到新技术、新产品、新市场的快速转换,吸引更多的企业开展联合研发,形成以市场决定创新的机制。同时,研究所通过承办行业上下游产业链链核企业高端交流对接会,全面了解行业最新的技术和市场需求,媒介化打通产业链的创新链。

建设工程化试验验证平台,加快市场化转化进度。通过建立行业共性关键技术的工程化试验装置、开展工程化"工艺包"开发,研究所将充分验证后的技术交付给市场,有效缩短产品研发周期。

2. 承担三种角色加速企业项目孵化

通过平台项目孵化的形式,研究所已成功孵化高科技技术企业10家。在项目孵化帮扶方面,研究所用"领路人""店小二""保姆"三种角色来诠释自身定位。

一是当好"领路人",明确项目发展方向。研究所建立了由高校科研机构基础研究和行业领军企业家组成的专家咨询委员会,在项目实施前充分对技术创新性和市场趋势进行专业咨询与指导,避免闭门造车。

二是当好"店小二",积极引进高端人才团队。研究所充分利用平台资源、省产业技术研究院和各级政府的人才引进扶持政策,吸引高端人才入驻项目团队。

三是当好"保姆"，做好综合服务。在项目实施前期，研究所在场地、研发设备、投融资等方面给予最大的综合服务，帮助项目在早期尽可能轻装上阵，减少固定资产投入。

三种角色助力孵化企业高质量发展，目前，研究所所孵企业均已进行市场推广和实现销售收入。其中，南京特塑复合材料有限公司是研究所孵化的企业之一，公司带头人杨杰教授被誉为国内聚苯硫醚特种高分子材料产业化第一人。该公司研发的聚苯硫醚热塑性复材挤出技术与制品，突破了国外技术封锁，填补了国内在该领域的空白，能够满足航空航天、军工对高性能热塑性复合材料的需求。2020年，该公司被认定为江苏省科技型中小企业。

（三）集聚专业人才要素　打造新材料技术转化平台

创新驱动，人才先行。作为"产学研用"多方融合发展的典范，新型研发机构能广泛获取高校人才资源，同时还能有效突破高校体制制约，集聚多方资源促进创新人才培养。近年来，研究所所在的省产研院坚持将人才作为"种子"，将专业研究所作为"土壤"，结合政策环境和专业化服务"好气候"，全力打造一支国际化、高端化、专业化的产业技术人才队伍。

1. 重视人才培养　成立高分子材料学科专家队伍

2019年11月，省产研院发布"集萃人才计划"。该计划旨在通过专业研究所与国内知名高校联合培养"集萃（JITRI）研究生"，一方面加强专业研究所人才团队建设和项目联合攻关，另一方面促进合作高校的人才培养和学科建设，全面提升学生综合素养和创新创业能力，同时也帮助地方园区引进优质人才。

作为省产研院与四川大学合力共建的新型研发机构，研究所在实施集萃研究生联合培养计划的过程中加入自己的创新元素，积极探索联合培养人才的"动力机制、激励机制、沟通与协调机制"，形成研究所与高校共享优势资源、共研领先技术、共抓人才培养的工作局面。通过"一个平台、两个导师"的培养模式，实现研究所和高校之间学科建设与人才培养的合作共赢。

一个平台，即研究所利用依托建设单位平台的优势，根据研究所的发展现状和实际需求，将四川大学高分子学科的专业优势与研究所的产业应用优势相结合，成立四川大学高分子材料工程国家重点实验室双创示范基地，打造人才招聘和培养平台。

"两个导师"则是指"学术导师＋产业导师"联合培养模式。学术精于理论，产业注重市场。在人才培养上，研究所注重学术与产业相结合，在有高校学术导师的同时，发挥研究所高端人才优势，聘任产业教授作为合作导师。两类导师共同培养学生的创新创业能力，打造复合型产业人才。

除了在培养模式上充分激发人才潜质，研究所还不断加大奖学金、科研资金的支持力度，将更多高校人才"新鲜血液"注入机构。为吸引高校优秀生源，遴选高质量人才，研究所积极争取各类人才政策，在四川大学设立集萃研究生奖学金，鼓励在校研究生申请集萃研究生计划，优先支持集萃研究生毕业后来研究所就业创业。

通过创新培养模式，推行人才政策，目前研究所已培养集萃研究生37人。其中，张博文是四川大学材料工程专业2019级研究生，同年经申请遴选成为

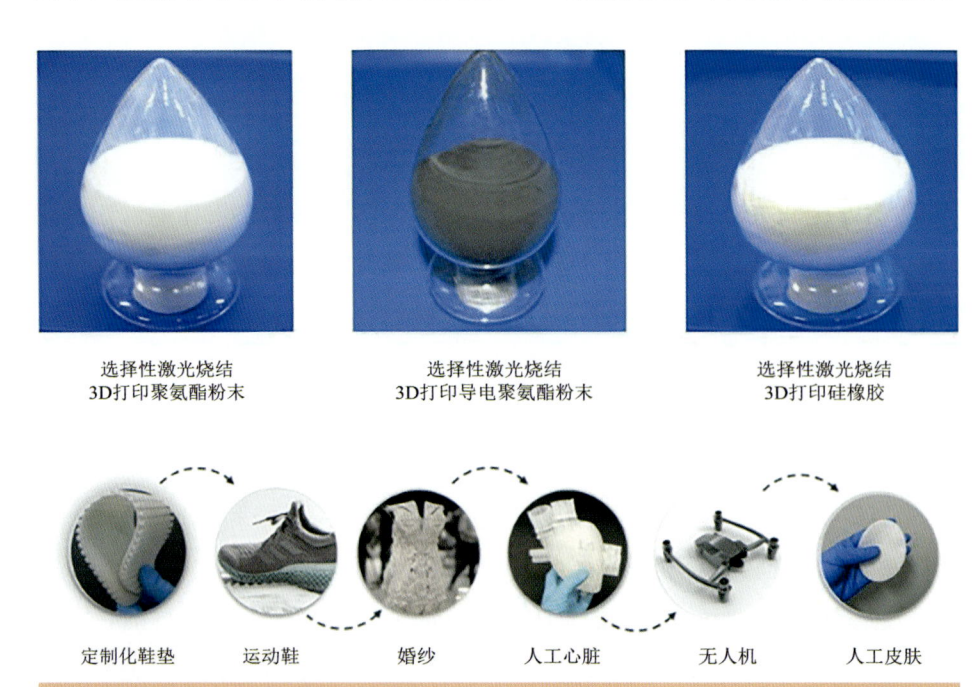

选择性激光烧结 3D打印聚氨酯粉末　　选择性激光烧结 3D打印导电聚氨酯粉末　　选择性激光烧结 3D打印硅橡胶

定制化鞋垫　运动鞋　婚纱　人工心脏　无人机　人工皮肤

研究所研发的相关高分子材料

创新的热土 ｜ 南京江北新区打造创新"强磁场"

一名集萃研究生，在四川大学开展课程学习的同时，还参与了研究所轻质化材料项目的开发工作，这种安排使他很快适应研究生的学习状态，真正做到边学边研、以研促学。

同时，研究所充分利用四川大学高分子学科人才队伍、国际合作平台资源优势，集聚了一批由中国工程院院士王玉忠、王琪领衔的高端人才。其中，王玉忠院士是有机高分子材料专家，主要从事高分子材料功能化与高性能化及环境友好高分子材料的研究与开发，在阻燃材料、生物基与生物降解高分子材料及高分子材料循环利用等领域的研究上均取得系统的基础和应用研究成果。王琪院士主要从事聚合物基微纳米功能复合材料、微型加工、3D打印、固相力化学加工新技术和新装备等方面的研究，多项研究成果已实现产业化。

2. 明确发展定位　　支撑新区新材料产业集聚发展

与传统事业单位属性的科研院所不同，新型研发机构是不像高校、不像科研院所、不像企业、不像事业单位的"四不像"机构。这种定位让新型研发机构不受限于某一种机构形式，朝着综合各类机构最有益、最优惠的方向发展。

"未来，研究所将自己主要定义为新材料领域孵化企业的平台，在江北新区建设'两城一中心'主导发展方向基础上，加速科技型新材料类企业集聚发展。"吴宏说。

新材料类项目一般创新周期长、投资风险高，研究所孵化的企业大多数处于初创期和成长期，自我"造血"能力还不强，企业在贷款融资方面普遍具有强烈需求。在南京市科技局、金融监管局的帮助下，研究所正在积极接洽和推进"宁科贷"、南京银行科技金融贷款等工作。"基于研究所在企业孵化上遇到的问题，我们希望政府能更加明确划定新型研发机构奖补资金使用范围，同时希望政府研究出台指导政策，明确新型研发机构核心团队到位注册资本金、新型研发备案和运营绩效奖补资金可用于持股孵化公司的注册资本金实缴，帮助孵化公司培育壮大。"吴宏说。

未来，研究所将进一步围绕"全球视野，创新为要，市场机制，人才为本"发展战略，更加注重汇聚全球本领域各类优质创新资源，致力于建成具有市场化机制、可持续发展的一流高分子先进材料技术中试放大和落地转化的平台、高新企业高效孵化和成长壮大的基地，成为支撑和带动国内和区域高分子材料及相关领域快速发展的重要中心。

加速科技成果转移转化，打造新材料企业集群生态圈
南京清研新材料研究院

依托相关平台科研成果，填补国内高分子材料产业空白，形成新材料领域产业集群，南京清研新材料研究院，这家由深圳清华大学研究院应用技术中心研究团队、江北新区新材料科技园合作共建的新型研发机构，以突破高性能高分子材料技术领域产业共性与关键技术为重点，集聚高分子材料领域顶尖人才，开展产业技术应用研究和集成创新，促进科技成果转移转化。

（一）立足新区产业基础，促进工艺研究和技术落地转化

创新引领发展，科技赢得未来。为加快从"六朝古都"向"创新名城"转变、打通科研成果转化"最后一公里"，2017年，南京市启动"两落地一融合"工程，即科技成果项目落地、新型研发机构落地、校地融合发展。31个新型研发机构作为"两落地一融合"工程第一批项目实现签约落地，南京清研新材料研究院便是其中之一。

"南京清研新材料研究院将自身业务全面融入'两落地一融合'工作部署，研究开发新材料、新技术、新工艺，促进新技术的转移转化，引进和集聚更多的技术、人才与成果，孵化一批高新技术企业，为南京市及江北新区新材料产业的创新发展贡献力量。"南京清研新材料研究院有限公司总经理游石基说。

南京清研新材料研究院是在深圳清华大学研究院支持和指导下建设的新材料研发、中试、产业化平台，主要针对高分子材料和高性能半导体材料进行生产工艺的开发。成立两年多来，该研究院结合江北新区新材料科技园产业基础，育强自身科研实力，形成具有自主知识产权、盈利能力强、市场前景广阔

南京清研新材料研究院

的材料科技及产品体系。

"开展产业技术应用研究和集成创新、填补国内高性能高分子材料领域空白，南京清研新材料研究院与新材料科技园在同一个方向上发力。"游石基说。

2019年8月，南京清研新材料研究院与南京江北新区新材料科技园签订"高性能特种工程塑料产业化建设项目"合作协议。该研究院将在新材料科技园建设实验室及中试基地，进一步推进科技园的产业化建设，促进特种工程塑料的工艺研究和技术落地转化。

"新材料科技园是江北新区'4+2'产业体系中新材料的发展主阵地，具备良好的材料产业基础和沉厚的化工积淀。南京清研新材料研究院将与科技园一道，发力科研攻关特种工程塑料、高性能分离膜等高性能高分子材料，带动国内高性能高分子材料的产业化及下游相关行业的发展和升级。"游石基说。

（二）技术攻关自我突破，填补国内高分子材料产业缺口

高性能高分子材料，看似专业的学术名词，实际与每个人的生活息息相

关。从智能手机摄像头镜片，到新能源汽车锂电池薄膜，再到汽车轻量化设计外壳，都离不开高性能高分子材料的技术创新。目前，高性能高分子材料的生产多集中在美国、欧洲、日本等发达国家和地区。我国高性能高分子产业历经几十年的发展，不少国内企业掌握了一大批具有自主知识产权的生产技术，形成了一定的产业规模，但产业总体发展水平仍与发达国家存在较大差距。

以突破高性能高分子材料科技领域产业共性与关键技术为重点，着重开展产业技术应用研究和集成创新，南京清研新材料研究院用新技术、新工艺带动国内特种工程塑料和高性能膜材料的产业化及下游相关行业的发展与升级，填补国内缺口或者替代进口产品。

工业化液晶聚合物（以下简称"LCP"）是一种性能优异的特种工程塑料，在升温过程中可表现为液晶态，在熔融状下通过注射等热加工方式可以形成各种制品，主要应用于电子电器、航天航空、医疗机械等领域。LCP 是 5G 时代的材料"新宠"，比聚酰亚胺材料更加适用于高频高速场景，其优良的柔性符合电子产品中的小型化设计。目前，全球 LCP 材料产能约 7.6 万吨 / 年，全部集中在日本、美国和中国。日本、美国企业作为 LCP 材料的主要供应商，约占全球产能的 70%，国内企业正在加速追赶中。

近年来，南京清研新材料研究院及其孵化企业在以 LCP 为代表的高性能高分子材料生产上重点发力，已形成包括液晶高分子纯树脂、膜级液晶高分子纯树脂和液晶高分子改性料在内的产品系列，产品在性能方面达到国内先进水平。

同时，南京清研新材料研究院不断丰富自身产品体系，将推出更多高温特种工程塑料产品。该研究院所合成的高分子液晶聚酯在性能上与国际产品相媲美，个别性能指标超过了相同耐热级别的国际产品，有很好的应用前景。南京清研新材料研究院还开发出具有国际先进水平的高分子液晶聚酯工艺成套技术，可进一步形成产业链，改变我国高分子液晶聚酯长期依赖国外进口的格局。

（三）平台输血自我造血，打造材料领域产业生态圈

新型研发机构与传统研发机构的重要区别在于其体制机制比较灵活，一

方面是体制上的"四不像",另一方面也是促成科研成果产业化的"红娘"。近年来,南京清研新材料研究院通过依托高校科研平台筑牢产业根基,依靠自主研发增强自我造血功能,引进外部优质项目丰富产品体系,在材料领域实现"老母鸡孵小鸡"式企业集聚发展。

依托清华系研究平台,集聚清华校友人才队伍,这使得南京清研新材料研究院在建设初期便具备一个"高起点"。在对科研项目做市场化成果转化上,南京清研新材料研究院能够优先挑选深圳清华大学研究院应用技术中心的优质项目,在综合考量南京及长三角市场环境及上下游产业环境的情况下,优先转化应用技术中心的技术。

吸收已经成熟的实验室科研项目,并面向市场进行二次开发,使企业研发周期得到大幅缩短、投资风险得到有效降低。近年来,南京清研新材料研究院引进了高性能液晶聚酯和高性能聚砜等多个中试项目。

除了在清华系研究平台上做技术转化,南京清研新材料研究院还在自主研发和引进优质项目两方面不断发力。目前,南京清研新材料研究院正在推进硅烷改性聚醚胶(MS胶)的开发、聚酰亚胺材料及薄膜的制备等多个自主研发项目。南京清研新材料研究院还引进台湾交通大学丁清华博士团队及项目,开展光学功能膜、电子材料、胶黏剂等材料的研发及产业化,目前项目已孵化为南京聚清新材料有限公司,并进入小规模销售阶段。

通过"依托平台+自主研发+引进项目"三位一体发展模式,南京清研新材料研究院充分集聚人才、技术要素,加速科研成果转化进程,形成新材料类孵化企业集群发展。

目前,南京清研新材料研究院已成功孵化企业8家。其中,南京清研高分子新材料有限公司由南京清研新材料研究院"高性能特种工程塑料项目"单独孵化,南京清研新材料研究院占有该公司的绝对控股权。对于南京聚清新材料有限公司、南京清润电子材料有限公司等引进的企业项目,清研平台只参股不控股,保证引进团队在孵化企业的控股地位,充分调动引进团队的科研能动性。

"南京清研新材料研究院作为这些企业的'大管家',提供包括工商注册、住所租赁、银行开户、财务管理等非技术性服务,让企业落地发展没有后顾之忧。"游石基说。

当前，国内 5G"新基建"进入加速期，以液晶高分子为代表的高性能高分子材料被持续热捧。南京清研新材料研究院在不断扩张孵化企业集群版图的同时，也需要政府部门在背后持续做支撑。"我们为每一家孵化企业投入部分启动资金，同时还设置了天使基金。在后续工作中，我们希望江北新区能在资金上给我们更多支持。"游石基说。

下一步，南京清研新材料研究院将继续深耕特种工程塑料、高性能纤维、膜分离材料等领域的技术开发及成果转化，改善国内高性能高分子材料多依赖国外进口的格局。同时，南京清研新材料研究院将扮演好项目孵化"老母鸡"的角色，不断吸收优质项目，并转化为专精高分子材料细分领域的企业，逐步在江北新区形成材料领域产业生态，建设集小试实验室—中试基地—产业化基地为一体的高性能高分子材料的产业链平台。

打造"高精尖"大数据创新中心，引领数字经济发展
江苏鸿程大数据技术与应用研究院

大数据时代，海量数据已成为宝贵资源。2020年，中共已发文正式将数据提升为与传统生产要素同等地位的新型生产要素。以大数据与人工智能为核心的信息技术正在推动全球数字经济蓬勃发展，数字经济已成为科技革命和产业变革的核心力量，成为全球经济增长的主要驱动力。数字经济已成为未来各地经济发展竞争的主战场。据分析，目前全球22%的GDP与数字经济强相关，到2025年有望达到50%。江苏2018年和2019年数字经济在GDP中的比重达40%。

近年来，我国大数据与人工智能技术产品研发与应用发展迅速，但与主要发达国家相比仍有较大差距，存在着技术和产品原创性不足、产品和需求对接错位等问题。对此，南京江北新区聚焦大数据和数字经济国家战略，充分发挥地方政府在科技创新工作中的主导作用和公共资源的配置功能，依托学校学科优势领域，积极开拓渠道，引进南京大学PASA大数据实验室黄宜华教授团队，合作共建"江苏鸿程大数据技术与应用研究院"，系统开展大数据技术创新与产品和应用孵化，培育和发展完整的大数据产业与生态。

（一）发力数字经济构建产业生态

2019年，在南京市政府、江北新区研创园、南京大学的共同支持下，江苏鸿程大数据技术与应用研究院落地南京江北新区。该研究院依托南京大学计算机软件新技术国家重点实验室和江苏省软件新技术与产业化协同创新中心，以南京大学PASA大数据实验室黄宜华教授团队为核心，在产学研协同的运营

江苏鸿程大数据技术与应用研究院

模式下,专业从事大数据与人工智能核心技术创新、系统平台及行业应用的研发与产业孵化、大数据与人工智能应用解决方案规划和设计,以及大数据与人工智能技术咨询和培训等服务,力争打造省内标杆性大数据新型研发机构。

"建立江苏鸿程大数据技术与应用研究院不仅能充分发挥高校、科研院所强大的科研创新能力,提升江北新区乃至南京大数据技术的基础研究水平,还能促进科技成果的加速转化和产业化,为企业创新发展提供有力支撑。"江北新区科创局局长聂永军说。

该研究院运行以来,紧扣市场对大数据处理与智能化分析应用的强劲需求,率先把科技成果转化向江北新区政府治理和产业主体延伸。

一方面,该研究院孵化和引进了一系列大数据与人工智能相关企业,加速构建大数据产业生态,集聚大数据专业人才、技术、资金等要素,力促大数据在政府治理、民生保障、企业生产管理等领域的应用发展。特别是,加强培育江苏省大数据高新技术企业,突出高新技术企业主体作用,着力打造集技术创新、应用与产业孵化、人才培养及国际合作交流为一体的产业发展基地。

另一方面，该研究院着力强化技术体系建设，创新推出"算法+系统+应用"与"存储+计算+分析"的两维全覆盖的大数据技术体系，持续推进在大数据分布式存储管理技术与系统产品、大数据编程计算技术与系统产品、大数据智能分析技术与产品、大数据典型行业应用等领域的研发突破，为行业大数据智能分析应用提供新技术、新产品及整体解决方案。

自2019年年初成立以来，该研究院已经与政务及多个行业领域开展合作。政务方面，该研究院运用大数据与自然语言智能分析技术，为江苏12345在线政务服务平台完成了多项智能化分析服务开发，助力政府及时掌握民生热点需求，全面提升现代化治理能力；此外，正在积极助力南京市大数据局和江北新区大数据局，开展政务大数据治理与智能化分析应用的咨询服务和示范应用探索，并正在拓展与公安行业的深度合作，开展公共安全大数据智能化技术与应用研发。在行业方面，该研究院还积极开拓工业大数据技术研发，并为中石化和浦镇中车集团开展行业大数据平台建设与优化业务。除此以外，该研究院还与奇虎360等互联网企业开展技术合作，并与包括奇虎360在内的15家互联网及软件企业签订了战略合作协议。

目前，该研究院拥有自主研发产品5个，在研项目10个，获得软件著作权10件，发明专利1件，累计孵化引进企业6家，实现技术合同交易额560万元。该研究院还建设了大数据研发中试服务平台，拟规划建设存储和计算服务器节点包括80台服务器+40GPU，提供约900TB的分布式大规模数据存储容量。

（二）以市场需求为引导创新平台应用

自成立以来，该研究院聚力"填平"科技与市场间的"鸿沟"，充分发挥大数据对传统行业转型升级的支撑作用，在江北新区助推各产业高质量发展。该研究院现已开发了多个"高精尖"大数据平台产品及解决方案，正在不断挖掘大数据价值，探索数字经济应用新场景。

1. 蓝鲸跨平台统一的可视化大数据智能分析平台，降低大数据分析编程技术门槛

随着大数据技术的快速发展，目前已出现了众多大数据分析处理和机器学习系统平台。众多的系统平台令人眼花缭乱，难以选择和学习使用。另外，综合大数据分析往往会涉及各种不同的计算模型，如数据库的表模型、矩阵模型、张量模型、图模型、数据流模型等，已有的大数据系统缺少可覆盖各种计算模型、能集成使用各种不同主流大数据系统的能力。研究院研发推出了一款跨平台统一大数据分析处理与可视化编程系统平台。该平台提供跨平台统一的大数据编程框架，并提供丰富的数据存储管理与数据处理能力，提供常用的数据统计与查询分析功能，以及机器学习、图计算、深度学习等多种编程计算与建模分析功能，这些功能以图标化算子形式内置在系统中，用户能通过拖拽方式，在无须代码编程的情况下，方便快捷地开发数据分析处理程序和算法模型。可广泛应用于政务、各类行业和企业的大数据分析建模与应用开发。

2. PASA-AutoML：自动化机器学习平台，用 AI 赋能数据分析

机器学习与人工智能技术现已广泛应用于各个行业，然而机器学习和人工智能技术门槛较高，目前主要依赖专业人员的人力和经验。数据分析人员不仅要熟练掌握和使用各种算法模型，还要熟悉每个算法的超参数调优技巧。因此，即使是专业人员，分析建模、调参也十分费时费力。

该研究院开发完成了一系列创新性的 AutoML 自动化机器学习技术，用机器自动化地完成人工智能模型选择和超参数调优，让 AI 模型设计自动化，从而大量节省人力，降低机器学习算法设计的门槛，提高建模的效率。该系列技术自主原创，国际先进，近两年来，多次参加人工智能与数据挖掘国际会议主办的 AutoML 自动化机器学习国际挑战赛，8 次荣获国际大奖，并将技术转让给华为公司和奇虎 360 使用。

基于上述核心 AutoML 技术，该研究院研发推出了一套自动化机器学习平台软件产品，可支持机器学习流水线自动化设计，能够自动化地构建涵盖数据预处理、特征工程、算法选择、超参调优、模型评估等多个阶段的全流程数据分析模型。通过自动化机器学习平台，可以降低 AI 准入门槛，使得普通的

数据分析人员也能享受 AI 带来的红利，让 AI 广泛使用。该平台软件作为该研究院创新创业成果，2019 年参加了由李克强总理亲自批示举办、有"中国第一赛"之称的"中国互联网＋大学生创新创业大赛"，荣获金奖。

3. 海星交互式统一大数据编程计算平台，支持大数据系统操作便利化

大数据与数字经济正逐步成为经济增长和社会发展的新引擎，大数据技术产业落地正当其时。但是很多企业和高校用户在建设自己的大数据平台时经常遇到选型困难、安装配置门槛高、统一用户管理不便、本地开发环境较难搭建等一系列问题。

为此，该研究院推出海星交互式统一大数据编程计算平台。海星平台是一个轻量级、通用化、易学易用的交互式统一大数据编程计算软件平台，可支持常用大数据系统的便捷化操作，方便快速地完成行业大数据交互式分析编程，并可扩展为大数据与 AI 教学实践、科研实训与应用研发工具平台。该平台可为用户提供独立的 Python 开发环境，提供 HDFS、HBase、Impala、Hive 等数据存储管理能力，并提供大数据计算分析统一编程接口，以及大数据文档管理、用户权限管理等功能。该平台可广泛应用于高校的大数据与人工智能教学实践，以及各类企业和行业的大数据与人工智能应用开发。

此外，针对业内普遍缺乏大数据专业人才的现状，依托海星平台以及在南京大学开展大数据课程教学与学生培养的 10 年经验，该研究院同时推出了大数据教学实训平台，以"理论＋实验＋案例"的立体化教学方式，辅以灵活易用的实训平台，全面助力大数据人才教育事业的发展。

4. 海象大数据治理与数据中台软件，助力政府和行业数据治理

目前政府和行业大数据应用普遍面临着数据采集汇聚后数据质量差、缺少数据清洗治理、难以进行智能化分析应用的难题。

为此，该研究院正在研发一套大数据采集汇聚和数据清洗治理技术与工具平台。该平台旨在打造集数据接入、数据管理、数据治理、质量控制、开放共享、智能分析、服务构建、行业应用为一体的数据治理与智能化分析应用数据中台，研发先进的大数据与人工智能技术，提供一流用户体验，形成数据管

理与治理的理念—方法—工具平台三位一体的能力生态，提供全生命周期数据质量管理能力，在数据生命周期提供数据接入、数据清洗、数据稽核、异常数据处理、数据质量报告、数据质量标准与自动落实等数据质量管理功能，以及数据目录管理、数据脱敏与隐私保护、数据共享交换能力。

5. 智能化政策匹配服务系统，助力园区和企业智能化政策服务

国家、江苏省、南京市和科技园区，每年发布大量产业政策、科技政策、项目申请和各类扶持政策。园区和企业为了及时获取和响应这些政策，通常需要设置专人以人工方式查看发布的大量政策，工作量大，费时费力，信息获取不及时。

为此，该研究院正在研发基于自然语言文本语义分析与知识图谱的智能化政策匹配技术，并构建一套完整的基于 Web 的智能化政策匹配服务平台。该平台利用人工智能技术，以便捷、简单的交互方式，实现各类政策与企业进行高效智能化的匹配，既方便企业用好惠企政策，又能够助力政府管理部门及时评估政策效果。该平台采用了基于知识图谱的政策图谱自动化构建技术，通过知识图谱、实体抽取、文本分类等自然语言处理算法，实现对于政策文件的自动化建模，并精准匹配各类型企业适用政策，从而为园区和企业提供高效智能化的政策匹配服务。

（三）企业的社会责任与担当

（1）疫情大数据分析预测软件平台，以社会责任为企业担当，以大数据技术助力科学精准疫情防控。

新型冠状病毒肺炎疫情暴发，牵动着全国亿万人民的心。为了更加客观理性地分析和判断疫情的现状与发展趋势，用数据事实说话，给大众和各地政府提供客观准确的疫情信息，帮助大众了解疫情实际情况，同时也助力各地政府和园区通过数据分析预测，进行科学决策，实行科学精准化的疫情防控，该研究院自疫情初期开始，及时组织技术团队，发挥在大数据分析技术上的优势，利用疫情大数据，每天分析预测疫情现状和发展态势，并通过该研究院公众号发布疫情大数据分析报告。

在疫情初期最紧张的阶段，为了便于公众随时查询了解疫情信息，该研究院在尚未能复工的情况下，进一步组织突击小组远程工作，组织团队设计开发了一款实时疫情手机查询分析软件系统，为大众、企业和政府提供实时疫情查询分析服务，及时了解全国各地及国外疫情信息。系统每天采集国家发布的官方数据和互联网数据，用数据统计分析方法，以清晰而丰富的可视化统计图呈现疫情发展状况和态势，帮助社会大众及时了解每天的疫情实际状况，观察疫情的变化，分析预测疫情的发展趋势，以此提高对疫情的认知，消除不必要的恐慌。系统发布后，受到了大众的广泛欢迎和转发使用，有力支持了防疫抗疫工作。

自2020年1月28日起，该研究院通过采集官方公布的疫情数据和互联网数据，每天进行详细的疫情数据统计分析和预测，撰写并发布了50多期国内疫情分析报告。通过大数据分析预测，我们在全国范围较早发现全国、湖北和武汉三地间疫情的巨大差异，并较早呼吁实行差异化分级防控。此外，还准确预测了全国、湖北和武汉疫情结束时间，为各地政府和众多企业提供了科学合理精准化防控与及时复工的客观依据。尤其该研究院发布的国内疫情分析报告，每期都提供给江北新区和研创园领导，为江北新区和研创园的精准防控和及时复工，提供了客观准确的决策依据，作出了较大贡献。

2020年3月以后，海外疫情集中暴发，为此，该研究院继续定期进行海外疫情数据的采集和分析预测，定期发布分析全球疫情大数据分析报告，并提供手机查询服务。由于海外暴发疫情的国家众多，各国疫情变化差异大、变化快，因而大众难以清晰了解和比较全球各国疫情的情况。为此，该研究院利用数据分析技术优势，研究构建了一个全球各国疫情指数模型，通过指数将各国疫情暴发程度以定量方式展现和排序，从而让国内外大众清晰了解各国疫情发展状况。作为国内外独创的疫情指数，发布后收到了广泛的肯定和好评。

（2）提出推进江苏省数字经济健康发展建议，推进地方数字经济发展和数字经济国家级示范区建设。

数字经济已成为未来各地经济发展竞争的主战场。2018年以来，在国家数字经济战略推动下，全国诸多省市陆续出台数字经济相关发展计划与政策，推动了当地数字经济的快速增长。全国已有20多个省份陆续发布了地方数字经济发展战略规划和计划，并有 30 个省份正式获批建设了大数据、人工智能、数字经济国家级示范区，抢得了数字经济发展先机。江苏在数字经济发展规模上居于全国前列，但是，江苏省在数字经济发展上还面临不足，包括缺少省级数字经济总体战略规划和发展计划，现有数字经济企业规模小、产业分散，缺少上规模、高水平的数字经济产业集聚区和国家级示范区。

为此，该研究院负责人黄宜华出于科技工作者对数字经济发展战略重要性的理解和企业家的社会责任，以及为推动地方高质量数字经济发展出谋划策的目的，在江苏省科协的支持下，撰写了《关于推进江苏数字经济健康发展的对策建议》报告，提出了推动江苏省数字经济健康发展的对策建议，建议江苏省加大对数字经济的重视和推进力度，提高数字经济在全省的首位度和主导地位，尽快制定江苏省数字经济战略规划，充分发挥江苏省在实体经济领域及科教与智慧人才方面的优势，拓展以数据和人才为关键要素的数字经济产业，推进江苏省上规模、高水平数字经济产业集聚区发展和国家级示范区建设。

该报告拟由江苏省科协科技工作者建议的官方文件形式和渠道，提交给江苏省政府领导，以期推动江苏省领导对江苏省数字经济发展战略的重视，推进江苏省数字经济产业集聚和高水平示范区的建设，促进江苏省数字经济高质量健康发展。

（四）突破体制机制壁垒，激发人才积极性

人才是支撑大数据产业发展的核心要素。运行一年多以来，该研究院整合政府、大学、市场三方力量，加快在引才机制、激励机制等方面的改革创新，通过打破原有体制壁垒，激发人才在创新创业中的积极性，加快创新成果产业化推进和商业化应用。

在人才队伍建设方面，针对目前市场上大数据人才薪酬待遇差距较大，普遍存在高校薪酬待遇偏低、发展前景狭窄，而企业虽待遇优厚却人才流失严重等问题，该研究院首先从高校方面积极引进人才，在短时间内快速实现了人才聚集。同时，强化对大数据科技创新人才的培育，打造具有大数据思维和创新能力的复合型人才团队，更好促进政产学研用协同创新，加速大数据理论、技术和应用的创新。

在人才激励方面，该研究院制定了多种激励机制，以提升员工的归属感和认同感，确保高端优秀人才的留存率。

一是建立高端专业人才培养和加盟创业机制。该研究院依托研发机构在高校的国家级实验室平台和大数据专业实验室，培养大数据和人工智能博士及硕士高端人才，鼓励和吸引博士及硕士人才加入研究院创业。

二是建立股权激励机制。该研究院建立良好的股权激励机制，为创始团队、招聘和加盟的高端技术人才及骨干管理人才，提供良好的企业孵化和股权激励机制。同时为后期加盟的高端人才设置合适的股权池，提供股权激励。

三是企业孵化股权激励机制。鼓励创始团队成员和加盟的高端人才，基于自身的技术专长和研发成果，按照市新型研发机构政策所要求的企业孵化政策，从该研究院直接孵化出相关企业。

四是员工晋升与绩效奖励机制。基于员工的工作绩效和工作表现及对公司发展的贡献度，建立奖勤罚懒的奖惩制度；此外，在股权池中，根据员工的绩效和贡献度，为员工设置一部分股权分配比例。

在市场运营方面，针对解决方案行业应用规划设计与工程实现能力经验不足的问题，该研究院一方面致力于培养和发展技术研发、产品开发，尤其是解决方案规划设计与工程实现能力，另一方面，加大力度招聘和培养具有解决方案规划设计能力与经验的工程性技术人员，做好综合性技术人才与能力储备。

在组织管理方面，针对核心骨干组织管理能力和经验不足，产品开发、项目开发队伍和组织管理不到位的情况，该研究院着力建立健全良好的企业组织结构和管理机制，以专业化职业化方式推动企业运行，逐步建立健全公司组织构架和组织管理机制，重点加强核心骨干的职业化组织管理能力培训。

"江苏鸿程大数据技术"与应用研究院在加大招聘力度和人才培育的同时，建立起优胜劣汰的人员管理机制，突出发展健全的高层和中层人才队伍，调整和建立起明确的、适合公司发展的组织架构，全面激发人才能动性，促进成果更好转化。"该研究院负责人介绍。

第二节　科技型企业

"LDT+IVD"融合驱动开启我国癌症个体化医疗诊断新时代

南京世和基因生物技术股份有限公司

南京世和基因生物技术股份有限公司（以下简称"世和基因"）由高层次海外人才领军创立，经过7年发展，已成为我国肿瘤高通量测序技术（NGS）检测、循环肿瘤DNA（ctDNA）检测领域的龙头企业。长期以来，世和基因持续提升肿瘤检测全周期产品的研发力度，推动高通量测序技术（NGS）在肿瘤检测领域的应用，通过自建实验室（LDT）服务和体外诊断（IVD）产品，为临床需求提供精准的肿瘤分子诊疗方案。

（一）技术领先抢占行业发展制高点

恶性肿瘤是严重威胁中国居民健康的疾病，据相关统计，中国每年新增癌症患者数量已超过400万人，对肿瘤精准医学的需求越来越大。致力于服务"健康中国"，2013年，世和基因成立，通过推动高通量测序技术（NGS）在个体化精准医学领域的研究和临床转化应用，为临床需求提供精准的肿瘤分子诊疗方案。

2013年，世和基因在国内率先推出泛实体瘤NGS检测产品——世和一号®，奠定了其在国内基因检测领域的领先地位。近年来，世和基因坚持聚焦强项的发展战略，在肿瘤检测领域深耕细作，持续推动NGS技术创新和产品研发，多项产品均为国内首创。

2018年9月，世和基因自主研发的NGS肿瘤多基因突变检测试剂盒通过NMPA审批，是国内第一批获准上市的4款NGS基因检测试剂盒之一。该款试剂盒适用于检测非小细胞肺癌患者肿瘤组织中与靶向治疗密切相关的六个基因（EGFR、ALK、ROS1、BRAF、KRAS、HER2）的突变状态，实现肺癌靶向用药基因全覆盖。医生可依此筛选出适合接受靶向药物治疗的患者，提高患者用药精准率和药物应答率，实现个体化精准医疗。

NGS肿瘤基因检测试剂盒的优点在于突破了传统检测中一份标本只能做一种药物检测的局限，实现用一份标本给出国内上市的所有靶向药物对应的检测结果，检测周期仅需4～5天，能帮助肺癌等患者在相对短的时间，花较少的钱快速寻找适合自己的靶向药物，大幅节省用药成本。

南京世和基因生物技术股份有限公司新办公楼效果图

更重要的是，世和基因的NGS肿瘤多基因试剂盒突破了传统检测的灵敏度极限，对于EGFR、ROS1、BRAF、KRAS及HER2的检测灵敏度达1%，ALK融合的检测灵敏度达2.5%，显著优于国内同批次其他NGS检测试剂盒。

世和基因NGS肿瘤多基因试剂盒的获批上市，促进了我国NGS测序技术向肿瘤临床治疗的转化，为国家在肿瘤精准医疗领域的跨越式发展起到重要推动作用。

经过7年临床应用，世和基因的NGS肿瘤检测服务内容不断丰富，目前已经涵盖肺癌、消化系统肿瘤、乳腺癌等妇科肿瘤、泌尿系统肿瘤、神经系统肿瘤等多种肿瘤疾病，形成了实体肿瘤和血液系统肿瘤两大类检测服务。同时，世和基因加速在癌症早期筛查、疾病风险预测等领域的业务布局，通过

创新的热土 | 南京江北新区打造创新"强磁场"

运用NGS测序技术预测疾病的患病风险，推动精准健康管理，实现降低癌症等重大疾病的发病率、为人们的健康生活提供保障的目标。

在南京江北新区的积极引进下，2013年，世和基因入驻江北新区扎根发展。世和基因创始人邵阳说，南京江北新区良好的生物医药产业基础和服务先行意识，为企业初期发展提供了有力支撑。特别是江北新区通过公共服务平台，给团队提供了基因测序设备、办公室、实验场地等配套政策，按照"一企一策"原则，帮助企业解决了资金、人才、设备等创新资源缺乏的难题。

（二）紧抓研发创新布局全周期产品线

作为技术驱动型企业，持续创新是世和基因实现在肿瘤精准医疗领域发展壮大的根本力量。自运营以来，世和基因一方面着力加大科研投入、布局全周期产品体系、提高自主创新力，另一方面着力开放合作、构建科研资源网络、力促产学研转化，其核心竞争力得到有效提升。

围绕肿瘤精准医疗全周期健全产品线。肿瘤精准医疗市场大多集中于晚期患者，而早中期肿瘤术后临床需求巨大，液体活检优势凸显。围绕晚期肿瘤的"靶向治疗、免疫治疗、疗效监测"，世和基因已建立了完善的产品线。

近年来，世和基因进一步加大肿瘤检测全周期产品的研发工作，着重开发癌症早中期术后监测、癌症早期筛查两项重要技术。其中，早中期术后监测技术已基本成熟。2019 年,世和基因上线针对早中期肿瘤术后预后与复发监测的超高灵敏度 ctDNA ATG-seq 技术,通过三重降噪技术让检测灵敏度提升至 0.1%。

截至 2020 年 5 月,世和基因已成功申报 20 项国内外发明核心专利和 4 项软件著作权。应用核心技术发表 SCI 文章超过 190 篇,累计影响因子超过 1200 分。其核心技术与产品布局已覆盖肿瘤全周期。

依托 NGS 检测优势拓展临床检测业务。世和基因结合 NGS 检测优势,开发病原微生物 mNGS 检测,陆续成立了世和医疗器械、迪飞医学等子公司,全面开启基于 NGS 技术的临床检测业务,为生物医药行业发展注入新鲜血液。

2020 年 5 月,中国政府网公布了全国可进行新型冠状病毒核酸检测的 921 家检测机构名单,世和旗下南京迪飞医学检验实验室,作为卫健委指定新型冠状核酸检测机构,列入第一批全国核酸检测机构名单。

由世和医疗器械自主研发的新型冠状病毒核酸检测试剂盒,现已获得欧盟 CE 认证,被列入商务部下属中国医药保健品进出口商会发布的"取得国外标准认证或注册的医疗物资生产企业清单",宣告世和医疗器械生产的新型冠

世和基因试剂产品

状病毒核酸检测试剂盒进入官方出口"白名单"。

构建资源网络强化科研合作。世和基因积极建立与国内外政府、高校、医院及上游供应商的长期稳定合作关系，通过引入包括国新、中国东方资产、南京江北新区、建发新兴投资等"国家队"资本和一批知名专业投资机构，依托投资人与医院、药企、政府建立的强大关系网络，实现专业技术资源嫁接，为世和基因在技术研发方面提供长期有力支撑。同时，为实现更广泛的业务合作，世和基因突出与药企建立伙伴关系，着力发挥各自优势，参与到更多药企的药物研发工作中。

目前，世和基因已在江北新区建立了全球检测服务中心和生产中心，并在加拿大建立了全球研发中心。下一步，世和基因在技术、产品等方面持续加大研发投入，探索开发更多的肿瘤检测临床应用场景，为更多患者减轻病痛。

（三）"LDT+IVD"融合并行打造发展双引擎

中国肿瘤精准医学的行业，经历的是一个先LDT（自建实验室）、后IVD（体外诊断产品）的模式。LDT的模式是以第三方医学检验所进行检测，但目

世和基因研发基地

前能实现放量的可能还是 IVD 模式。

"这两者也不是相互排斥的,很多时候 IVD 和 LDT 也会并存发展,在这两个方面,世和基因同步着手市场布局和产品研发。目前已经形成'LDT+IVD'双重引擎驱动模式,通过 LDT 服务和 IVD 产品提供全面的诊断服务和产品。"邵阳说。

在 LDT 建设方面,世和基因建立了世界级科研实验室,该实验室目前已获得包括美国 CAP&CLIA、欧洲 EMQN、国家卫健委临检中心室间质评在内的多项国内外权威资质认证,是国内为数不多的同时拥有 CAP&CLIA 国际双认证的 NGS 基因检测企业之一。CAP&CLIA 双认证标志着世和基因临床检测实验室质量管理体系达到国际领先水平,拥有更坚实的参与国内外临床试验的资质及实力。

此外,自 2013 年起,世和基因便开始构建自己的 NGS 肿瘤基因组数据库。在南京江北新区和加拿大,共建有 1 万平方米的转化医学中心及北美名校全职技术研发团队,为中国肿瘤患者提供 NGS 检测服务。近几年,世和基因 NGS 肿瘤基因样本积累飞速发展,已经从 2018 年的 10 万例快速增加至 2020 年的 30 多万例,月均检测样本量由 3000 例增长至超过万例。

截至 2020 年 3 月 24 日,世和基因已累计超 30 万例的中国肿瘤 NGS 基因组样本,肿瘤基因组样本规模位居全国第一,形成了涵盖不同癌种突变信息的中国肿瘤 NGS 数据库。

在 IVD 开发方面,世和基因依托 NGS 技术开发的试剂盒,以高达 1% 的灵敏度,推动我国精准医疗从"一种检测对应一种药物"模式进入"一种检测对应一个患者"的模式。其 NGS 平台解决方案已经大范围落地全国三甲医院或肿瘤专科医院病理科,更近距离地为肺癌患者提供精准检测服务。世和大 Panel 检测试剂盒也正有条不紊地进入最后注册审批阶段,将在不久之后面世。

据统计,目前,世和基因已经与 500 多家三甲医院和肿瘤专科医院建立长期合作关系,建立临床科研项目超过 1000 项,覆盖全国 25 个省份以上的人口。

据了解,"LDT+ IVD"并行发展模式对于企业的研发实力、检测能力、检测环节、分析流程、质量管理体系等各个环节都有过硬要求。随着国家卫健委及各部门对 NGS 检测领域监管力度的逐步提高，检测合规性刻不容缓。肿瘤 NGS 试剂盒的获批，也意味着肿瘤用药基因检测行业进入持证入场阶段。

"从 LDT 走向 IVD，肿瘤 NGS 检测正逐步从服务走向产品化、标准化、规模化，相信 NGS 检测产品在未来一定会走入寻常百姓家，成为肿瘤治疗、肿瘤早筛强有力的工具。"邵阳说。

靶向创新药研发，夯实"智药"品牌基石

南京药石科技股份有限公司

近年来，随着药品审批制度改革持续推进，国内创新药研发进入历史机遇期，但与国外研发市场相比，我国药品医疗器械科技创新和医药企业的研发能力仍有很大提升空间。南京药石科技股份有限公司（以下简称"药石科技"）

南京药石科技股份有限公司

创新的热土 | 南京江北新区打造创新"强磁场"

十年深耕新药研发领域，立足分子砌块细分业务，着力培育人才、产品、技术三大核心竞争优势，过去几年，营业收入平均以 40%～50% 的速度稳健增长。

药石科技设计、合成的新颖分子砌块，最初应用于药物发现阶段，可帮助新药研发企业快速获得大量候选化合物用于筛选和评估。近几年，药石科技以分子砌块为核心，围绕新药发现、开发到商业化生命周期需求不断拓展业务布局。在持续设计、合成新颖分子砌块的同时，通过加强工艺研发及生产能力，实现分子砌块的规模化供应，并为新药研发企业提供创新性的下游关键中间体、原料药和制剂的工艺研究与开发、临床前和临床样品的生产及药品上市的商业化生产服务。

（一）聚焦细分业务，抢占市场先机

进入 21 世纪以来，随着人口老龄化进程的加快、政府卫生投入的加大，我国医药行业的市场需求愈发强劲，医药行业、药品医疗器械产业市场方兴未艾，药品审评审批制度改革也持续推进，创新药研发进入历史机遇期。

但总体上看，与国外研发市场相比，我国药品医疗器械科技创新和医药企业的研发能力仍有很大的提升空间。促进药品医疗器械产业结构调整和技术创新，鼓励药品医疗器械企业增加研发投入、促进药品创新等，已成为我国抢抓药品医疗器械产业市场机遇的当务之急。

早在 2008 年药石科技入驻南京江北新区生物医药谷，正式投入运营后，药石科技基于对新药研发的深刻理解，锁定分子砌块细分业务，向全球众多制药企业及生物技术公司提供产品，服务创新药研发。经过近十年的发展，药石科技已建成了 10900 平方米实验基地、213400 平方米中试及生产基地，拥有 600 余名员工及 300 余名研发合成和工艺开发人员。

药石科技，顾名思义，药的基石，就是围绕药物分子砌块研究开发而开展业务的企业。无论是药物发现、临床试验，还是新药上市、商业化，都需要药物分子砌块，药石科技可以提供克级、千克级甚至吨级以上规模的产品。

据药石科技总经理董海军博士介绍："如果药物分子是一所房子的话，药物分子砌块可以大致理解为盖房子的砖瓦。在新药研发阶段，为得到具有较强药理活性、较低毒副作用以及在人体内能很好吸收分布的药物分子，需要合成

成千上万分子化合物，然后进行筛选、优化，在这个过程中分子砌块起到关键作用，因为分子砌块可以直接影响甚至决定分子整体的理化及生物学等性质。"

换言之，药物分子砌块就是医药研发产业链的基石。药物由一个个分子组成，药物分子砌块则是构造药物分子的砖瓦。通过使用、组合这些分子砌块，可以帮助新药研发企业在药物发现阶段快速获得大量候选化合物用于筛选和评估，并高效发现化合物结构和活性关系，大大提高药物研发的效率和成功率。

"近年来，一些生物医药研发机构药物研发的产出效率持续下降，主要原因之一还是选择的候选化合物分子结构不够好，要么是缺乏足够的药理活性，要么是毒副作用过大。"董海军说。药石科技凭借自身对药物化学和合成化学的持续研究，主动开发和设计了数万种结构新颖、功能高效的小分子砌块库，向超过80%的知名制药企业及生物制药公司提供产品和技术服务，极大地缩短了新药研制的时间和经济成本。

正是一个个小小的分子砌块为药石科技铺就了一条上市之路。2017年，从正式排队到过会不足200天的药石科技，创下了当时新三板公司"转板"纪录，于11月10日成功登录A股创业板。

在商业模式上，药石科技利用处于创新药研发顶端的优势，不断向产业链下游拓展。一方面，持续延伸分子砌块在药物研发及商业化进程中的应用。在研发新药初期，药石科技主要为药物研发企业提供多种结构新颖、功能高效的药物分子砌块产品，帮助药物研发客户加快其药物研发进度并提高其药物研发的成功率。随着药物研发阶段不断向前推进，药石科技的药物分子砌块产品可以持续地实现销售，需求量不断增加。新药进入临床阶段，特别是进入客户的优选供应商，相应药物分子砌块产品或者其下游产品的需求和销售会大规模增加；客户新药最终上市后，药物分子砌块产品或者其下游产品将成为商业化品种，形成稳定销售，公司产品也能够从新药研发到最终上市销售中争取利润。另一方面，基于分子砌块业务，药石科技在药物开发阶段，可继续向客户提供分子砌块相关的下游关键中间体、原料药和制剂的工艺开发及生产服务。相比传统CDMO服务供应商，药石科技在前期所积累的产品、技术及市场优势，使其可以贯穿于药物发现、药物开发至商业化各个环节，形成具有特色的一站式 CDMO 服务平台。

（二）培育"三大优势"，提升核心竞争力

近年来，药石科技始终保持 35% 以上的增长。高速发展的背后，得益于药石科技十年来在人才、产品、技术等方面培育的三大核心竞争优势。

1. 人才优势：完善"发现.培养.激励"机制，增强科技人才活力

药石科技所处的新医药行业涉及多种学科的高新技术，因此在技术水平、经验积累等综合素质方面对于科技人才有极高的要求。在这种情况下，药石科技认为，只有完善科技人才发现、培养、激励机制，才能全面增强企业科技人才的活力。

药石科技通过汇聚人才，致力于技术创新，推动企业高质量发展。经过多年在人才和团队培养方面的探索，药石科技组成了一支具有核心技术竞争力的专业顶尖技术团队，公司员工的教育背景以有机化学、药物化学、应用化学、制药工程、化学工程与工艺等相关专业为主，拥有博士学位的 50 多人，本科以上学历占比超过 93%，较行业同类企业，人才优势明显。

工艺研发实验室

医药实验与检测

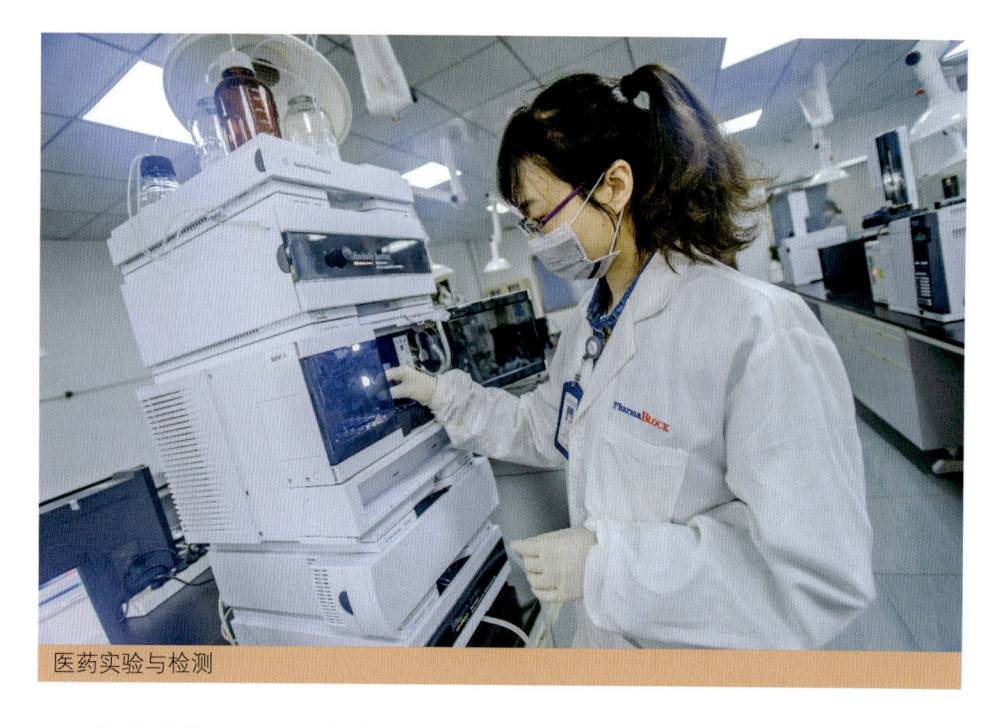

  优秀的管理、研发人才为提升药石科技研发水平提供强大的智力支持，将"术业有专攻"发挥到极致。药石科技核心管理层杨民民博士、董海军博士、SHIJIE ZHANG 博士、SHUHAI ZHAO 博士等，在化学制药领域具有良好的专业教育和学术背景，同时具备在知名跨国药企的药品开发、管理经验。其中 4 人入选江苏省双创人才，是药石科技专业化队伍建设的领头羊。

  为加强药石科技国际竞争力，与全球医药研发领域保持同步，近年来，药石科技还吸引了多位国际专家加入创新平台，为公司提供先进的技术支持，2018 年药石科技荣获"江苏省外国专家工作室"称号。除了组织专业培训，药石科技还与南京大学合作成立了产学研基地、研究院、工程硕士班，不断探索校企产学研合作的新模式。

  为全面增强科技人才活力，药石科技启动股权激励，加快完善市场化人才激励机制。2019 年，药石科技推出 2019 年限制性股票和股票期权的激励计划，本计划拟授予 223 万限制性股票，授予价格为 30.3 元每股，共覆盖 73 名核心骨干。其解锁条件是以 2018 年营业收入为基数，接下来三年的营收增长率分别不低于 25%、55% 和 85%，旨在保障公司核心人才的稳定，推动人才

创新的热土 | 南京江北新区打造创新"强磁场"

和公司共同成长。

2. 产品优势：根植创新基因，加大研发投入，深耕药物分子砌块领域

药石科技作为一家专注小分子药物分子砌块领域的创新型研发企业，其业务主要基于分子砌块、围绕新药研发需求展开。自成立以来，药石科技便根植创新基因，从创新型分子砌块着手，从根源上促进新药研发进程。

药石科技多年来的成长，离不开在分子砌块业务领域打下的坚实基础。药石的起点与核心，始终是对产品的热情与专注。药石科技紧跟市场需求，持续、定期开展对药物专利、前沿药物化学的研究分析，对药物研发市场和行业需求进行积极调研和主动准备，实时跟踪药物研发领域的最新动向，超前储备热点疾病药物研发领域所需药物分子砌块库，为满足客户需求做好全方位准备。

药石科技创立之初，在缺乏专业销售团队的背景下，即凭借产品优势吸引了大批客户。例如，螺环化合物因其结构的独特性在药物设计中的应用早已引起药物化学家的重视，但因文献报道少、合成难度较大，供应商较少。基于丰富的药化知识，药石科技设计了一批螺环化合物，结合化学合成能力及合成螺环化合物所涉及的原料优势，快速合成了系列螺环产品，并公布在行业最权威的化学信息数据平台上。这些螺环化合物很快受到全球药物化学家的广泛关注，让药石科技获得了大量询单和订单。

经过十余年的深耕发展，药石科技进一步在新颖药物分子砌块方面，获得了大量产品积累，市场销售不断拓展。正是因为其设计、供应的分子砌块产品，精准地面向客户新药研发需求，向下游关键中间体和原料药工艺开发和生产服务的延伸也就成了顺势而为。从具体营业收入来看，2015年药石科技主营收入达1.36亿元，2016年为1.88亿元，2017年为2.73亿元，2018年4.78亿元，2019年为6.62亿元，每年增长在38%～75%。

与产品定位及公司发展相匹配的是，药石科技近年来的研发投入占营收比重，逐年逐步提高。数据显示，从2015年的6.6%逐步提升至2019年的10.45%，目前，药石科技已拥有上万平方米的研发实验基地及21万多平方米的中试和生产基地。

3. 技术优势：优化工艺 . 提升质量 . 拓展技术提供核心竞争力

"有个说法是，一个人买钻头，实际上买的不是钻头，而是墙上的洞。大型制药公司的研发部和大量中小规模的生物技术公司，买我们的产品，但目的是新药研发，是尽快找到候选化合物。这正是我们的核心竞争力。因为这个团队设计每个分子片段时，脑子里全是新药研发。"董海军说。

基于"从药出发，为新药服务"的创新理念，在高速发展的同时，药石科技不断加强研发投入和布局新技术。

不同于传统的CRO公司，药石科技的药物分子砌块绝大部分为自主研发，专利申请80多项，具备自主知识产权、高毛利率、竞争格局优异等特点，不受知识产权保密条款的约束，可以同时供给多家客户。

设计、合成新颖分子砌块是药石科技促进新药研发打出的第一张牌，而提升分子砌块、关键中间体和原料药的工艺研发及生产能力，从而助力药物的开发进程，是药石科技这几年来持续关注的增长动力。化学及工程新技术的开发和应用是其中的关键。

药石科技的连续流化学技术可以用以解决传统釜式工艺存在的难题，使"危险工艺"在安全高效的模式下运作。目前，团队已实现了在超低温反应、强放热反应、重氮化反应、氧化反应等多种特殊或危险反应类型的应用，并实现规模化生产，从根本上避免了生产风险，降低三废、节约能耗。

微填充床技术是药石科技连续流化学应用的重要典范和延伸。随着安全、环保要求的不断提高，化工过程的清洁、安全、高效对于化学品生产企业至关重要。医药及精细化工行业的加氢操作，目前基本都是采用传统的间歇高压加氢釜，压力高，成本高，催化剂需要更换，过程较为频繁且较为危险，工艺安全性差、效率低，市场急需一种安全高效的加氢技术来改变传统的这种模式，实现绿色、安全、高效、过程自动化、连续化和智能化的加氢工艺技术。药石科技搭建了从实验室小试连续流加氢到年产可达百吨级别的商业化连续加氢技术平台，可实现多个产品的商业化生产，收率高、生产成本低，批次间的差异得以控制，同时装置占地面积小、自动化程度高、安全可靠、操作简单，真正实现了绿色加氢工艺。

结合药石科技自身的分子砌块业务，酶催化应用团队还深入发掘了酶催化潜在应用项目，进行酶筛选及酶催化工艺优化，提前做好技术储备，通过降低成本、提高利润、减排三废等方面提升产品竞争力，从产品价格、质量、交付能力上提升客户体验。

目前，药石科技已形成药物研发产业链上的药物化学研发、工艺优化、中试放大及商业化生产等关键化学技术平台，提供覆盖从药物研发到生产全产业链的创新型化学产品和服务。随着研发、工艺及中试平台的不断完善，药石科技将为客户新药研发进程的顺利推进提供稳定的产品保障，有利于增强公司核心竞争力，获取新的市场份额，形成新的利润增长点。

（三）扎根江北新区，布局全球市场

目前，药石科技的业务覆盖中国、美国、日本、德国、比利时、瑞士、法国、意大利、印度等国家，为全球几百家中小型生物制药公司提供产品和服务，包括诺华、强生、Merck KGaA、AbbVie, Inc、吉利德、Celgene Corporation、福泰制药等国内外知名制药企业，积累了大批稳定的优质客户资

药石科技产品

源，为其高速发展奠定了基础。2012年，药石科技在美国旧金山湾区全资成立美国药石，并于2017年在宾州增设办公室，确保更优质、更快捷的客户服务。这家策源发展于南京江北新区的创新企业，正加快布局全球市场。

在生物医药产业基础雄厚，且拥有国内最具竞争力的生物医药政策支持体系的南京江北新区，药石科技借力江北新区产业链优势，以及针对医药创新企业全生命周期支持的政策优势，加速布局全球市场。

一是加强产学研合作。在各级科技部门的大力支持下，药石科技借助当地丰富的科研院所、高等院校的科技资源，成立新型研发机构，不断增强公司的科技创新能力。2019年7月，药石科技与南京大学现代配位化学国家重点实验室、南京市江北新区生物医药谷共同组建江苏南创化学与生命健康研究院有限公司，致力于打造以市场为导向、具有国际竞争力的技术创新与产业发展的高地，创新人才和高新技术企业集聚地，硬科技和黑科技的发源地，打造"校友经济"的典范。

同时，作为产业链上的龙头企业，药石科技也吸引了一批上下游企业及产业人才在江北新区集聚，打造集研发、集成、试验、技术转化与服务为一体的生物医药产业新高地。

二是借力客户合作拓展产业链。凭借深耕药物分子砌块领域多年的技术积累，药石科技已与众多客户形成紧密的联系。以客户为中心，围绕客户新药研发的需求，药石科技将产业链触角向下游延伸，从实验室级别分子砌块设计、合成、供应，到分子砌块的工艺研发及生产，进而提供下游关键中间体、原料药和制剂的工艺研究与开发、临床前和临床样品的生产及药品上市的商业化生产服务。纵向一体化化学服务战略有利于形成供产、产销或供产销一体化，扩大现有业务范围，在提高客户黏性的同时也放大了项目收益能力，进一步巩固药石科技与全球客户全面而长期稳定的合作关系。

2016年1月，药石科技收购了位于平原县的山东谛爱生物技术有限公司，用于分子砌块和相关非GMP中间体的生产，实现从实验室设计、合成到产业化的"量级"跨越。2018年9月，药石科技又参与收购了浙江上虞的生产基地，并在收购后增设了原料药生产线，该基地于2019年零缺陷通过美国FDA审计。

目前，药石科技通过子公司山东药石和参股公司浙江晖石的生产平台，可生产公斤级至吨级分子砌块、关键中间体及原料药，反应釜体积的多样化可以灵活应对新药开发各个阶段的需求。

　　下一步，药石科技将继续以分子砌块为核心，持续加强核心能力，全程助力新药研发各个阶段，与国内拥有强大实力的制药公司及一批正在快速崛起的创新药研发企业携手，共同谱写中国医药产业发展的新篇章。

力推"人不动，标本动"模式，为各级医疗机构提供专业检验服务

南京金域医学检验所有限公司

抢抓分级诊疗医改红利，自建临床标本冷链物流网络，全力支援疫情防控工作。南京金域医学检验所有限公司（以下简称"南京金域"）自落地南京江北新区以来，依托集团规模化效应和研发优势，持续创新技术、拓展业务、打造"人不动，标本动"模式，为江苏省各级医疗机构提供优质的医学检验服

南京金域医学检验所有限公司

金域达物流

务，目前，网络已延伸至乡镇、社区一级，覆盖江苏 85% 人口所在区域，成为医学检测工作的中坚力量。

（一）助推集约检验，打破医疗资源空间壁垒

基层医院不用投入设备和人才，就能开展大医院的检测项目，提高服务能力；群众在家门口的医院就能完成基因、分子诊断等"高端"检测，轻松就医。作为各级医疗机构的有益补充，第三方医学检验机构的作用越来越明显。南京金域于 20 世纪 90 年代探索医学检验外包服务运营模式，目前已成为国内第三方医学检验行业的市场领先企业。

"南京金域是金域医学在全国布局的第二家子公司，于 2007 年 6 月在南京成立。2017 年 4 月出于业务扩张的需要，我们选择来到南京江北新区。"南京金域实验诊断部总监毛源说。

检验检测与病理诊断是医学诊疗的基础，而精准医疗的推行，需要更多高精尖的设备辅助。医疗设备往往价格高昂，中小型医院难以承担购买费用。第三方医检机构紧抓医学检测细分市场，将主要资金用于医检设备的投资，将多家医院的检测需求集中起来分摊，有效节约医院设备成本，符合集约检验发

展模式。

"医院实验室检查节省成本，病人更快拿到结果，自身获得效益，这是南京金域追求的'三赢'模式。"毛源说。

近年来，国内加速推进新医改计划，城市医疗资源均衡性问题受到人们重视。江苏医疗资源雄厚，但多集中于苏南地区。南京金域在医学检测领域发力，将服务延伸至社区、乡村医院，有望打破医疗资源空间壁垒，实现江苏省省内医学检验集约化、医疗资源平均化，使市民在就医上享受"一级医院收费，三甲医检服务"的待遇，为分级诊疗"首诊在基层"提供可供借鉴的新模式。

（二）自建物流团队，实现医检服务流程接力

疾病治疗不能拖、不能等，医院把标本给到金域实验室后，最迟在第二天就要拿到检测报告，留给第三方医检机构检测标本的时间并不多，时效性是机构必须维护的招牌。从标本运输，到标本接收、检测、发出报告，南京金域像完成一场接力赛一样完成整个医检服务流程。

1. 物流支撑标本检验，建立覆盖江苏省服务网络

作为第三方医检机构，金域医学通过收集并检测来自医院的临床标本，从而间接为病人"把脉问诊"。标本从医院到第三方独立实验室，这中间不可避免要经历一个物流运输的过程。

临床医学检验标本对温度、时效、生物安全等都具有特殊性要求，采集运输过程又涉及对样品种类、样品量等必要信息的检查核对，因此对运输设备、物流人员的要求极高。目前，市场上还没有一家物流公司能满足独立医学实验室的物流需求。

既然物流公司很难介入到检验物流行业，南京金域便选择将物流纳入到自身运营体系中，建立属于自己的物流团队。"南京金域着力打造本土化物流队伍，建设配套的信息实时共享的冷链物流配送体系及以临床为导向的客户服务支撑体系。"毛源说。

南京金域在物流自建领域深耕五年，从最初的依靠公共客车托运，到建立覆盖江苏省全省的直通车运输体系，南京金域服务网络已延伸至乡镇、社区

一级，覆盖了江苏省全省85%人口所在的区域。

目前，南京金域90%的书面检测报告能在24小时内发出，并通过LIS网络系统同步发布结果，做到与医院数据的无缝对接，真正实现了"人不动，标本动"的服务模式。

2. 数据服务疾病诊疗，完善医院检验体系

物流问题解决了，医学检测工作才能顺利进行下去。为配合医院的工作时间，南京金域选择在白天采集和运输标本，在夜间进行标本的检测。"晚上八点到凌晨两三点钟，是公司检测人员的主要上班时间。每个夜晚，我们这座大楼都灯火通明。"毛源说。

根据工作流程，工作人员首先要对标本进行信息录入处理，这个过程包括扫描条码、核对项目、粘贴检测标签等步骤。"检测条码是标本唯一的身份证，通过运用信息技术，我们让每一份标本都能'溯源'。"毛源说。

核对录入工作完成后，标本会被送到实验室接受项目检测。工作人员用专业设备和专门的试剂进行项目检测，如细菌鉴定和药敏实验就是通过做接种标本处理将鉴定平板放入孵箱，观察鉴定平板上的细菌生长情况。如果有细菌生长，就要进行细菌的鉴定，然后再进行药敏实验。通过层层操作解析，工作人员最终为标本开出一份内容详实的检测报告，为医院医生开展下一步治疗和用药提供有效数据支撑。

"除了提供检测服务，南京金域还不断带动医院自身的建设。"毛源说。据悉，泰州有一家三级医院是南京金域服务的重点客户之一，其新院区于2017年投入使用。为保证新院区检验科建设紧跟医院临床诊疗发展的需求，南京金域活用自身优势，为医院引进主流设备，并主导建设PCR实验室平台、微量元素实验室，帮助医院建立病理远程会诊平台，极大提升了医院检验科的质量管理与精益化管理水平。

（三）育强软硬件实力，确保行业领先地位

近年来，随着分级诊疗制度不断推进，一批第三方医学检测机构抢抓政策红利，在国内市场跑马圈地，整个行业呈现快速发展态势。如何在激烈的市

场竞争中保持自身领先地位，是南京金域亟需思考的问题。

1. 紧抓硬件投资，提升市场核心竞争力

为抢占市场的绝对份额，南京金域全力打造检测类目完备的实验室体系，采用精准度更高、性能更优越的设备，以更严格的质量监管标准来确保检验结果的精准度，保证品牌在市场上的权威性。

"南京金域实验室面积达 5600 平方米，占了整个机构面积的'大头'。实验室设备以国际进口主流设备为主，其规划布局与国际先进实验室接轨。"毛源说。在南京金域实验室内，一台设备动辄需要上百万的投资。电子显微镜、流式细胞仪仪、全自动生化分析仪、实时荧光定量 PCR 仪、精密恒温摊片器、高速冷冻离心机、全自动血液细胞分析仪等，一批高精尖医学检测设备彰显南京金域在第三方医检领域的实力。南京金域高度重视对硬件设备的投入，平均每年增加的设备金额达到 500 余万元。

目前，南京金域可以提供国内数量最多、覆盖学科范围最广的医学检验项目服务，检测流程严格按照 ISO 15189 体系管理进行。实验室内部每天进行室内质控，并定期参加国家卫健委临床检验中心、江苏省临床检验中心室间质评及集团内部的项目比对，有效保障检测质量的准确性。

通过硬件的投入，南京金域的标本检测能力得到大幅度的提升，每天为江苏省内 900 多家医疗机构提供生化发光、分子诊断、免疫检测、微生物检测、细胞病理、组织病理等医学检验与诊断服务，标本检测平均提升率达 29.69%。此外，公司还设立了肾脏病理检测中心和自身免疫性疾病检测中心，将肾脏病理和自身免疫作为重点学科进行推广。

2. 重视员工成长，轮岗制培育内部人才队伍

站在医院背后提供检测支撑，以南京金域为代表的第三方医检机构需要一种能坐得住"冷板凳"的精神，低调是企业的特色。而修炼内功、默默研究，除了要坚持对硬件设备的投入，对医学人才"软实力"的长期培育同样重要。

"医学是一个发展的学科，知识更新迭代速度很快。我们通过成立自己的企业大学，让金域员工一直保持终身学习、长期进步的状态。"毛源说。

企业大学作为一种内部人才培养机制，由企业出资打造平台，以企业高级管理人员、一流行业专家为师资，以培养企业内部中、高级人才为目的，是培养人才的最高形式。南京金域重视内部人才培养，通过成立金域大学，建设全面、科学的培训体系和课程，以"传帮带"的方式，对各类人才进行系统性培训，让员工拥有更多学习和成长的机会，也为公司乃至行业持续培养各类高素质的专业人才。

除了活用金域大学平台，南京金域还仿照高校老师授课模式，在内部组织学术大讲堂。南京金域通过邀请江苏省三甲医院的临床各专业的主任、专家讲课，让员工在工作中始终保持"成长感"和"收获感"。

作为一家医学检测公司，南京金域对员工的学历、知识储备有硬性要求，每年公司都会在985、211高校中去招聘一批管培生和技培生。同时，南京金域坚持采用轮岗制人才培养模式，让刚毕业的学生在心态上"归零"，在岗位上重新学习适应行业发展与自身需要的专业技能。

"南京金域对管培生采用一对一的高管导师指导模式，多部门轮转2～3年成长为中层管理人才；技培生是一对一的专家指导，多技术平台的轮转，3～5年成长为某一领域或某一学科的学科带头人。"毛源说。其中，中山大学生物化学专业研究生梁慧于2016年入职南京金域，通过2～3年的轮转，目前是南京金域的市场部经理；2016年入职的技培生徐中海，在金域内部专家的指导下，目前通过了副主任医师的评定，现任南京金域病理部副主任。

（四）奋战抗疫一线，明确疾病防控自身定位

通过对物流、设备、人才的长期投资，南京金域不断积累自身医检实力。2020年，面对突如其来的疫情，南京金域第一时间响应，接受南京市疾控中心的培训。2月3日，经南京市卫健委批准，南京金域成为南京市首家新冠病毒核酸检测第三方定点机构，为市疾控中心和各大医院提供核算检测服务。

新冠病毒核酸检测是新冠病人确诊最重要的依据，标本本身具有高致病传染性，需要实验室及时做灭活处理，对设备、技术、防护、人员的要求极高。"我们从2月3日起就奋战在防疫一线，物流人员每天前往南京市各区疾控中心收取样本，检测人员在实验室里24小时三班倒。从标本进实验室到报

金域检验试验

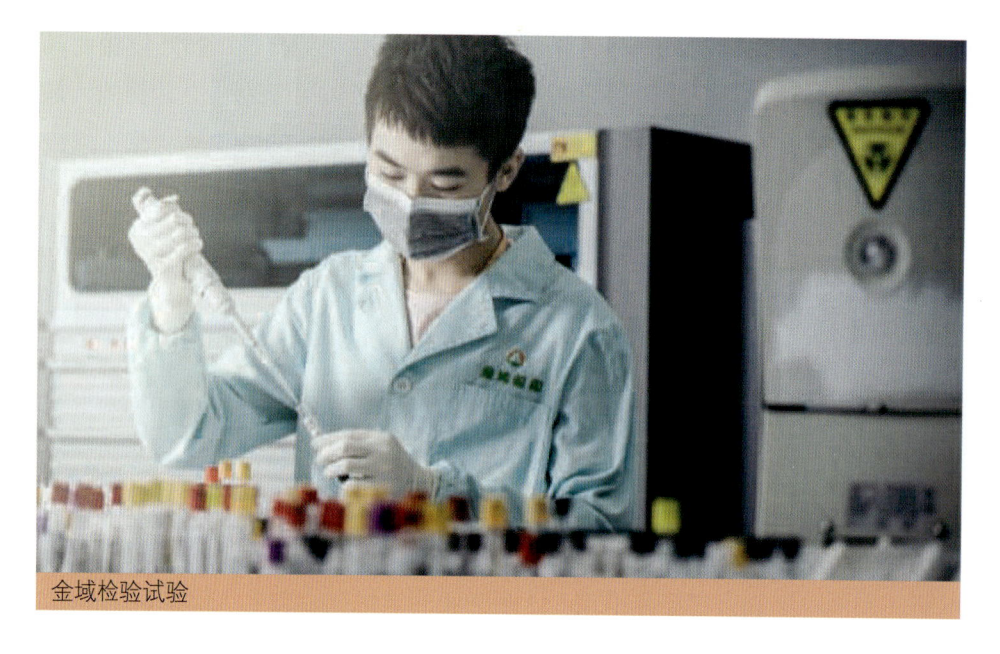

告结果发出，这个过程不超过六个小时。"南京金域医学检验所有限公司总经理文华延说。

为了应对更大的检测量，南京金域在抗疫期间持续投入大量人力物力。截至3月23日，南京金域针对新型冠状病毒核酸检测专项工作，投入检测技术人员45人、专业医疗冷链物流车13辆、检测设备25台。从2月4日至今，南京金域已累计完成35万例新冠样本核酸检测，每日检测能力从初期1000例提升到峰值7000例。

南京金域的抗疫贡献得到政府部门的肯定。5月初，南京金域收获喜讯，其"南京金域新冠检测小组"获评"南京青年五四奖章集体"和"南京抗疫青年集体"。"此次疫情防控，越来越多的人感知到了南京金域的力量。"毛源说。他表示，未来南京金域将在江苏省疾病预防控制体系中发挥出四点作用。

1. 提供大规模病原体检测服务

面临突发公共卫生事件，南京金域可利用集团化、连锁化经营的优势，迅速集中资源在江苏省开展大规模病原体检测，提高疾病预防控制体系应对突发重大公共卫生事件的能力。

2. 发挥疫情预警助力基层防控能力建设

南京金域可利用遍布江苏省全省的服务网络以及常规检测的大量信息，协助疾控中心等部门将预警关口前移，早期发现病原体，借助信息化技术手段完善传染病监测系统，协助重大突发疫情预警发现。同时，南京金域可协助加强农村、社区等基层防控能力建设，提高基层检验诊断的准确率，织密织牢第一道防线。

3. 开展公共卫生协同服务

南京金域可依托江苏省全省服务网络、多检测技术平台、全面质量管理体系、大样本检测能力等优势，与疾控中心开展慢性病健康管理、结核病防治、艾滋病防治、营养监测等公共卫生服务项目合作，助力公共卫生服务均等化。

4. 作为防控体系应急储备节省政府预算开支

南京金域是市场经济体系下自主经营的实体，不需要政府财政预算支撑，能够节省政府财政负担。发生突发公卫事件时，南京金域可借助金域医学集团的规模化优势，在全国范围内自主调配集团资源，随时启动战备状态，不需要政府财政额外投入。

近三年来，南京金域累计检测临床标本超过 1500 万例，为江苏省医疗改革分级诊疗工作的顺利进行贡献第三方医检力量。下一步，南京金域将继续深入开展新冠病毒核酸检测，着力将自身打造成为江苏省疾病预防控制体系的一支战略支撑力量。同时，南京金域将筑牢第三方医学检测优势，织密城乡协同医疗卫生服务网络，切实解决县域医疗资源匮乏、县级医院科室能力薄弱的问题，助力建设健康中国。

深耕物联网领域，打造南京"芯"工程

南京中感微电子有限公司

芯片被誉为信息时代的"石油"，体格虽小，却是不折不扣的大国重器。但我国由于起步较晚，和世界顶尖技术还有很大差距，国外企业的专利、设计软件、生产工具的垄断，给国内企业的发展造成非常大的障碍。而我国已连续多年成为全球最大的集成电路市场，国产替代迫在眉睫。

近年来，中国一直把集成电路作为战略新兴产业之一，先后出台多项强力的扶持政策。2016年，南京江北新区被列为江苏省级集成电路产业发展基地，意欲打造千亿级集成电路产业集群。同年12月，南京中感微电子有限公司在南京江北新区成立，瞄准传感网终端领域持续发力，专注于音频类蓝牙

南京中感微电子有限公司

SoC 芯片的研发，致力于发展成为国际领先的低功耗蓝牙芯片技术公司。

（一）瞄准物联网领域，主打传感网末端芯片产品

物联网通过智能感知、识别技术与普适计算广泛应用于网络的融合中，也因此被称为继计算机、互联网之后世界信息产业发展的第三次浪潮。

南京中感微董事长杨晓东说："我十分看好物联网产业前景，物联网的概念刚提出来不久，就预感到了'万物互联'的趋势，而要实现万物互联则离不开物联网的大脑——芯片。简单来说物联网就是由互联网、传感网和门户组成，传感网对于芯片来说是边缘器件。"2009 年，温家宝总理访问无锡，提出建设"感知中国"中心。借着这个契机，杨晓东将再次创业的方向对准物联网芯片，成立了无锡中感微电子有限公司。

中感，是中国传感网的意思。作为国内排名前十的集成电路企业的创始人，杨晓东是南京江北新区重点引进的海归创新创业领军人才，同时也是中星微电子集团共同创建人、"星光中国芯工程"副总指挥兼总工程师，是我国超大规模集成电路设计技术开拓人之一、国际数字多媒体芯片技术领域知名专家。

2016 年 12 月，应南京江北新区邀请，杨晓东博士携团队成立了南京中感微电子有限公司，定位为整个中感微集团的传感网、物联网芯片的研发中心。该公司注册资金 2000 万美元，据南京中感微企业发展部总监李胤介绍，为支持南京中感微的产品研发，南京江北新区不仅提供了研发、产业化资金和 1200 余平方米免费办公场地支持，还协助获批成立香港全资运营子公司，大大方便了产品远销国际市场，减轻了企业的经营负担。

南京江北新区政府的大力支持、产业资本的适时介入，使南京中感微能够心无旁骛地研究开发传感网、物联网芯片及其核心技术。南京中感微继承了整个中星微集团在音频传感网芯片方面的优势，主要研发音频传感网芯片（以下简称"蓝牙芯片"）系列产品和非动力锂电池电源管理芯片系列产品，这两款产品在中国、美国、欧洲、日本、韩国等国内外市场大受欢迎，2019 年销售收入超过 2 亿元。

（二）坚持自主创新，走高端蓝牙芯片设计路线

南京中感微作为整个中感微集团的传感网、物联网芯片研发中心，始终坚持自主创新，研发市场前沿技术，走芯片设计高端路线。截至 2019 年年底，南京中感微已申请专利 120 件，获得授权专利 33 件，其中发明专利 31 件，4 项 PCT 的国际专利，3 项美国专利，研发人员占比超过 60%，研发经费占比 6% 以上。南京中感微还在全球范围内率先做出了拥有 3D 效果、语音识别、智能自组网系统功能的蓝牙类音箱。

"杨总是一个非常具有科研精神的人，在工作上特别严谨，51 岁的他还在科研工作第一线。正是他这种精益求精的工匠精神保证了我们中感微芯片的品质，带领着我们不断地创新和突破。"李胤说，想要发展为国际领先的低功耗蓝牙芯片技术公司，保持技术上的领先是首要的。南京中感微在蓝牙射频、SOC 集成、低功耗设计方面技术处于国际一流水平，突破了多项蓝牙芯片技术难题。

其一是重构了蓝牙的数据包结构，简单来说，就是重新构建每一帧的数据结构。南京中感微增强无连接从属广播（ECSB），其自主研发的芯片在整个传输速率、传输效率方面比高通的效率高 20%～40%。

其二是解决消音问题，即解决在无线传输过程中丢掉个别数据包的情况。南京中感微自主研发了音频补偿算法——CLO 跨层优化算法，对于消音部分数据，做了一个主动的补偿，进行前后关联让它平滑地过去，让音频听起来更加顺畅，使人主观上感到舒适。

蓝牙芯片 WS9638B 是南京中感微的明星产品，该产品的立项起源于一次与哈曼（Harman）的交流，对方抱怨高通公司的产品传输距离有问题。南京中感微敏锐地抓住了客户这一痛点，经过 1 年的研发，产品传输距离达 120 米，是对方要求的 4 倍，一举突破哈曼高端音箱市场。李胤说："在 WS9638B 芯片的研发过程中，我们很早就做出承诺给哈曼的传输距离 60 米的芯片，但杨总发现我们还可以做得更好，就一直指导我们继续研发，不断更新技术。最终，我们做出传输距离 120 米的产品。"不断创新和突破，是南京中感微作为"小公司"能直接和世界巨头高通直接竞争的底气。

（三）提供差异化产品和服务，进一步扩大市场份额

众所周知，芯片产业量很大但成本低廉，盈利是个大问题。而对此，杨晓东表示，"中感微主要服务的是中高端客户，对于这些客户我们只要能帮助他们解决问题，还是很愿意花钱的。"

相对于其他的集成电路企业，南京中感微已成长为一家在物联网细分领域领先的高科技芯片企业。南京中感微始终坚持自主研发，以差异化产品和服务打造核心竞争力。

蓝牙芯片作为南京中感微的主打产品，属于数模混合芯片，技术含量非常高。几乎所有的蓝牙芯片都是围绕客户专门定制的，客户包括三星、飞利浦、松下等，虽然同是南京中感微出的芯片，但分别是特意为实现客户的某些要求而专门设计生产的。例如，上文说的 WS9638B 芯片，主要是为实现哈曼要求的高质量音频远距离传输，还有些产品是为了实现定向传播……为了实现不同的需求，蓝牙芯片具有多种定制方向。

另一主打产品——非动力锂电池电源管理芯片，应用范围特别广，基本上所有锂电池的场景都要用到，如手机、充电宝、录音笔、体重秤、音响、耳机等。这类芯片主要是用来保护锂电池电路的，对稳定性和精确度要求比较高，不仅要设计好，还要和元器件整体的关联度比较强，需要制造厂商及其产线和芯片商配合。只有经过多年的行业经验积累，才能够做出符合要求的芯片。

李胤说："我们中感微深耕行业十多年，积累的时间比较长，口碑好，在中低端非动力锂电池电源管理芯片领域市场占有率达到 30% 以上。"

短短四年，南京中感微在蓝牙芯片的产销量居国内领先地位，成功打入哈曼、三星、飞利浦、松下、小米、JVC、creative 等国内外知名厂商，产销量实现了快速增长，跻身蓝牙芯片一线品牌。其自主研发的另一产品——非动力锂电池电源管理芯片系列，市场占有率达 30% 以上，是该领域的领头羊，有望结束日本公司在锂电池电源管理芯片几十年的垄断地位。

下一步，中星微电子集团和中感微总公司将努力加快南京中感微的发展，加快在江北新区的业务布局，为江苏省及南京市打造世界领先的集成电路产业贡献力量。

激发"行业认知+信息化"叠加效应，赋能行业管理平台升级

中国擎天软件科技集团

中国擎天软件科技集团（以下简称"擎天科技"）是江北新区土生土长的高新技术企业，成立22年来坚持创新驱动，聚焦行业应用软件与管理平台，持续积累技术研发及行业认知优势，推动信息技术与政务、生态、财税等细分板块深度融合，赋能各版块工作更加智能、便利、安全地管理。

（一）发挥优势推动战略转型

20世纪70年代末期，国际上已有项目管理信息系统的商业软件。到了20世纪90年代，行业应用软件市场在中国逐渐兴起。

1998年，擎天科技董事长辛颖梅辞掉了年薪几十万的总经理职务，和几位志同道合的年轻人一起创立了南京擎天科技有限公司。

创立之初，擎天科技是一家传统软件项目企业。在公司成立8个月后，其首项产品"天商2000智能商务管理软件"问世，但在那个信息化蛮荒的年代，市场需求匮乏。当时企业信息化水平普遍不高，一些甚至连电脑设备都没有，更不用说使用软件产品了。辛颖梅只能抱着乐观积极的心态，告诉自己一切困难都是暂时的，然后带领团队主动出击开展市场宣传，拓展销售渠道。关键时刻，国家科技部创新基金考察团来宁考察，最终，软件以其突出的实用性和创新性，获得了专家的高度评价，并很快在几家大型企业的示范效应下，实现了江苏全省的规模化销售。

随着新一代信息技术的发展，传统软件项目的弊端逐渐显现。甲方、乙方之间的信息不透明，信息高度不对称，导致在传统的外包模式下，甲方无法找到合适的供应商，供应商也难以有效挖掘到市场需求。

为此，擎天科技战略性地转变发展模式，对原有的业务结构进行了全新整合，舍弃了非核心业务，全面转型为应用软件产品研发，从实施软件项目向提供软件服务的模式发展，产品由办公自动化、审批流程化向政务大数据领域不断深化，税务信息化也从单一的产品模式转变为基于行业的 SaaS 服务，逐步形成了一系列成熟、完善且具有擎天特色的行业解决方案和软件产品，并在行业纵深应用领域形成了擎天优势。2013 年，擎天科技成功在香港主板上市。

2015 年，国务院正式批复设立南京江北新区。作为全国第十三个、江苏省唯一的国家级新区，江北新区的目标是打造千亿级集成电路产业集群，建设"芯片之城"。经过近五年发展，集成电路人才、技术、资金、市场等要素加速集聚，形成了覆盖芯片设计、晶圆制造、芯片封装及成品测试、专用材料与设备、终端制造、基础及应用软件等环节的全产业链布局。

南京擎天科技有限公司

擎天科技紧抓江北新区集成电路产业发展机遇,在提高自身竞争力的同时,进一步强化与江北新区集成电路优质企业的合作,构建企业经营良好生态,打开共赢、开放的创新发展新格局。

2019年,华为与江北新区签订深度合作协议,双方携手打造安全可信的鲲鹏计算产业生态体系,共建鲲鹏产业生态基地。作为华为鲲鹏基地首批入园的企业,擎天科技积极发挥自身在技术创新、行业应用、产品服务等方面的优势,在多个行业领域中打造丰富的应用场景和产品矩阵,为客户提供更高质量、更高价值的解决方案与综合服务,大力推进信息技术应用创新体系建设,实现关键领域核心技术的自主创新,加快推动中国信息技术产业的转型升级。

(二)多措并举凝聚发展内核

企业核心竞争力决定着企业经营成败和命运,是企业中最具决定性和长远性影响的内生因素,已逐渐成为持续竞争优势的根本来源。

软件行业发展到一定阶段,不单要抵住做加法的诱惑,还要有敢于做减法的决心。只有做好减法,才能扎进行业里面、沉下去,才有可能形成并保持企业的核心竞争力。

擎天科技将创新视为企业发展的生命线。深入行业后,擎天科技持续开拓,以技术创新、行业认知、人才吸引为主抓手,多措并举提升企业核心竞争力。

1. 引领技术前沿,抢占行业高地

保持技术领先,是擎天科技抢占行业发展高地的关键一招。在大数据领域,擎天科技早在2010年就获批设立了江苏省工程技术研究中心,开始对数据的分析应用展开研究。随后,擎天科技又相继设立了江苏省省级企业技术中心、江苏省工程(研究)中心、江苏省司法行政大数据研究中心、国家统计局大数据研究中心等多个研发机构,推动技术及应用成果的相互辐射。

以擎天科技大数据中心为例,该平台目前已为司法、公安等部门提供技术服务,在该平台上,基于大数据技术,擎天科技可以从海量数据的汇聚分析中,挖掘数据的潜在规律和价值,帮助客户寻找人工无法识别的问题、演化规

律并辅助预判发展方向，并通过大数据综合分析，把相关领域内的数据生态打通，关联连续的数据痕迹，便于用户快速还原整个业务事件的完整演进过程。

在互联网平台领域，擎天"互联网+"应急管理平台将四级二维码地址标牌体系和部件、设施等二维码标牌作为入口，纳入海量标准化数据，对实有人口、实有房屋、单位责任人、监控等通过二维码进行精准识别，并通过建立多维度立体监管责任体系，将发现的各类风险源按照风险等级定点到责任部门，落实到责任人。

通过技术攻关，擎天科技的物联网数据采集设备具备低功耗、广覆盖、低时延、高可靠等特性，能够兼容几乎所有的生产设备。在云计算方面，擎天科技推出了具有自主知识产权的"擎天云"，具备从 IaaS、PaaS 到 SaaS 层的云计算能力；在大数据和人工智能领域，擎天科技具备海量多元异构数据的实时解析能力，建有节能成本测算、环境权益交易策略、环保纳税评估、工业资源集约利用等智能分析模型。平台提供的系列工业 App、解决方案、智能分析模型，均具有高度的可移植性和跨平台特性，具备与主流 ERP/MES/PLM/SCM 系统快速对接的能力。

2019 年，擎天集团旗下南京擎天科技有限公司、南京擎天全税通信息科技有限公司双双获评国家重点软件企业，其中，南京擎天科技有限公司是连续第十年入选。下一步，擎天科技将投入上亿资金，在区块链、人工智能、云计算、大数据等领域开展前沿技术研究和应用实践，加快布局擎天区块链应用赋能平台 1.0。

2. 厚积行业认知，培育差异化优势

不论是大数据技术还是工业互联网平台的打造，擎天科技都领先一步。"'在阳光灿烂的时候修屋顶'是因为擎天科技提前一步关注到了相关企业在大数据、平台管理和降本增效等方面的诉求。"擎天科技副总裁江锡强说。

擎天科技深耕软件行业二十余年，早期的沉淀为擎天积累了一批行业专家，这些专家长期沉淀在相关行业里，对行业发展、政策变化等都非常了解，对相关领域有着一定的业务逻辑和敏锐性，能够时刻把握行业风向，研判行业未来发展方向。

业务逻辑是系统架构中体现核心价值的部分。"高新技术产业的业务逻辑比较复杂，有着天然的行业壁垒，很多公司拼的是技术，然而，具体到相关业务场景时，业务逻辑就显得尤为重要。业务逻辑经过多年积累，需要一笔较大的财务支出，与客户对话时，就需要了解对方的需求及目的，这时行业专家就可以充分发挥其研判能力，相当于'中枢神经'般的存在。"江锡强介绍。

近年来，工业互联网逐渐成为了我国工业领域转型变革的重要动力。早在 2017 年下半年，擎天科技便已开始布局工业互联网。2020 年年初，新冠肺炎疫情给大多数工业企业以重击，同时也让人们意识到，建立工业互联网是从产业链数字化到企业内部生产数字化转型的必然选择，生产过程越有弹性，企业越能更好地生存。此时，擎天科技已通过工业互联网平台为聚焦的危化、工贸等重点企业提供疫情防控和安全复工的信息化助力，通过安全生产平台端和政府端的协同开发，协助完成企业"线上""线下"疫情防控。

疫情期间，湖北、山东等地监狱中出现了感染情况。监狱内通常处于封闭状态，一旦发生感染就会产生灾难性的风波。了解到相关情况后，擎天科技第一时间启动行业专家团队和研发团队。经过研判，新冠肺炎病毒进入封闭式的监狱只有两种可能，一种是狱警，另一种则是会见系统。擎天科技在不到一周的时间内紧急研发了上线远程律师会见亭，从源头上阻断监狱内疫情的传播。

"较高的行业敏锐度、对行业的准确认知、及时解决行业痛点，是擎天能够走过二十余年的秘诀。"江锡强说。

3. 坚持以人为本，夯实发展基石

人才是推进产业持续健康发展的基石，也是保持和增强企业持续竞争力的关键。成立以来，擎天科技始终坚持"以人为本、追求卓越"的核心价值观，在人才引进、科技创新、项目开发等方面不断加大投入，提升人才的薪酬福利待遇，营造方便、舒适的科研办公环境，优化运营管理模式，构建良好的创业创新环境和广阔的发展空间。

"要想在科技创新方面始终走在行业前列，就必须在创新实践中发现人才、在创新活动中培育人才、在创新事业中凝聚人才。"江锡强说。

为此，擎天科技在公司内部开展了创新周、创新项目大赛、创新论坛等形式多样的创新活动。擎天科技与南京邮电大学、南京工业大学等高校开展深入广泛的联合课题研究和联合人才培养，依托擎天产品方向，积极开展产学研合作，科技创新能力和水平获得了稳定、持续的提升。

作为连续两届当选江苏软件产业人才发展基金会理事长的单位，擎天科技还积极开展促进江苏省软件和互联网产业人才队伍建设的各项公益活动。2019年，擎天科技国家级博士后工作站实现了规模化招收，博士后引进数量在南京市、江北新区均名列前茅。公司博士后还入选了江苏省第十六批"六大人才高峰"高层次人才项目，获得江苏省博士后科研基金资助。

（三）创新引领拓展应用场景

当今时代，信息技术正在向生产要素领域深度渗透，不仅改造了土地、资本、劳动力等传统生产要素，而且催生出数据这一新的生产要素，信息化已成为培育新动能的核心力量。

作为扎根江苏多年的信息化和软件服务业企业，面对新形势，擎天科技敏锐地察觉到新一轮科技革命和产业变革的发展机遇，以市域社会治理、生态智慧城市、城市应急体系及公共安全等政务大数据领域，以及企业财税大数据、工业互联网及供应链金融平台等相关行业互联网为核心构建起业务体系，为客户提供全方位的信息化咨询和整体解决方案。

1. 社区管理平台助力社区治理现代化

如今，可"感知"的大数据已成为很多社区治理过程中不可或缺的帮手，它们为社区搭建起的"大脑"，让社区服务、管理与规划有"智慧"，更有"人情味"。

擎天科技基于在大数据领域已推出系列化的信息产品，在社会综治领域也有长期的业务积累。为提高社会治理成效，营造更加良好的社会秩序，使人民获得感、幸福感、安全感，更加充实、更有保障、更可持续，南京擎天科技有限公司研发出"社区治理一体化平台"，该平台充分发挥了大数据的集群效应和聚类效应，通过搭建数据资源共建共享交换平台，与其他政务系统实现实时对接、双向互通、及时更新，确保数据的鲜活、准确和实效，解决了长期以来"数据沉睡"和"数据孤岛"的问题，为基层网格员日常走访、采集及进一步开展数据深度挖掘、研判应用提供了有力支撑。

"一体化平台"围绕系统化、科学化、智能化、法治化的基本准则，通过平台模块的合理设计，做到"上面千条线，下面一个网"，将政府各部门条口紧密地串连起来，彻底改变了以往多条口重复管理却又责权不清的局面，减轻了各级工作人员的负担。

通过手机终端，平台可采集所有需要的居民、企业等基础信息数据，对老年居民、低保家庭、残障人士等困难人员及社区各类重点人员，可实现不间断的巡查走访。老百姓还可以通过平台的社区服务模块，在线办理居住证、犬证、尊老金、低保等各类业务，足不出户即可完成多项审批，真正实现了"让数据多跑路，让群众少跑腿"，为老百姓提供了实实在在的便利。

良好的社会治理是社会和谐稳定、人民安居乐业的前提和保障。目前，南京市使用"一体化平台"的网格员已逾4万名，网格员采集的基础数据已达340多万条，经过核实的信息达600多万条，为各部门反馈了164万条有效信息，收集了96万条问题事项，并逐一予以解决。

2. 绿色低碳工业互联网平台赋能绿色智造

工业互联网平台是智能制造的重要载体，绿色低碳工业互联网平台则具备基于物联网采集等技术的标准化绿色数据采集与处理能力，对绿色服务生态的良性互动和持续发展能够形成重要的助推作用。工业互联网与绿色低碳相结合，在加快培育壮大新动能、推进绿色发展上具有广阔的发展前景。

擎天科技将企业十余年的绿色低碳节能减排信息化的技术积累、二十余年软件和信息化的服务经验，凝练为"擎天绿色低碳工业互联网平台"及平台上的减排、降碳、节能等系列工业App、SaaS服务和核心业务模型，专门为规模以上中小型工业企业提供一站式绿色服务，成为国内首个"绿色低碳"工业互联网平台的搭建者。

"选择这个方向是基于以下三点考虑。一是市场需求很大。国家大力倡导生态优先、绿色发展，实现经济发展与生态资源节约和保护相结合；企业在履行社会责任，规避环保风险方面，对绿色低碳信息化解决方案也有需求。二是擎天科技有很大的技术优势，擎天科技 2009 年开始做低碳信息化，是国内最早一批做低碳信息化的企业。所以在绿色低碳方向有技术、有数据、有客户的积累。三是国内大多数的工业互联网平台聚焦于智能制造领域，鲜有绿色低碳领域的平台。擎天科技平台专注于绿色制造，成功避免了与众多智能制造领域平台的同质化竞争。"江锡强介绍。

"擎天绿色低碳工业互联网平台"主要依托擎天科技自主研发和掌握的绿色大数据采集与处理、工业设备运行数据建模与分析、基于能耗的设备故障智能诊断等各项技术，打造出绿色量化、绿色诊断、绿色治理、绿色提升和绿色融资的闭环。平台具备基于物联网采集等技术的标准化绿色数据采集与处理能力、基于大数据及 AI 技术的绿色节能减排技术分析与诊断能力、基于绿色指数的企业画像和绿色评估能力，有效释放了行业发展活力，对绿色服务生态的良性互动和持续发展形成了重要的助推作用。

擎天科技绿色低碳工业互联网平台

目前，擎天科技绿色低碳工业互联网平台已建成近 300 个 App，面向全国服务了 5500 多家企业，覆盖了钢铁、石化、纺织、电力、煤炭、水泥、冶金、消费品、光伏等十余个工业行业，平台注册开发者近 2000 名。

擎天科技作为江苏本土领军软件企业，始终不忘创业初心，积极拥抱时代潮流，秉持着"以信息技术促进社会进步与发展"的使命和理念，聚焦主业、深耕行业，做精产品、创新求变，把握机遇、主动作为，与时代共同进步。

着力"科技+金融"创新,破解融资难题、服务实体经济

江苏银承网络科技股份有限公司

　　融资难、融资贵、融资慢,一直是制约中小型企业健康可持续发展的主要瓶颈。诞生于南京江北新区的江苏银承网络科技股份有限公司(以下简称"银承科技"),近年来深挖小额票据融资红利,着力推动金融科技创新,打造了全国首个承兑汇票在线融资平台——同城票据网,推出"银行快贴"等拳头

江苏银承网络科技有限公司

产品，通过在线承兑汇票撮合交易闭环，持续为解决中小微企业融资难题赋能，助力实体经济发展。

（一）打破银企阻隔，攻克融资难题

票据作为连接企业和金融市场的重要纽带，对促进实体经济健康发展具有至关重要的作用，但在纸票时代，受限于信息不对称、流程手续烦琐、资金成本高、交割风险大等，企业小额票据资产常面临融资难、融资贵、融资慢等问题。

银承科技紧抓供应链上下游企业票据融资的强烈需求，着力打造供应链承兑支付体系融资平台和票据撮合服务平台，创新推出"银行快贴""商票速融"等融资产品，探索线上撮合融资的高效互通运营模式，为企业解决融资难题提供支撑。

1. 打造供应链承兑支付体系融资平台，线上撮合，精准破解企业融资难题

目前银行签发的承兑汇票中三分之二是中小微企业签发的小额票据。在积极响应国家扶持中小微企业、促进实体经济发展和产业结构升级的战略下，银承科技紧抓这一市场机遇，于2012年在南京江北新区成立，从服务供应链融资需求出发，推动线上撮合运营模式，破解中小微企业融资难题。

随着电子票据的不断普及，2016年银承科技构建了国内最早、最专业的票据资产和资金撮合融资服务平台——同城票据网，企业开始全面实现向B2B运营模式的转型。通过利用互联网和金融科技创新，同城票据网专注服务于中小微持票企业对接安全、低成本的银行和非银行机构，自平台运行以来，有效帮助广大中小微持票企业解决了银行贴现手续烦琐等难题。

具体来说，同城票据网通过与银行及第三方支付公司建立合作，在资产方（持票方）和资金方（用票方）之间搭建了安全的第三方通道，在平台上可实现票据在线流转服务。对用户来说，卖方在平台上发布票源信息，双方达成交易意向后，买方先打款至代管专户，卖方查询到账冻结资金后背书，买方完成签收，系统核验成功后解冻交易资金，交易即可完成，卖方即可自由提现。

近5年，平台交易实现了从数千万元到近7000亿元成交金额的跨越式发

展。2019 年，平台撮合成交 245 万笔，共计 6939 亿元，其中帮助江苏省匹配到资金逾 1000 亿元，南京市约占 17%，帮助中小微企业节约融资成本近 14 亿元，获得国际顶尖投资基金领投的 1.5 亿元 B 轮及 B+ 轮融资。2020 年 1 — 4 月，在疫情影响下，平台依旧运营良好，撮合成交 147 万笔，共计 4395 亿元，同比增长 287.91%。目前，同城票据网日均交易额为 70 亿元左右，交易笔数破 2 万，占线上市场份额的 70% 以上。

2. 打造银企票据撮合服务平台，助力企业融资拓渠道．降成本．提效率

票据市场的复杂分散在一定程度上限制了银行集中服务票据资产的规模。银承科技作为第三方，通过创新互联网服务模式、紧抓大量长尾用户、强化整合银行资源等，探索出帮助持票小微企业对接银行的新路径。

2019 年，银承科技创立全资控股子公司——汇承金融科技服务（南京）有限公司（以下简称"汇承"），在同城票据网 B2B 流转模式的基础上，建立全国首个中小微企业与银行之间的票据撮合服务平台，并创新推出"银行快贴"与"商票速融"两大融资产品，突破企业与银行之间的空间阻隔，进一步加大服务中小微企业融资的力度。

"银行快贴"和"商票速融"业务的上线，意味着中小微企业可以通过全国性的票据贴现服务平台寻找最优报价的银行，无须再通过中介"转贴现"来获得融资，有助于企业拓宽融资渠道、降低成本、提高效率，并有效解决了银行无法触达供应链末端小微企业的普惠难题。目前，该平台日均可帮助企业解决 2 ～ 3 亿元的贴现融资规模。

（二）借力科技赋能，创新产品服务

近年来，银承科技积极对接互联网时代背景下金融服务的新需求，借力大数据、智能化、区块链等现代技术赋能，聚焦打造具有行业领先竞争力、更高品质、更高效率、更加安全的交易服务体系，为客户提供各类基于数据分析、数据挖掘的增值服务、创新产品。

1. 突出科技创新，夯实发展硬实力

大数据时代要求技术不断进步。银承科技始终坚持以自主研发为核心，

持续强化研发经费投入，建立了一个综合素质过硬、专业能力出众的百人研发团队，建成同城、汇承、大数据三大研发中心。

目前，银承科技在数据风控、数据中台、金融AI等核心技术领域均取得了一定突破，并在承兑汇票OCR、智能客服机器人等方面形成行业领先的技术优势。截至2019年年底，银承科技已获取15项软件著作权及多项研发专利，其作为数字化"标准"引领者的地位日益稳固。

在风控研发方面，银承科技搭建了集数据采集、存储、搜索、加工、分析为一体的大数据风控平台，融合结构化数据、非结构化数据，形成统一数据架构，实现对海量异构数据进行存储归档、信息组织、搜索访问、安全控制、分析可视化及数据挖掘、数据风控等，形成不同企业供应链的跨链共享防范风险。

在大数据应用方面，银承科技打破信息孤岛，基于同城票据网平台沉淀的大量企业信息、交易数据、行为数据，开展数据统一融合和智能分析，为企业客户进行精准的画像，提供多维度且具象的标签库。以企业客户登录交易大厅为例，银承科技通过该企业的画像可提供千人千面业务数据场景，在提升用户体验的同时大量促成交易。银承科技数据除了自有数据外，还通过对接外部强公信力机构获取高可信度数据，直连银行的API，对接银行实时价格数据、授权数据，融合自有数据，对企业进行数据层面描绘时公信力更高。

在金融AI技术方面，为实现核心客户"信用流+资金流"多级分享和可控，银承科技同城票据网围绕精准与高效两个维度，开展金融AI创新应用。一方面突出精准维度，通过证件识别与人脸识别实现了客户数据的精准识别；另一方面突出高效率，通过多维度信用模型的评估，精准地审核用户的交易风险能力，自动启用或关闭交易权限。另外，同城票据网自建大数据中台，通过票面识别、自然语言的学习实现了审单效率和机器人客服的高效化。

2. 突出理念先行，打造服务强内核

自成立以来，银承科技始终以客户需求为导向，坚持"安全、高效、普惠、绿色"的发展理念，专注于为百万中小微企业打造便利、可靠的融资服务。

银承科技坚持资金交易安全第一。通过同城票据网，从技术上实现智能

风控，在票款对付环节，公司和第三方代管资金合作，采取先付款后背书的方式，避免票据融资存在打飞、背飞等交易风险，让融资更加安全。

银承科技坚持高效服务追求。通过推动应用平台金融 AI，公司将票据资产方和资金方的需求精准对接，快速匹配优质的资金方。截至目前，同城票据网的最快交易记录是在 1 分钟 40 秒内完成一个企业的融资，平均交易时间为 5～10 分钟，实现了极速融资。

银承科技坚持服务国家普惠金融战略。其平台签约了海量资金方，每天都有全国数千家优质资金方在线，让票据融资成本更低，节约了企业，特别是中小微企业的财务融资成本。统计显示，通过银承科技平台交易的企业与单独融资企业相比，平均节省千分之二的成本。

银承科技坚持践行绿色发展理念。以前，票据融资需要人力去跑市场，或者带上一堆材料去银行贴现，但同城票据网平台实现了互联网＋票据在线融资，让持票的企业足不出户、坐在电脑前就可以智能匹配，减少了中间的冗余环节。

此外，为了弥补企业对票据交易专业性的不足，银承科技在线下布局了 500 家城市代理商，完善对线上的补充配套，加大了对企业金融服务的力度。同城票据网交易流程见下图。

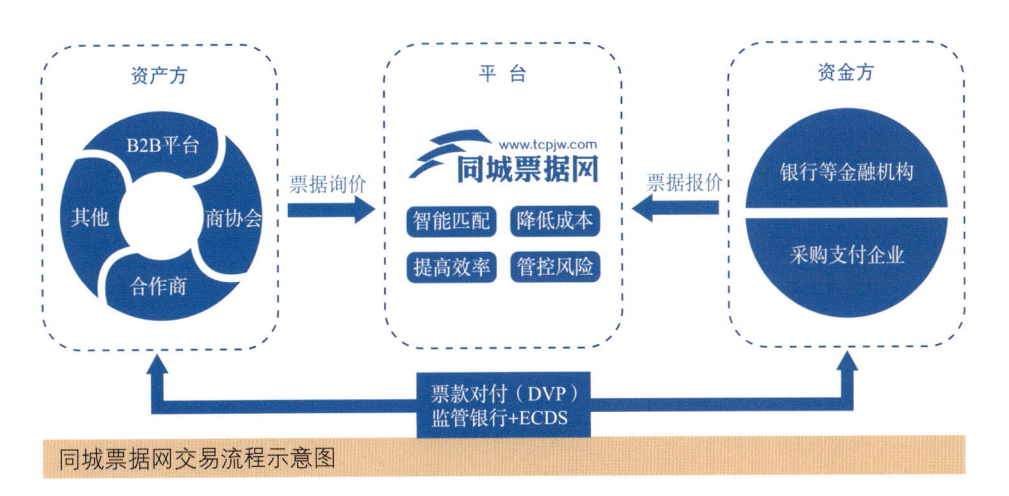

同城票据网交易流程示意图

（三）保持战略定力，持续优化发展

海量的交易用户、安全高效的交易环境为银承科技快速积淀了品牌价值。目前，在同城票据网上，每天被吸引来注册的企业约有二三百家，日均交易额为 70 亿元左右，交易笔数超过 2 万，占线上市场份额的 70% 以上。这源于银承科技专注业务领域、持续创新探索的战略定力。

1. 在市场需求中找机会，保持战略定力

纸质票据具有很强的物理属性，很难做到线上交易撮合的闭环。银承科技创始人兼 CEO 曹石金表示，他们早于票据电子化差不多 3 年的时间，就开始尝试"票据+互联网"的探索。可以说，他们试验了上百种路径，在产品、模式、市场方面进行各种尝试，就像爱迪生发明电灯，尝试了 100 种失败的方法，直到发明电灯后才成功。

银承科技在实现盈利前，有 6 年时间连续亏损，创业模式并不明晰。对此，曹石金感慨道："公司创立以来有 3 次差点面临倒闭，2016 年是最难的时候，前期的各种模式都尝试过了，资金也用完了，仍然看不到希望。这时候放弃对我来说是最容易的选择，但我不愿认输。小额汇票融资难确实是切肤之痛，但我在 8 年前决定创业时就已经思考得很清晰了，如果人的一生中能遇到一次大的机遇是很幸运的。我认为抓住了票据就相当于抓住了企业的支付结算，在我的一生中不会再有比这更大的机会了，这是我不愿放弃的最重要原因。"

2016 年 9 月，人民银行发布了《关于规范和促进电子商业汇票发展的通知》，鼓励支持电票业务的大力发展。这给了银承科技一个快速发展的机会。银承科技对票据和互联网的结合做了充分的准备，在"100 次"的失败试验后似乎找到了一个成功的办法，在票据电子化后终于可以实现了，就是快速地把资产方和资金方引入平台。银承科技 8 年来始终坚持以撮合交易为导向，积累了大量的客户基础，引入平台后逐渐聚集网络效益，从而成长为行业的领跑者。

2. 追求可持续发展，不断提升综合竞争力

银承科技同城票据网的出现，极大地解决了中小微企业融资难、融资贵、融资慢的问题，但商票难以推广的行业痛点仍然存在。商票是建立在商业信用基础上的信用支付工具，具有权利义务明确、可约期付款、可转让贴现等特点。但由于商票市场信用基础薄弱、使用地域限制性强、银行信贷管理体制的制约，商票业务的流通和发展在一定程度上受到影响，也给商票推进工作带来不少难题。

针对此问题，一方面银承科技积极准备各种商票推广方案，系统做好技术储备。在各大平台上，着力探索开发商票融资新产品，引导和优化商票融资流程；深化商票大数据挖掘，通过大数据为银行、非银金融机构、企业持有的商票提供信誉参考，提高商票的流通和融资效率。另一方面银承科技持续强化外部合作，寻找优质合作伙伴，共同探索商票市场化、规范化的有效机制和创新举措。

同时，银承科技正进一步强化打造以科技人才和技术创新为核心的综合竞争力。公司吸纳了一大批来自票据、IT、金融等行业和知名互联网公司的科技人才加入，并成立了以创新事业部、公共研发部、数据安全部为代表的科技人才应用部门。目前，银承科技的员工已近200人，通过持续投入实现技术人才占比逐年上升，已由最初低于10%提至50%，2020年年底有望达到60%以上。

未来，同城票据网将持续致力于科技创新，探索运用现代信息技术手段赋能金融"惠民利企"，以承兑汇票为载体，纾解中小微民营企业融资难、融资贵及普惠金融"最后一公里"等痛点和难点，着力提升金融服务实体经济的能力。

打造新一代可信数据网络，助力数字中国建设

江苏荣泽信息科技股份有限公司

2020年4月，国家发展和改革委员会正式将区块链纳入"新基建"范畴，区块链上升为国家战略，进入"落地应用年"。江苏荣泽信息科技股份有限公司（以下简称"荣泽科技"）成立于2013年，是国家级高新技术企业、双软认证企业。近年来，荣泽科技加快布局区块链，以政府数据治理为切入点，创新推出了一系列"区块链+"解决方案，着力构建新一代可信数据网络，促进政务服务、金融数据、企业数据、个人数据有序流动，助力数字中国高质量发展。

江苏荣泽信息科技股份有限公司

（一）创新区块链技术，助推经济社会发展

伴随技术创新和场景应用的不断突破，近年来区块链技术逐步延伸至数字金融、物联网、智能制造、供应链管理、数字资产交易各领域，在助力实体经济、数字经济、民生领域、智慧城市等方面展现出巨大的价值。荣泽科技依托先发的技术优势和科研创新资源，着力推动区块链技术和社会治理、实体经济的深度融合，用科技创新赋能经济社会发展。

1. 以政府数据治理为切入口，构建可信网络

区块链集成了点对点网络、密码学、共识机制、智能合约等多种技术，与云计算、大数据等新技术、新应用交叉融合，重构数字经济产业生态，多维度提升社会治理能力，演进成为新一代可信网络基础设施。

荣泽科技的董事长钟晓说："作为最早一批以场景落地驱动的区块链企业，我们形成的认知是，区块链是解决以数据为中心要素的数字社会治理中的重要基础设施，是解决复杂系统的有效机制。"

2017年，荣泽科技与南京市信息中心合作，建立了国内首个"基于区块链技术的电子证照共享平台"项目。该平台将区块链与电子政务结合，助力南京市政府重构了政府部门之间的数据共享机制和政务流程，打通公安、民政、税务、房产、人社等49个政府部门，完成了1800多项电子证照的归集与1600多个办件事项的连接，完成2200万次数据协同，涵盖全市25万家企业、1000个自然人的政务服务信息，在政务服务一张网、电子购房证明全程网办、房产交易一体化、税点税票、权力阳光系统建设、智慧公证等业务场景中得到成功实践，实现了"不见面审批"和全方位便民服务。

以电子证照共享平台支撑的电子购房证明场景为例，平台上线当月，网上服务办事群众达80余万人次，开具相关电子证明文件近15万件，开具量是全市9个线下网点日均办理总量的8.9倍。用户用1分钟申请，平台2分钟即可出具文件，真正实现"数据多跑路、群众少跑腿，甚至不跑腿"。

规划和自然资源局对接电子证照共享平台后，实现了与税务、财政等多个部门的业务联动，对接了不动产登记、存量房买卖等130个办件事项、36个电子证照，整合窗口资源，将房产测绘配图、交易备案、缴纳税费、不动产

登记等 3 个部门的五六个事项合并。申请人一次取号排队、一次递交材料，就可完成现场核验。商品房交易登记原有 8 个环节，往返大厅 2～3 次，现在简化至 2 个环节，排 1 次队，往返大厅 1 次；存量房交易登记原有 16 个环节，往返大厅 5～6 次，现在简化至 3 个环节，排 1 次队，往返大厅 1 次。原有向 3 个部门提交 20 多份材料，现为向一个窗口提交 9 份材料，材料一次性扫描存档，由登记机构保管，其他部门共享。

该项目目前已进入三期建设阶段，功能、性能等各项指标达到或超过设计要求，目前已经建成了全球最大规模的城市区块链可信数据网络，先后获得国家经济信息系统优秀研究成果一等奖、江苏省经济信息系统优秀研究成果一等奖、2019 年中国政府信息化产品技术创新奖。

电子证照共享平台的成功运营，加快了政务数据共享开放，推动了电子政务建设，使南京市政务服务在理念创新、技术创新、机制创新、模式创新方面取得良好成效，形成了区块链在政务领域应用的"南京模式"。新型冠状病毒肺炎疫情期间，荣泽科技迅速推出针对疫情的"区块链疫情监控平台""区块链电子公文流转平台"产品，为各地应对疫情提供了有力支撑。

2. 推出"区块链+"解决方案，助力实体经济转型升级

以政务数据为基础，荣泽科技近年来不断向金融、教育、医疗、公共信用、新零售等公共服务场景延伸，推出了系列"区块链+"解决方案，促进区块链技术应用落地，有效消除了数据壁垒，使政务数据、金融数据、企业数据、个人数据开始有序流动，助力实体经济转型升级。

精准金融方面。在保护数据安全与隐私的前提下，荣泽科技以区块链、联盟链的方式，将政务链上的全量公民与法人数据对银行有序开放，连接银行、保险、证券等金融机构，通过共识的智能合约合法并有监督和授权地使用数据，借助政府的数据、窗口及信息化的基础支撑，为市民和法人提供精准的金融服务，如房产按揭贷款、信用贷款、智慧保险等。

目前，荣泽科技已接入 28 家银行，包括六大国有银行，为个人或企业提供金融服务，线上信用贷款额度近千亿元。未来，荣泽科技将加快接入更多银行，丰富个人或企业金融产品，优化产品的用户体验。精准金融平台将成为政

务服务向社会化服务公开的一个可信通道，并逐步成为涵盖财政、金融监管、银行、保险、证券、基金等金融机构、服务机构之间互相认可的沟通渠道，以提升金融服务的精准性和可获得性。

智慧医疗方面。荣泽科技针对医疗市场中"医疗、医药、医保"信息无法可信协同，容易造成机制扭曲的问题，建立了基于区块链技术的智慧医疗平台，用区块链技术实现政府、医疗机构、金融机构之间的数据共享与业务联动。

该平台现已在南京实现政府、医疗机构、金融机构之间的数据共享与业务联动。政府提供个人职业、收入、资产、信用、社保等数据；医疗机构提供就诊人信息、诊断信息、费用明细等数据；金融机构利用智能合约的支撑，实现对个人就医的商保直赔或快赔、先诊疗后结算、费用分期等创新医疗服务，提高百姓享受医疗服务的便捷性与丰富性。

后期，荣泽科技将在医生（士）资格、医疗设施资源、医药处方、医保社保、医药流通、基因诊疗等整个大医联体领域持续建立深度可信的数据协同，切实解决医疗健康领域的机制问题。

新零售方面。在与众多行业的品牌合作中，荣泽科技总结实践经验，集成海量数据，聚合了专家资源，并形成了有行业体系的模型和算法，提出了以信息收集分析、标准模型建立、流程优化管控、项目经营维护、计划绩效跟踪等为核心理念的解决方案。区块链和新零售的结合，在品牌高速发展和转型时期，不仅确保门店给企业带来较好的回报，而且确保了该门店的长期竞争性、财务回报的持续性和稳定性。

未来，荣泽科技将持续深耕可信数据网络建设，用区块链、人工智能等新一代信息技术连接你我，以可信数据为源头，使社会资源得到最优配置，并以全新的数字社会治理和数字经济理念引领全球新一轮的发展。

（二）"技术+人才"双轮驱动，培育企业领先优势

荣泽科技坚持创新驱动发展，紧抓技术研发和人才培育，逐步形成了具有一定行业竞争力的发展优势。

截至 2020 年 5 月，荣泽科技共拥有软件著作权 51 件、软件产品 23 件、

已申请并被受理的专利72件，有7项服务通过国家网信办发布的境内区块链信息服务备案。

一方面荣泽科技以荣泽区块链底层平台（RBC）为底层平台，构建产业发展夯实的技术基础，形成研发及产品优势。RBC是荣泽科技自主研发的一款高性能、高安全、可扩展的联盟间底层技术产品，商业级的区块链基础设施。2018年10月在中国信息通信研究院主办的"可信区块链峰会"上，RBC顺利通过了功能、性能两项可信区块链测评，并获得测评合格证书。在申请测评的全部42家企业中，两项均通过测试的企业只有腾讯、荣泽等7家企业。另一方面荣泽科技强化"走出去、请进来"人才培养方式，着力打造多维度人才聚集高地。荣泽科技高度重视人才队伍建设，在公司经营发展过程中积极应对日益激烈的人才竞争，通过"走出去"人才培养方式将企业的技术转化能力优势和高校的理论培养相结合，为高校培养更适合企业、社会需求的应用型人才提供实践支撑，也为提前布局人才储备。通过"请进来"人才培养方式，聘请国内外知名专家、学者为公司顾问，充分"借智"，助力企业提高技术优势。2015年布局区块链时，荣泽科技就主动聘请国际知名高校，如伦敦大学学院（UCL）、新加坡国立大学等的专家、学者为公司顾问。提高技术优势的同时，荣泽科技也提高了企业人才的整体技术水平，持续保持在区块链领域的技术研发、项目实施等方面的领先地位，从而实现将科技创新成果转化为企业的生产力的目标。

此外，荣泽科技正积极与中国科学院、新加坡国立大学、中国软件行业协会等机构合作，开展区块链行业标准制定、区块链安全芯片研究、高性能节点设备开发、城市大脑研究中心等科研机构建设和数字经济模型探索等，从产学研全方位、多角度地推动区块链研究发展。

2019年，荣泽科技获批成为南京市和江苏省唯——家区块链领域博士后创新实践基地。荣泽科技不断深化与知名院校的合作，联合培养博士后研究人才，为企业发展集聚人才和技术资源，持续保持业内领先优势。目前，荣泽科技正在申报国家级博士后站。

（三）构建价值互联网体系，加速区块链商业落地

当前，我国正处于数字社会的基础设施建设阶段。荣泽科技长期致力于区块链可信数据网络的场景化落地，其相关技术和项目已开始在全国落地应用。

据荣泽科技副总经理王剑介绍，电子证照共享平台具有大范围可推广性，目前已在南京、北京多个政务服务项目中应用。同时荣泽科技就该平台与广东、安徽、山东等省的核心城市深度协同中。

历经 4 年的发展，荣泽科技已为南京市政府、南京信息中心、中国人民银行、百联集团、金宝贝、绿地集团、京东金融等 60 多家机构及知名企业搭建区块链可信网络。2019 年，其软件产品销售收入及技术服务收入累计超过 4000 万元。

为进一步解决区块链快速商业落地的问题，荣泽区块链云服务平台（RBaaS）定义统一的标准规范，提供便捷、高性能的区块链生态环境，提供一系列成熟和完备的部署运维、管理监控工具，从技术框架、产品体系、生态建设、应用扩展等多方面同时发力，支持各行各业的开发者进行业务拓展及运营，真正构建基于区块链的价值互联网体系。

在技术框架上，荣泽科技基于自主研发的区块链底层平台的性能优势，实现了性能稳定可预期、通用性好、多业务适配、清晰的安全边界、数据安全管理和隔离机制等关键要素。在产品体系上，荣泽科技赋予用户区块链管理和平台管理功能。在生态建设上，荣泽科技在区块链安全、区块链工具、区块链业务适配等领域形成合作伙伴矩阵，加速商业化落地，共同打造可信的行业区块链解决方案和区块链生态。在应用扩展方面，荣泽科技采用抽象架构和可拔插模块，面向接口设计软件，将网络构建、加密、共识、资源管理、用户管理、运维管理等模块分开设计实现，并将网络构建、共识等底层技术打包，实现了计算资源、存储资源、网络资源的无缝扩展。

未来，荣泽科技将继续深耕区块链技术并将之赋能各个领域，同时构建行业区块链应用联盟体系，在区块链普及化、服务化、生态化方面贡献力量。

第三节　科技创新服务平台及机构

强化知识产权保护，为"创新策源地"高质量发展护航
中国（南京）知识产权保护中心

知识产权保护是创新驱动发展的"刚需"，国际贸易的"标配"。自2018年以来，中国（南京）知识产权保护中心（以下简称"保护中心"）扎根于南京江北新区，通过引进国际高端要素资源，构建知识产权创造、运用、保护综

中国（南京）知识产权保护中心

合服务体系，持续优化知识产权保护氛围和生态，打造国家级知识产权服务业集聚区，赋能南京江北新区国家级新区"三区一平台"和自由贸易区南京片区"两区一平台"高质量发展。

（一）顶级机构入驻、引领知识产权保护高地建设

知识产权是创新驱动最核心的因素。保护知识产权就是保护创新、保护发展。作为江苏省唯一的国家级新区和自由贸易区南京片区建设承载地，江北新区成立5年来，充分发挥知识产权对高端产业发展和高端创新资源引进的战略引领作用，不断加强与国际接轨，率先在南京市实现了对专利、商标、版权的集中统一管理，在高价值专利培育、打造知识产权密集型产业、建设知识产权支撑体系等重点工作中不断取得突破，构建起快速、高效的保护体系。

2018年，国家级知识产权综合保护平台——中国（南京）知识产权保护中心在江北新区挂牌，致力于与江北新区共同打造与国际规则接轨的创造运用保护格局。

保护中心的建立是实施创新驱动发展战略、建设创新名城、服务南京知识产权强市和科技创新发展的重要举措。中心相关负责人表示，选择落地江北新区，主要基于以下三点考虑。

从区位优势看，江北新区是落实"一带一路"倡议与长江经济带国家发展战略的国家级综合功能区。2019年8月，位于江北新区范围内的中国（江苏）自由贸易试验区获批设立，成为带动南京乃至长江三角洲高质量发展的重要引擎。

从产业发展战略看，江北新区坚持抓创新、谋创新，确立"两城一中心"的发展战略，确立了以科技创新为主要引领和支撑的发展模式，大力实施创新驱动发展战略，结合自身实际，积极培育壮大战略性新兴产业集群，着力打造"芯片之城""基因之城"和"新金融中心"，重点推动集成电路、基因及生命健康、新金融等三大主导产业发展。江北新区"两城一中心"建设始终坚持高点定位，在"对标找差争先进位"中推动产业高质量发展，走具有江北新区特色的产业发展道路。

在体制机制改革上，江北新区加大改革力度，营造良好的创新生态环境，

突出问题导向，出台了一系列重要文件，推出了一系列重要举措，进一步聚焦创新驱动发展，持续优化创新环境，加快聚集全球顶级创新资源，突出产业竞争力，努力打造综合性科学中心核心承载区和科技产业创新中心重要基地，形成一流的创新生态系统，努力建设长江经济带创新支点。

保护中心落地江北新区后，面向新一代信息技术产业开展知识产权快速协同保护工作，负责专利快速审查、快速确权，受理知识产权举报投诉，开展知识产权维权援助及行政、司法、社会调解与仲裁等协同保护工作，开展专利导航与知识产权运营，协助开展专利行政执法，并提供关于知识产权法律法规咨询、纠纷协调、经费资助、论证预警、状态查询、侵权判定咨询等服务。

成立当日，保护中心即为南京中网卫星通信股份有限公司和南京南瑞继保电气有限公司两家企业颁发专利授权通知书。通过中国（南京）知识产权保护中心预审服务后进入快速审查通道，两家企业相关专利最终获得授权。授权企业代表表示，通过快速审查，知识产权的授权周期和新产品上市周期保持同步，使创新成果得到及时保护。

截至2020年5月，保护中心备案单位达到1092家。南京知识产权法庭（江北新区）巡回审判点、南京市人民检察院派驻知识产权保护中心检察工作站、南京铁路运输检察院派驻江北新区知识产权检察室、南京知识产权仲裁院服务站、江苏（南京）知识产权仲裁调解中心南京工作站、金陵海关知识产权案件证据开示室和南京市公共法律服务中心知识产权纠纷律师调解工作室等多家相关业务单位在中心内设置工作服务站，较大程度地方便了当事人快速、高效、优质地解决知识产权纠纷。

"中国（南京）知识产权保护中心的揭牌，既是江北新区知识产权保护工作中的里程碑，也是江北新区优化创新生态的重大举措，必将促进更多的创新型企业、品牌企业来江北新区投资兴业，也必将增强江北新区在知识产权保护利用、投资营商环境上的核心竞争力。"罗群说。

（二）疏堵点、串链条，打造一站式创新服务体系

为高效、高质量服务江北新区的优势产业、企业，保护中心建立了案件快速受理和科学分流机制，为快速审查、快速确权、快速维权提供"一站式"

纠纷解决方案。

2019年，保护中心共受理专利申请快速审查775件，其中发明专利612件、实用新型144件、外观19件，通过专利快速预审335件，取得授权165件，业务量位居全国知识产权保护中心前列。

目前，一般产品发明专利的平均审查周期为22个月，实用新型及外观设计专利的审查周期约为半年。这给一些产品更新换代快或产品马上要上市或产品上市后容易被他人模仿的相关技术，还有企业及其相关产品的宣传和日后维权带来障碍。

南京奥视威电子科技股份有限公司是一家致力于广电领域设备产品的技术研发与创新的高新技术企业。2019年3月28日，保护中心了解到，该公司将在2019年4月8日参加美国拉斯维加斯国际全美广播电视设备展览会，并计划在该展会上展出一种卡接装置及电源转换器，但是该产品尚未申请专利。

为使企业在有限的时间内能够通过专利获益，保护该专利的商业价值，保护中心立即协助该专利快速审查。当天下午，保护中心即派专人受理了奥视威公司递交的"一种卡接装置及电源转换器"的专利申请文件。保护中心第一时间将案件通过加密邮件发送给专利开发公司，请求加急分类，经过分类，该案件属于保护中心的审查领域。保护中心预审员对案件进行形式问题和新颖性问题审查，并将案件于3月29日交给江苏省审查协作中心进行加急质检。4月2日，名为"一种卡接装置及电源转换器"实用新型专利申请通过保护中心预审后被打标进入快速审查通道。4月8日，基于该专利的产品"48V灯光标准适配器"成功亮相美国拉斯维加斯国际全美广播电视设备展览会。

南京南智先进光电集成技术研究院有限公司是南京大学光电集成院士团队与南京江北新区管委会合作共建的新型研发机构。自保护中心成立以来，通过保护中心提交的专利快速预审申请16项，其中12项已经获得授权，1项正在审理中。

对于高新技术企业而言，推进项目实施需要快速获得专利后进行融资。作为计算机辅助驾驶及无人驾驶系统提供商，奥特酷智能科技（南京）有限公司通过保护中心共提交专利快速预审申请21项，其中12项已经授权，3项正在审理中，授权周期较之前缩短了一半，为提升专利申请质量、加强源头保护提供了强大的支撑作用。

在预审阶段，保护中心可以发现专利申请文件的各种形式问题及实质性缺陷，经过申请人修改完善，在国家知识产权局实质审查阶段，可有效减少审查意见的发出次数、压缩审查周期、提高专利授权率。数据显示，经过保护中心预审审结的发明专利申请授权率超过66%、实用新型为96.36%、外观设计为100%，远高于普通申请。

此外，企业在维护其合法知识产权权益时往往还会面临维权成本高、举证难、周期长等问题，部分外向型企业在海外市场也容易遇到海外诉讼风险。然而，多数企业处理海外知识产权纠纷的能力有限，亟须专业机构的帮助。

南京某科技股份有限公司是一家致力于内镜下微创诊疗器械等领域创新产品的民营高新技术企业。2018年年底，公司遭遇行业巨头美国波士顿科学公司在美国和德国提起的专利诉讼。保护中心了解情况后，参加了该案的专家评审会，并从专利数据分析入手，对原告、被告两家公司的专利情况进行了详细的检索和分析，尤其是对原告美国波士顿科学公司的5件涉案专利进行深度挖掘，综合分析做出两种方案：一是针对现有情况，为该企业制定了相应的应诉方案；二是通过对5件涉案专利的具体分析，形成了相应的无效策略和反诉方案，为企业反制对方提供了强有力的武器。

企业在国际化发展中遇到海外诉讼并不意味着必定存在侵权行为，往往可能是行业竞争对手打击中国企业的竞争策略。保护中心通过深度的专利数据挖掘，为企业应对海外知识产权诉讼案件提供充分的智力支持，切实有效地帮助企业有准备地应对海外知识产权诉讼。

目前，保护中心已整理5000多家相关企业目录，分别赴江北新区管委会、江北新区研创园、江宁区、浦口区、栖霞高新区、南京经济开发区，开展快速审查、快速确权和快速维权的业务宣讲，为南京企业海外诉讼、海外参展提供服务，为本地民营企业"走出去"保驾护航。

（三）持续筑强平台，释放知识产权保护红利

近年来，江北新区知识产权创造持续加速。2019年，江北新区的专利申请量为13633件，位居南京市第二，同比增幅15.64%；发明专利申请完成量

为 5370 件，同比增幅 7.06%；专利授权为 6300 件，位居全市第三，同比增幅 28.73%；发明专利授权为 1226 件，同比增幅 0.49%；企业专利授权量为 4815 件，位居全市第二；PCT 完成量为 295 件，有效发明为 6424 件，总申请量、授权量和 PCT 在南京市均排名前三。

"自保护中心落户江北新区以来，江北新区一直对保护中心的运行发展给予政策、服务等方面的大力支持，这是保护中心各项业务顺利开展的基本保障。"保护中心的负责人表示。在经费方面，江北新区每年给予保护中心运行经费；在场地方面，江北新区不仅提供免费的办公场所，在筹建期间还为保护中心采购专用设备和家具；在内勤保障方面，江北新区为保护中心的工作人员提供优惠价格的人才公寓，并为保护中心的工作人员提供免费的停车场地和服务。

保护中心自运行以来，利用平台优势，积极为江北新区对接高端资源，充分促进知识产权保护与产业创新发展紧密结合，与江苏省知识产权局、国家知识产权局协调，在江北新区成立专利代办处，承担国家知识产权局专利局授权或委托的专利业务及相关服务性工作，包括专利申请文件的受理、费用减缓请求的审批、专利费用的收缴、专利实施许可合同备案、办理专利登记簿副本及相关业务咨询服务。

同时，保护中心加强对接国家知识产权局，协助江北新区建设原创认证保护平台。建成后的原创认证保护平台将提供确权举证、固化证据维权、企业知识产权管理服务。保护中心新一代信息技术、生物医药产业专利快速审查、快速确权服务产业发展的目标与江北新区聚焦芯片之城、基因之城和新金融中心的产业布局相互融合，不断推进江北新区新一代信息技术产业、生物医药产业发展，优化江北新区产业营商环境。

2019 年，保护中心预审业务受理量为 775 件，排名全国第四，其中发明受理量为 612 件排名全国第一。江北新区在保护中心备案的企业有 253 家，提交案件备案主体的有 51 家，均为南京市第一；预审专利申请为 172 件，为南京市第一。

江北新区创新发展 5 年来，知识产权保护体系不断健全，知识产权服务效能显著优化，以知识产权为引领，真正走出了"新区速度""新区质量""新区效率"。同时，通过建设具有重要带动作用的区域协同创新中心、构建高端高新产业技术体系、强化创新型人才队伍的集聚与培育、构建功能完备的创新创业服务体系，保护中心为南京市乃至长三角地区建立起知识产权的"防护网"。

据了解，保护中心未来将继续以打造知识产权保护最严格城市为目标，致力于落实"严保护、大保护、快保护、同保护"工作要求，推动保护中心建设与江北新区优势、特色产业相结合，为完善江北新区知识产权保护体系、探索知识产权制度创新、推动中国（江苏）自由贸易试验区南京片区高质量发展贡献力量。

一是扩增审查服务领域项目。在已有新一代信息技术和生物医药领域的基础上，积极申请新增节能环保产业专利申请预审技术领域。

二是拓宽服务内容。专利审查服务事项从专利申请预审向专利审查全流程延伸，积极申请新增快速确权、辅助审查、复审预审、无效预审和专利权评价报告预审等服务资质，为南京市创新主体提供更加快捷、低成本的专利审查服务，支撑地标产业创新中心的高质量建设。

三是推动建设南京市知识产权数据支持中心。中心将主要由数据管理应用系统、硬件支持系统、终端展示系统组成，建成后将整合4种类型知识产权数据（专利、商标、地理标志、集成电路布图设计），以及工商注册、产业企业、金融资本、人才团队、宏观统计等数据，以指标统计、时空多维分析、可视化呈现为功能主线，构建知识产权维度的数据支持中心、情报研究中心和运营展示中心，全面提升大数据决策和治理能力，推进知识产权在我市经济、产业发展、公共服务中的融合支撑作用。

集聚名城名校优势资源,打造创新跨越新样板
剑桥大学南京科技创新中心

集聚全球高端创新资源,助力搭建交流连接之桥。近年来,南京市江北新区在产业集聚方面正在形成强大的"虹吸效应",不断整合国内外创新资源,将各项政策制度与国际通行规则接轨。在此基础上,剑桥大学南京科技创新中心(以下简称"创新中心")落户江北新区。这是剑桥大学建校800年来,首次在英国境外设立的合作研究机构,也是剑桥大学在中国唯一冠名的科技创新中心。

剑桥大学南京科技创新中心

（一）落地创新载体，加快科技成果转化

城市联合大学名校共建创新载体，是有效加快科技成果转化、深化人才交流的有力抓手。2019年9月10日，在刚被确认为江苏自由贸易区范围内的南京江北新区，剑桥大学南京科技创新中心长期基地举行奠基仪式。

"围绕创新中心项目的落地，剑桥大学将与政府、产业界、科技界开展深度合作，在智慧城市、医疗保健、生态环保等方面加快技术转移和成果转化。"剑桥大学校长斯蒂芬·托普说。

创新中心项目的落地，是江北新区加快推进创新名城先导区建设工作中的"点睛"之笔。自2015年起，江北新区便与剑桥大学开展了多轮协调、磋商和谈判。在江北新区的全力推进下，创新中心项目于2018年3月创立，并于2018年7月正式挂牌。2019年5月，创新中心首批项目获得批准，目前正在加快推进已批准项目的研究进程，提前做好项目成果转化的准备工作，建立创投基金，对接意向合作单位。大学校内根据南京战略发展方向，在新型电子信息、生物医药、人工智能、集成电路等方面集聚具有潜在转化价值的课题，形成备选研究项目库，与相应领域的龙头企业进行双向对接。

按照规划，创新中心将依托双方的资源投入和良好的合作基础，展开一系列国际化高端创新合作研发、成果转化、国际学术交流等，推动全球最新技术研发及应用成果在中国的落地。同时，创新中心也将积极拓展在学术推广、科技转化落地、科技服务与专业培训等方面与中国合作的可能。

剑桥与南京远隔千里，如今"创新"二字让两者紧密相连。近年来，南京致力于创新名城建设，坚持与世界科技创新同行。在目标方向上，南京明确提出建设具有全球影响力的创新名城，包括综合性科学中心和科技产业创新中心两大中心，通过创新引领、加快动能转化和经济转型，实现高质量发展；在战略视野上，南京瞄准世界最高水平、全球科技前沿，通过市场化机制打造一流创新生态，加强与顶级创新机构、高校院所的深度合作。"中国在创新方面的发展令人瞩目，尤其是在智能制造方面，这也是剑桥大学特别想和南京合作的原因。"斯蒂芬·托普说。

剑桥大学南京科技创新中心奠基

（二）聚焦主导产业，全方位整合创新资源

此次名城与名校的双向融通，双方采用创新的合作模式，以关键共性技术、前沿引领技术、现代工程技术、颠覆性技术创新为突破口，以科学规范的项目研究管理机制、公平公正利益分享机制提升管理效力，共同集聚全球顶尖的技术、团队、经验、成果等资源。

加快原创转化，促进产业提升。创新中心聚焦医学、环境科学等重点领域，通过共建新型研发机构等方式，构建市场运作、开放合作的动力机制，搭建从原始创新到科技成果转化、科技企业孵化的多元渠道，打造世界一流的科技创新平台和成果转化中心。

创新中心以剑桥大学提供的高端研究课题为导向，吸收其在科技创新及成果转化方面的先进经验，通过定位于价值链最顶端的高科技聚集型产业结构，带动上下游周边产业和区域经济不断前进，有力加强江北新区整体科技转化实力，结合江北新区逐步完善的科技成果转化、技术产权交易、知识产权保护等相关机制，进一步推动江北新区成为国内具有广泛影响力的创新成果转化基地，实现产业质量提升。

2019年5月7日，创新中心首批2个重点项目在创新中心董事会上获批。其中，"肥胖相关的代谢并发症：致病机制、诊断生物标志物和治疗靶点——中国的代谢健康肥胖（MHO）悖论"项目是由剑桥大学代谢研究中心科学主任、分子营养与代谢学教授（Antonio Vidal-Puig）牵头，旨在确定脂肪组织的可塑性和功能的控制机制、保证肥胖相关代谢并发症的预防策略的实施，以及研究肥胖对引起脂肪肝的肝脏脂质网络的影响。"多模态和混合3-D超声/光声成像系统"项目是由剑桥大学工程系医学影像研究方向的奠基人（Richard Prager）和超声成像高级研究员（Dr Nghia Nguyen）牵头，旨在为下一代医学超声成像系统设计和开发新的重建方法。

目前中心正在对已批准项目加快推进研究进程，并提前做好项目成果转化准备工作，建立创投基金，对接意向合作单位，同时在大学校内根据南京战略发展方向，在新型电子信息、生物医药、人工智能、集成电路等方面集聚具有潜在转化价值的课题，形成备选研究项目库，与相应领域的龙头企业进行双向对接。

推进品牌交流，集聚全球资源。依托剑桥大学的品牌与资源纽带，创新中心深化交流交往成果，面向全球集聚高端创新资源。创新中心强化了南京与一线科技资源的对接，吸引国际、国内顶尖人才及机构，产生集聚效应，提升创新活力和国际影响力。

结合高校在南京发展的战略定位，创新中心积极引入剑桥的高端资源，着手准备创新中心系列论坛，扩大创新中心的学术影响力。2019年9月10日，创新中心成功举办专题开幕论坛，并于江北新区成功举行项目长期基地的奠基仪式。目前，创新中心已经对接剑桥大学相关学院、企业和剑桥大学出版社，以及国内龙头企业、名校科研院所等优质资源，相关合作项目也已逐步签约落地。除此之外，创新中心在科研合作、组织学术交流和拓展教育培训合作等方面发挥了重要的交流连接的作用。未来，创新中心将全面打通南京与欧洲国家高端资源对接的通道，助力南京打造具有国际影响力的创新名城。

强化运行体制，多方保驾护航。运行体制是创新载体发展的关键。创新中心通过构建全方位、全周期、有侧重、多维度的运行体系，有效结合科技、市场与产业等要素，形成以创新全周期各阶段需求为基础，以创新研究与市场产业全周期结合为主链，以人才培养、学术推广、专业培训、研究出版、考试录取等为侧链的多维体系。

以应用型科技创新研究为重点，兼顾高端原创型研究的发展和突破。创新中心的主要工作是推动新旧动能转化和制造产业升级，聚焦南京市"4+4+1"主导产业与江北新区"4+2"主导产业领域，并与市场产业相结合，开展应用型科技创新研究。

在具体合作过程中，大学、产业和政府三方互通，一方面从剑桥大学引入已有研究成果和工程化"工艺包"，面向市场化进行再次开发，使科研成果从"书架"走向"货架"；一方面征集提炼现有关键产业的发展需求，对接剑桥资源进行针对性研发。同时，创新中心将引入原创型研究，通过政府政策支持和扶持，申请自然基金，参与重大项目及中英双边合作，提升创新中心的影响力和聚集力，开拓新兴产业方向。

注重人才培养，引进全球资源。创新人才培养是江北新区与名校的共同发力点。本次合作，创新中心将注重培养高端人才，建立博士后工作站，同时其作为加强与院校合作、引进和培养高层次人才的重要平台，充分发挥"产学研用"合作机制，加大协同育人力度，并争取人才在中心工作等同于海外工作培养的优越条件，通过全球公开招聘和委托专业服务机构引入高端研究人才和专业管理人才，建立专业团队，以项目为依托，强化技术转移及与本地资源的对接。

（三）围绕"五个一"，多方面助推创新名城建设

创新中心是剑桥走进新时代中国的标志性、引领性项目，也是南京与世界科技创新携手同行的重要标志。面向未来，江北新区将确立"五个一"服务模式，支持创新中心的发展壮大。

搭建一个工作专班。安排专门人员，对中心建设提供全流程跟踪服务，辅助中心的管理和运营发展，最高效地解决各类问题。

建立一支创投基金。由市属投资平台出资引导，吸引社会资本参与，建立专门的创投基金，支持创新中心与龙头企业开展产学研合作，加速科研成果

转化和产业化。

提供一笔专项资金。根据创新中心的规划发展，相匹配地提供载体建设，满足目前及长期发展的办公及实验用房，并在创新中心起步阶段由市区两级财政每年给予一定的奖励，保障中心健康运行。

落实一批专门政策。对南京主导产业发展需要的关键核心技术给予重点支持，目前已重点支持了首期2个项目，下一步将促成科技企业与创新中心开展更多的项目合作、研发协作；对创新中心与高校联合开展科学研究和人才培养计划，在规划、场地、经费等多方面给予支持；对创新中心申报国家级科创平台、高端人才培育基地、参与中英两国及全球合作重点研发项目，给予一事一议、面对面辅导的大力支持。

形成一套服务机制。完善国际化功能设施，建立住房、子女教育、医疗保健等绿色服务通道，为各类人才在南京学习、工作、生活提供最优保障。

在"五个一"服务模式助力下，创新中心能够不断吸收名校优势科研资源，集聚人才、设备、科研成果要素，不断积攒发展势能，为江北新区产业集聚扩大优势。"围绕创新中心未来的发展，江北新区与剑桥大学将在对接国际创新资源、加强高校合作等多方面持续发力。"斯蒂芬·托普说。

在对接国际创新资源方面，江北新区与剑桥大学将依托中心，推进开展高端国际化的创新研发、成果转化、国际学术交流等，推动全球最新技术及应用成果在中国落地，打造中国一流的科技原创平台和成果转化中心。

在加强剑桥大学与本地高校合作方面，创新中心将致力于整合剑桥大学高端的研究体系和专家团队，与中国的科研院所、专家团队建立深度合作，驱动名校、名所与地方的双向融通，形成顶尖资源的集聚发展新局面，协助江北新区构建以科技创新为引领的现代产业体系，推进科技创新合作达到新水平。

在加快新型研发机构和创新科技企业落地方面，创新中心将建立全新的创新转化机制，依托剑桥大学丰富的创新经验、深厚的创新基础及领先的创新转化能力，以江北新区主导产业体系为基础，结合新区产业发展和本地企业的需求，不预设模式，广泛开展多领域、多专业、多方向的创新合作，培育一批新型研发机构，引导更多创新型科技企业落地。

完善体系、创新模式，打造一流科技服务"超市"
南京市江北新区自主创新服务中心

南京市江北新区自主创新服务中心（以下简称"创新服务中心"）是集苏南国家自主创新示范区南京高新区建设促进服务中心、江苏省技术产权交易市场江北新区地方分中心、江北新区科技金融服务中心等为一体的综合性科技服务平台。自成立以来，创新服务中心坚持以企业需求为导向，按照"系统化、专业化、信息化、特色化"的建设思路，构建"一网一厅"服务模式，完善全方位技术创新服务体系，推出多元化科技企业培育方式，提供全链条科技金融服务支撑，着力打造具有国际竞争力的一流科技服务模式，打通企业创新的"最后一公里"。

（一）打造"线上+线下"高效服务企业

创新服务中心于2018年挂牌，成立以来始终聚焦江北新区主导产业的发展需求，秉承"为科技创新赋能、为企业发展服务"的宗旨，构建线上、线下相结合的"一网一厅"科技服务模式，为企业提供全方位、全流程、一站式服务。

1. 瞄准企业痛点，提供线下服务

"'一厅'是我们的线下服务大厅，主要为企业提供各种线下服务及咨询。"创新服务中心负责人吴春华表示。大厅内，项目申报、政策兑现、科技金融、外国人才、科技人才、技术合同、知识产权等8个窗口一字排开，企业可根据自身需求选择合适的窗口进行业务办理。

一个窗口解决企业发展的一个"痛点"。其中,技术合同窗口主要提供技术合同登记、技术合同认定、科技成果挂牌交易等服务,而知识产权窗口则主要提供专利、版权及信息检索服务。"前者有市级权限的登记认定系统,而后者通过引进中国知识产权大数据与智慧服务平台、新一代信息技术高价值专利人才挖掘与评估系统,免费为企业提供大数据批量查询、专利强度评价、专利微导航、高价值专利挖掘与筛选等服务。"吴春华说。

企业如何享受到政策性贷款、如何快速拿到融资,科技金融窗口有效解决了企业的融资难题。"一方面企业通过科技金融窗口能够申请到政府扶持性、低门槛、低成本的贷款支持;另一方面窗口还能帮助企业对接金融机构提供科技型贷款或融资产品,甚至为企业提供上市辅导。"吴春华说。同时,针对企业融资需求,创新服务中心还会定期举办各类科技金融专题活动。

2. 提升服务效能,搭建线上平台

近年来,创新服务中心充分利用"互利网"思维,建设"科创江北"微信公众号(移动端)和"江北新区·企业服务平台"(PC 端),借力"科创江北"QQ 群、微信群等平台,为江北新区企业提供线上服务。

其中,"科创江北"微信公众号自 2018 年开通以来,深度聚焦江北新区科技企业,在满足企业基础需求外,还开设了需求发布厅、资讯动态、业务咨询三大功能板块,主动担纲江北新区"科技信息之窗",积极发布最新科技资讯、回应企业关注热点、创新表现形式、精心策划系列推文,为用户提供满足需求的价值内容,受到关注企业的广泛好评和自发转发。截至 2019 年年底,"科创江北"的粉丝达 31546 人,发布推文 1000 多篇,原创推文占 60%,并先后荣获南京江北新区"2018 年度优秀政务新媒体""2018 年度政务传播优秀案例""2019 年度优秀政务新媒体"等荣誉。

在实际运营中,创新服务中心将移动社群建设作为线上服务重点,建立"科创江北"QQ 群和微信群,目前 QQ 群已有用户近 3000 人,微信群近 1000 人,并设 2 位专职客服和 1 位兼职客服,保证 7×24 小时在线,通过常规问题即时回复、疑难问题限时 12 小时内答复,即时解决企业遇到的科技相关问题。

"江北新区·企业服务平台"是创新服务中心倾力打造的又一线上服务

江北新区企业服务平台

"利器",设置资讯动态、政策服务、申报中心、科技活动、科技金融、知识产权、服务超市、需求发布厅、业务咨询等9大功能板块,为企业提供"一站式"服务。

(二)集成优质资源,打造服务"超市"

1. 集聚优质资源,布局科技服务"超市"

为提升企业服务水平,创新服务中心大力聚集优质科技服务机构,在线上和线下为企业打造公益性的服务供需对接交流平台。

创新服务中心面向社会征集科技服务机构,经过严格筛选已聚集优质科技服务机构195家,涵盖金融、知识产权、法律服务、人力资源服务、检验检测咨询服务、财税服务、技术转移、公共技术服务平台、创新载体等10余类。科技服务人员根据企业需求适配公益性资源,解决企业与服务机构供需不匹配的问题。

吴春华表示,建立创新服务中心的初衷,就是想打造科技服务"超市",窗口作为"货架",能够清晰呈现企业所需的各类"商品",方便企业简捷高效"取货"。

目前，创新服务中心已设置了综合管理部、政策服务部、市场资源部、项目发展部和留创工作部等5个部门。各部门通过整合政策、项目、中介、金融等资源要素，持续提升科技服务功能，助力江北新区科技企业创新、创业。

2. 制度化走访，陪伴企业成长

创新服务中心坚持"以企业为中心"的科技服务理念，除线下服务平台外，按照"分类筛选企业—确定走访对象—发送调查问卷—开展企业走访—解决答复问题—建立标准化问题库"的模式，通过"网格化走访机制""服务专员机制""问题解决机制"，大力开展企业实地走访，切实为企业排忧解难，争当企业的"贴心人"。

2019年，创新服务中心走访企业256家，帮助企业解决问题376个，在走访过程中发现企业最关心的问题。其中，政策咨询类问题最多，占比42%；科技人才类问题占比13%；技术市场类问题占比12%。另外，创新服务中心通过走访还帮助企业协调解决环保、土地、办公场地、企业融资、子女教育等实际困难。

（三）力求精准匹配，释放政策红利

随着支持"双创"的政策体系不断完善，如何实现政策的精准配送成为检验科创服务效果的关键一环。创新服务中心集成科技项目申报、企业资质认证、科技创新人才、资金奖励减免等各类政策职能。为了方便企业更好地解读政策、把握政策红利，长期以来创新服务中心不断创新服务模式、改革服务机制、延伸服务触角。

企业通过"江北新区·企业服务平台"上线的"政策匹配"功能，就可以解决对政策"找不到、看不懂、难操作"三大难题，帮助企业应享尽享政策红利，打通政策落地"最后一公里"。企业注册后，最想知道能享受哪些优惠政策、申报哪些项目。对此，创新服务中心推进精准化政策服务，在获取、理解和申报政策方面不断为企业"减负"。

创新服务中心每年更新编印江苏省、南京市、江北新区《创新政策汇编》手册，实现随时扫码查看，免费发放，着力提升企业获取政策的便捷性；通过

采取"一对一"辅导的方式，为江北新区重点企业量身订制《科技政策精准服务咨询书》，并适时召开科技政策精准服务对接会，现场进行答疑和辅导。2019年，创新服务中心精准服务企业30家，得到企业100%满意的反馈。

作为"一站式"服务平台，创新服务中心全面受理项目申报和政策兑现工作。2019年，创新服务中心共承办项目申报140项，其中国家级项目5个、省级项目75个、市级项目44个、区级项目16个，累计受理企业申报7327项，与2018年全年项目承办量相比增长300%。政策兑现数量也在大幅度上升，2019年兑换政策15个，共兑付资金约4.76亿元。全年线上线下服务企业超过20000家，受理企业申报量同比增长185%。

此外，创新服务中心积极开展政策培训，邀请参与政策制定的有关专家，组织开展政策解读培训活动，帮助企业吃透、用活各项政策，推动各项政策的落地、落实、落细。

（四）聚焦企业需求，强化板块服务

近年来，伴随南京江北新区科技型企业数量激增和快速发展，企业融资难、产学研转化难等问题也日益凸显。创新服务中心通过开放合作、专业运营、氛围培育，进一步整合资源，助力企业化解难题。

1. 多措并举，化解融资难题

一是充分发挥政策性贷款引导作用，以低息贷款的方式支持科技型中小企业发展。创新服务中心通过主动走访、电话、线上平台等方式深入了解企业实际的融资需求，帮助企业对接合作银行，2019年完成"苏科贷"备案金额8890万元，同比2018年增长36.3%；"宁科贷"系统审核认定科技创业企业660家，贷款放款金额约12亿元。

二是在做好政策性贷款工作的基础上，积极对接各类金融服务机构，新增银行、担保、保险、风创投等金融机构32家、金融产品37个，组织开展融资路演、银企对接等活动，服务有融资需求的企业，2019年融资对接总额1.5亿元，同比2018年增长50%。

三是筹划搭建科技型中小企业综合价值智慧金融平台，学习借鉴先进地区科技金融模式，量身打造一套适用于具有"轻资产、重创新"特点的科技型中小企业的综合价值评价体系，弱化科技企业的财务指标，重创新能力、重无形资产、重规范管理指标，充分发挥知识产权等无形资产对资本的撬动作用，突出企业未来发展能力评价，解决"融资难、融资贵"的问题，为江北新区培养一批具有发展前景和潜力的明星企业。

2. 借力专业平台，推进科研成果转化

创新服务中心作为江苏省技术产权交易市场江北新区分中心，拥有与市级相同的技术合同登记认定权限，让企业不出江北新区即可充分享受税收减免的实惠。2019 年，创新服务中心新区技术合同登记认定合同 1712 份，累计金额 80.19 亿元。

创新服务中心积极推动技术产权交易，以江北新区科技型企业、研发机构等单位为重点服务对象，开展形式多样的技术交易活动，加速最新技术及应用成果在江北新区落地。

创新服务中心高度重视对技术经纪人的培育，连续两年举办江北新区技术经理人培训班，培养专业化技术经理人，加快技术转移和科技成果转化，并成功获授江苏省技术产权交易市场 2019 年度"优秀技术经理人事务所"。同时，创新服务中心面向海内外的高等院校、科研院所、企事业单位、行业协会学会等单位公开征集科技专家，以进一步促进科技成果的转移转化和产业化，推动江北新区科技企业技术创新。目前，科技专家库已有专家 1308 人。

3. 定制专项活动，营造"双创"氛围

以企业需求为出发点，创新服务中心积极开展科技活动，持续优化调整课程体系和结构，系统设计了科技政策培训、创新资源交流、企业发展服务等三大类活动，大力营造创新氛围、激发创新活力、助力企业成长。创新服务中心按照每周至少 1 场的频次，举办各类科技活动，覆盖 1206 家企业、3000 余人次。

同时，创新服务中心积极打造江北新区企业家训练营品牌活动。第一届训练营选拔 54 位优秀的江北新区企业家参加培训，特邀资深管理咨询专家为

江北新区企业家破解企业发展难题。培训活动以"理论+实践"的课程培训体系为依托，综合帮助创业者解决企业发展期的战略规划设计及实际经营问题。

以企业战略落地难问题为例，创新服务中心从战略目标的制定、战略目标的分解、战略思维模式的构建、公司及部门年度经营计划的制订和执行、绩效驱动等多个维度入手，以系统的解决思路和方法，有效帮助江北新区企业了解战略、战略执行的基本原理和理念及战略落地的基本逻辑，掌握战略引导、计划承接、绩效驱动的三环驱动机制，以及公司和部门年度经营计划制订技巧等，帮助学员完成从"创业者"到"企业家"的转变。活动效果得到企业家一致好评。创新服务中心以此为契机，自发成立了江北新区科创商会，进一步促进江北新区科技企业之间的协同发展。

除此之外，创新服务中心还积极承接中外国际合作活动的承办等工作，为进一步推动中外的科技交流与合作，充分利用国外的创新资源培育更多合作项目。2019年，创新服务中心承办了澳大利亚国际合作项目路演活动，征集了中设设计集团、江苏东洲物联科技等23家江北新区企业在活动"1对1"的洽谈环节中，与来自澳大利亚的6家新一代信息技术、先进能源与新型环保、新材料路演企业展开积极交流，为集聚跨国技术转移领域内各项要素，盘活跨国技术转移市场资源，调动技术转移供需双方的积极性，营造了良好的技术对接环境，不仅帮助江北新区企业对接澳大利亚的创新技术和优质项目，还为项目方找到了潜在客户和开发支持。

设立以来，创新服务中心积极推动"一网一厅"科技服务模式，"一网"即"科创江北"微信公众号和"江北新区·企业服务平台"，"一厅"即自主创新服务大厅。运行两年来，"一网一厅"模式下的各项科技服务功能已集成，目前围绕政策匹配及智慧金融功能，正着力对标找差，强化顶层设计，完善平台板块。

一是充分利用线上服务平台政策匹配功能，精准推送政策，进一步优化完善政策匹配功能，在现有基础上谋划开发"政策匹配2.0"，深度耕耘政策服务，为江北新区企业提供更优、更细、更深的科技服务。

二是建立重点企业服务台账，通过各种渠道了解企业发展诉求，用具体政策措施及时回应企业需求，并持续深入地开展常态化企业走访工作，按产业类型、发展规模等分类，制订企业走访计划，掌握企业个性科技创新需求，提供全面的、精准的政策服务，帮助企业对接各类创新创业资源。

三是创新科技金融服务，为中小科技企业开拓融资渠道，在做好政策性贷款、企业投融资需求对接等工作的基础上持续汇聚、整合科技金融服务资源，集聚银行、基金、券商风创投等金融机构，集成各类金融产品和服务，完成科技型中小企业的综合能力评价体系和智慧金融平台的开发并推广应用，从企业创新能力、无形资产、管理规范等指标对企业进行评估，以实现信用评级与银行放贷无缝对接。

筑强"平台化"服务助推生物医药产业高质量发展
南京江北新区生物医药公共服务平台

作为人才密集型和资本密集型产业，生物医药企业研发周期长，失败风险高，产业发展的软环境支撑至关重要。2018年4月，为配套南京江北新区"基因之城"建设，南京生物医药谷和新区科技投资集团共同出资设立江北新区生物医药公共服务平台（以下简称"平台"），着力为新区生命健康产业领域的企业、科研院所和医疗机构，提供包括分析检测、研发服务、成果转化、人才培训、科技信息、创业孵化等在内的"一站式"服务。

运行2年来，平台已有效地整合了新区及省市级生物医药科技创新资源，并通过开放和共享资源，为众多中小型企业解决了创新资源缺乏、创新能力不足等问题，在服务科技创新、促进成果转化等方面取得显著成效。

（一）重塑研发机制提升产业优势

生命健康产业是南京江北新区的三大核心产业之一。近年来，江北新区以打造千亿级规模的生命健康产业集群为目标，正加速建设"基因之城"，其南京生物医药谷，已集聚了600余家企业，形成药物研发及生产、医疗器械及诊断试剂、中药及健康服务、生物医药研发外包等四大主导产业，成为南京江北新区创新型经济发展的重要板块。

作为人才密集型和资本密集型产业，生物医药企业研发周期长，失败风险高，雄厚的资本支持和软环境支撑至关重要。"药谷成立不到10年，作为全国600多家生物医药产业园中的'后来者'，发展之初，面临着资源要素集聚度低，特别是产业整体创新能力不足等难题，技术含量高、附加值高的生物药品、医疗器械不多。"药谷相关负责人说,"为解决这一问题,药谷持续强化创新链与产业链深度融合,重塑新药研究开发机制,组建生物医药公共服务平台,把研发优势转化为产业发展的优势"。

2018年4月,为更好配套江北新区"基因之城"建设,南京生物医药谷和新区科技投资集团共同出资设立江北新区生物医药公共服务平台。平台为新区生命健康产业领域的企业、科研院所和医疗机构,提供包括分析检测、研发服务、成果转化、人才培训、科技信息、创业孵化等在内的"一站式"服务。

平台建立后,进一步盘活创新资源存量、提高资源配置使用率,通过利用社会资本,开展很多企业团队自身无法开展的项目,平台探索出了"政府投资、国企运营;专业化服务、准市场化运作"的经营模式。以2017年落户江北新区的驯鹿医疗为例,驯鹿医疗是一个专攻细胞治疗药物开发的创新团队,他们研制的细胞治疗药物一旦取得成功,有望给晚期肿瘤患者带来新希望。然而新药研发需要经历大量试验和试生产,单是试验设施成本就高得惊人。自落户新区后,驯鹿医疗就将大部分研发工作都放在公共服务平台进行,企业的负担大大减轻,省下了一大笔经费的同时,也加速了研发成果转化。

南京生物药谷活力源

创新的热土 | 南京江北新区打造创新"强磁场"

同时，为降低企业创业成本及风险，平台还推出了高端试剂配送、科技项目申报、共享技术服务、实验室建设咨询、项目孵化及投融资对接等增值服务，并通过积极参与跨学科计划和国际合作，与美国能源部劳伦斯伯克利实验室合作，承担靶点功能研究、治疗方法检测等联合课题，为企业发展打通对接国际高端创新资源的通道。

（二）细分专业模块打造全链条服务

在平台建设过程中，江北新区注重思路创新和机制创新双结合，积极推进"政、产、学、研"密切协作与资源整合，通过细化专业版块，现已投入运营基因测序中心、新药检测中心、质谱检测与分析中心、生物样本中心和大数据中心"五大"中心，打造了覆盖样本汇交、多组学发掘、数据演练到服务新药创制的生物医药产业全链条研发服务体系。

配备世界级先进仪器，打造亚洲最大基因测序中心。基因测序中心是生物医药研制以及高精尖医疗科技研发的重要应用基地，近年来，平台陆续引进了世界最先进的基因测序仪器，包括 X-Ten 10 台、Novaseq 6000 20 台、PacBio Sequel 10 台，引进相关配套实验设备 1600 多件，实现年测序能力达 40 万～50 万人次……目前已被打造成为亚洲最大的基因测序中心，平台服务能力已覆盖全基因组测序、传感染检测、药检结合等行业发展热点，并布局单细胞测序、单分子测序等创新服务能力，引导预测医学、基因芯片、健康管理、个性化医疗等新兴战略产业集聚到江北新区。

着力新药创新成果转移转化，打造新药检测中心。平台按照国内一流、国际接轨的要求，配置大、小分子药物研发领域科研设备 400 余套，在中国计量认证（CMA）与国家合格实验室认定（CNAS）两项专业资质支撑下建设高标准新药检测中心，为药物研发企业提供靶点确认、化合物结构优化、工艺提升支撑、药物安全性评价等关键环节的公共技术服务。形成了从早期苗头化合物发现到药效评价过程中体外成药性评价等核心服务能力，并积极布局中药现代化服务体系、化合物参比联动药物筛选等专业能力。该中心支撑企业大幅度提升新药研发效率，助力不同阶段、不同类型的药企持续发掘药物研发方向，扶持区域产业突破靶点发现、工艺提升、创新制剂等领域的核心瓶颈技术。该中心是国家新药创新成果转移转化试点示范项目重要的平台基础。

聚焦服务企业研发提速,打造质谱检测与分析中心。为更好促进企业新药研发及自主设备开发过程的提速发展,平台打造了质谱检测与分析中心,以41套顶尖质谱设备为基础,打造了蛋白组学、代谢组学与临床检测三个专业细分领域,帮助蛋白、免疫治疗领域的企业在研发过程中实现基因组与蛋白组、代谢组及微生物组等组学融合。平台自主开发蛋白定性定量、大分子互作、生物标志物筛选、代谢组学研究等专业服务能力,推助新区企业开发质谱检测新方法、新试剂,形成分子诊断、新型靶向药物等尖端孵化项目。目前,该中心是目前亚洲规模最大的质谱产业服务平台。

实现"千万级"存储,打造生物样本中心。平台生物样本中心购置了BioStore II全自动智能化-80度样本存储管理系统,已建成自动化、信息化、标准化、安全性强、多种存储方式、干湿库结合的国内存储规模、服务能力领先的生物样本库,中心着力为科研院所、医疗机构、相关企业提供覆盖组织、细胞、微生物样本的高质量样本和数据服务。生物样本中心将成为江苏省示范性生物样本集中服务平台,以国内首个位于自贸试验区的人遗资源共享平台——江苏创新中心为渠道,为区域生命健康产业在生物安全、生命伦理等方面的创新发展提供支撑服务,推进区域遗传资源的集聚,探索人类遗传资源数据信息的挖掘、存储与共享服务的新业态。平台以该中心为基础探索建设省内首个、地方海关指导下的生物医药集中监管和公共服务平台,已入选国务院服务贸易发展的20个全国推广案例。

深挖数据价值,打造大数据中心。大数据中心由存储中心、超算中心、云中心组成,存储中心存储能力达55PB,超算理论峰值2340Tflop/s,位列生命健康行业第一,大数据中心以大规模存储、高性能计算及公有云服务为基础,为新区企业提供医学、生命科学、应用数学、信息控制等多学科交叉研究服务。同时,该中心作为国家健康医疗大数据(东部)中心的核心功能板块,正在汇聚省内8000万个人健康档案及电子病历、167家三级医院影像资料及疾控中心数据,未来将集聚我国东部地区生命健康领域的战略性基础数据资源。该中心配合区域主管部门布局远程医疗、辅助诊断、疾病防控等民生项目,推动健康医疗模式的深刻变革,培育健康医疗数据新业态和经济增长点。

该中心已入选国家工信部2020年大数据产业发展试点示范项目。

医疗健康大数据中心基因中心

（三）开放创新资源支持企业发展

运行2年来，平台已有效地整合了新区及省市级生物医药科技创新资源，并通过开放和共享资源，为众多中小型企业解决了创新资源缺乏、创新能力不足等问题，在服务科技创新、促进成果转化等方面取得显著成效。

一是精准服务中小型科技创新企业。平台通过为产业链上的生物医药企业提供了从研发、成果转化到产业化的全方位服务，服务区域内生物医药产业科技创新。2019年以来，南京江北新区生物医药公共服务平台累计服务企业达350余家，组织专业服务培训70余场次，孵化服务企业项目50多个。平台服务区域在立足国家级南京江北新区的基础上不断向外延伸，遍及南京全市各区，江苏省内服务客户拓展至苏州、无锡、扬州、镇江、泰州等地市，江苏省外业务遍及北京、上海、浙江、安徽、湖南、广东等省市。服务院校有北京大学、南京大学、东南大学、中国医学科学院、中国药科大学、南京医科大学、南京中医药大学、中国人民解放军第二军医大学、南京工业大学、南京鼓楼医院、江苏省人民医院、东部战区总医院等。

二是有力促进科技成果转化。平台依托强大的资源整合能力、资源共享能力、技术服务能力、技术创新水平、高效搭桥能力，辐射全省、面向全国，为生物医药研发、企业技术创新、国家重大新药创制专项、生物医药领军人才创业等服务对象，提供专业、便捷、集中、完备的覆盖生物医药产业链的品牌化公共服务，从而提升企业自主创新能力，降低创新创业成本，促进科技成果转化，优化产业环境，实现产业跨越式发展。

三是打造领先的现代生物医药产业服务标杆平台。本着科技资源"创新、共享、协作、服务"的原则，平台不断为南京整合集聚科技创新资源，获得了国家人类遗传资源共享服务平台江苏创新中心、江苏省中小企业公共技术服务星级示范平台、江苏省科技公共服务平台、江苏省一站式检测公共服务平台等评比称号，并取得了生物试剂国际贸易进出口资质及国家检验检测机构 CMA/CNAS 资质。平台通过体制机制创新、优化创新、整合创新及业态创新，自身造血功能和服务能力不断提升，目前，正着力打造成国内领先的现代科技服务业标杆平台，助力江北新区生物医药产业高质量创新发展。

四是探索出平台市场化运行新路径。不同于国内其他服务平台基本由政府建设和运营的实践，南京江北新区生物医药公共服务平台的突出特点是以企业作为承办运营主体，构建了优势互补、运行有效、多源投入、共享共赢的管理运行机制。平台运营以市场为导向，更加贴切企业、产业科技创新需求，更加注重服务实效，确保了平台发展可持续性。

新型冠状病毒肺炎疫情以来，平台进一步整合区域生命健康领域的公共服务资源，为相关企业提供精准贴心服务，助力企业复工复产。平台推动了南京金域医学检验所有限公司、南京世和基因生物技术有限公司等单位获批省定新冠病毒核酸检测资质；保障了江苏美克医学技术有限公司、南京实践医学检验有限公司等单位开展试剂盒研发；联合南京品生医学检验实验室有限公司开展新型冠状病毒肺炎潜在有效治疗药物的试用和临床试验……一季度，平台累计服务企业 320 余家，同比增长 158%；服务批次 6000 余次，同比增长 56%；服务总收入同比增长 317%，服务效能实现逆势提升。

挖掘"知"产价值，探索企业融资服务新模式
"我的麦田"知识产权互联网公共服务平台

知识产权是创新发展的基石和保障。近年来，南京江北新区系统推动知识产权综合管理改革试点工作，在构建具有国际竞争力的知识产权保护体系的同时，以创新知识产权金融为切入点，深挖知识产权"变现"价值，推出了"我的麦田"知识产权互联网公共服务平台，通过借力人工智能、大数据等现代化信息技术，释放知识产权信息价值；通过丰富融资工具、探索知识产权质押融资等方式，打造全链条"一站式"的知识产权融资服务……全面助力企业破解知识产权在运用、保护、转化、融资等方面的难题。

（一）创新质押融资让"知产"变"资产"

坚定不移实行严格的知识产权保护政策，营造良好的营商环境和创新环境，保护企业知识产权、激发创新主体活力，是我国深入贯彻创新驱动发展战略的制胜法宝。

南京江北新区作为南京市创新名城建设的先导区，近年来区域创新活力持续增强。2019年，江北新区实现专利申请13633件、专利授权6300件，PCT申请达到295件，万人发明专利拥有量达到79件，创历史新高。知识产权实现量质双提升。

为更好推动"具有全球影响力的创新策源地和创新名城先导区"建设，江北新区着力推动知识产权综合管理改革试点工作，特别是聚焦促进知识产权与金融资源有效融合，打造国际化、专业化的知识产权金融服务综合平台——"我的麦田"，充分利用科技金融手段创新金融服务产品，助力企业在知识产权

领域的相关布局和成果转化,破解知识产权转化难、交易难、变现难等问题。

以知识产权质押融资为切入点,拓宽知识产权金融生态圈。"我的麦田"以中小企业为精准服务对象,以知识产权质押融资为切入点,创新形成中小企业投融资服务链,逐渐发展成为集知识产权资讯、知识产权金融、知识产权大数据等服务于一体的金融服务平台。

对于有知识产权质押融资需求的企业,"我的麦田"在收到其申请后会积极对接,取得企业知识产权及生产经营相关信息,从而找到适合为企业开展知识产权质押融资的银行,并为该银行提供企业相关数据,搭建企业与银行之间的桥梁,平均20余个工作日就能使企业获得贷款。

创新质押融资渠道,健全惠普金融体系。党的十九届四中全会要求,健全具有高度适应性、竞争力、普惠性的现代金融体系,有效防范化解金融风险。"我的麦田"进一步拓宽知识产权交易、处置、变现渠道,创新质押融资产品,完成质押融资闭环,进一步降低企业融资成本。

目前,国家知识产权局南京代办处第二工作站进驻江北新区,增设了受

"我的麦田"知识产权互联网公共服务平台

理窗口，从而缩短了企业质押登记流程。一旦企业无法偿还贷款，银行直接与平台对接，由"我的麦田"按照约定价值向银行购买质押的知识产权，解决银行的后顾之忧。

"钱是靠知识产权和信用换来的，自然要坚守信用，如期还贷。"南京大翼航空科技有限公司总经理季鸿说。2018年10月，通过"我的麦田"，他们依靠专利成功从南京银行获贷200万元，一分也不敢乱花，全用于研发和人员投入，有力促进了公司发展，2019年销售收入比2018年翻了一番。2019年10月，他们如期结清贷款后，又成功从该行续贷200万元。

加强互联化运作，促多方共赢发展。"我的麦田"依托多投资渠道以知识产权金融为精准切入点，加强与政府、金融机构、知识产权服务平台等交流合作、共赢发展，目前已与知识产权出版社、南京理工大学知识产权学院、工商银行、中国银行、交通银行、招商银行、兴业银行、上海浦东发展银行、江苏银行、南京银行、苏州银行、泰隆商业银行、紫金农商银行、苏州农商银行、江苏省信用融资担保有限责任公司等建立了深度合作，在知识产权金融领域协同创新，共同搭建"政府引导、市场运行、资源共享、合作共赢"的知识产权金融服务平台。

"我的麦田"平台以"互联网＋知识产权＋金融"为基础，通过网站和App为企业提供知识产权债权和股权融资、科技政策解读、专利检索、专利托管等专业服务，采用知识产权（专利、商标、版权）质押作为担保方式，为资金需求企业的知识产权融资提供全链条服务。通过"我的麦田"平台，中小企业可以在线上提出融资申请，平台向有关银行提供评价报告，银行根据报告选择"免评估"绿色通道，只要走完风险把控流程，就能顺利向企业放款。

（二）聚焦全链条，打造"一站式"便利服务

"我的麦田"知识产权互联网公共服务平台在建设过程中，紧扣金融服务实体经济本源，激发金融对创新的驱动力，持续丰富创新融资工具、拓宽企业融资渠道，打造了全链条"一站式"的专业知识产权融资服务。

打通金融数字化通道，提升金融服务区域经济质效。基于南京江北新区在大数据、人工智能等方面的技术和创新环境，"我的麦田"平台积极探索知识产权与金融的内在关联，推进知识产权资本化、金融化，提升金融服务经济质效。

2019年，由"我的麦田"、江苏银行股份有限公司和南京数字金融产研院三方共同建设的"长三角知识产权金融数字化创新实验室"在江北新区成立，旨在通过建立知识产权金融场景，融合大数据、区块链、人工智能等领先技术，构建知识产权数据模型，降低金融风险，研发数字金融产品，提升融资效率，并实现知识产权数据与金融数据、企业经营数据耦合，创新科技型中小企业评价模式，打通知识产权金融数字化通道，探索知识产权为企业发展赋能的新路径，提高知识产权金融整体效率。

建立投贷联动模式，开展知识产权股权融资服务。"我的麦田"联合政府不同类型基金共同设立知识产权运营基金，建立投贷联动模式，充分挖掘企业的需求，寻找高价值专利，开展知识产权股权融资服务，并可以为其实现产业化提供强有力的支撑。

"我的麦田"通过与中国银行、江苏省与南京市知识产权局、南京市江北新区管委会的深入合作，以知识产权质押融资业务为重心，推出升级版"中银知贷通"产品，为科技型中小企业提供纯知识产权质押融资，降低企业融资成本，在江苏省全省范围内举办知识产权融资"一站通·全省行"活动，为所有参会企业提供"一对一、面对面"的"债权+股权""公司+个人"的一站式全面金融服务。

"我的麦田"和南京市江北新区管委会、江苏省信用再担保集团有限公司共同建立了"政保银合作模式"，在一项知识产权融资过程中由江北新区管委会承担60%的金融风险、江苏省信用再担保集团承担30%的风险、银行承担

10%的风险。这种"园区＋平台＋担保＋银行"模式大幅减小了银行的担保风险，提高企业实现知识产权融资的成功率，给企业融资增添了"安全栓"。

探索知识产权证券化，开展知识产权质物处置服务。为推动知识产权质押融资工作的深入开展，"我的麦田"成立了面向全国的知识产权质物处置运营平台，打造知识产权融资闭环，运用不良资产处置管理模式，探索创新知识产权证券化及知识产权交易的新途径。

作为全国首家上线的知识产权质物处置运营平台，"我的麦田"知识产权质物处置运营平台将以"我的麦田"知识产权公共服务平台质押融资服务为基础，设置知识产权质物处置运营资金池，面向全国金融机构、投资机构、资产管理公司、保险公司、知识产权交易平台、知识产权服务机构、政府和企业单位等构建知识产权质物处置运营网络，并通过建立标准化的流程和灵活多样的处置方式，对知识产权质物动态跟踪、定期监控、及时修正、补充预警，降低金融机构融资风险。

（三）借力大数据，持续提升平台能级

经历近 3 年发展，"我的麦田"面向江苏省、上海市的科技型中小企业主办、承办知识产权金融服务专场活动超过 72 场，为江苏省内超 2612 家企业提供知识产权融资服务，成功为 1165 家企业获得知识产权质押融资，融资金额累计达 373721.6 万元。

知识产权融资的一大难点就是难以评估企业知识产权的价值。为更好更精准地配合知识产权融资，"我的麦田"拥有一整套设计完善的大数据分析模型。由金融、知识产权及各方面的专家参与建模，对申请的企业进行多维度、立体化的大数据画像，最终给出企业整体的价值和前景评估，而银行则根据这个评估进行融资贷款的考量。

同时，这也是"我的麦田"管控知识产权融资风险的重要举措之一。大数据分析模型保证了融资过程的公开、公平、公正，创建了可信任的交易环境，帮助企业获得融资、帮助金融机构降低风险。

在服务流程方面，"我的麦田"则借助完善的技术力量支持，将重点放在了"互联网＋知识产权＋金融"的新生态模式上，帮助企业收获知识产权的

价值果实。

2020 年年初，南京春荣节能科技有限公司通过"我的麦田"实现可信数字资产的知识产权贷款。该公司负责人表示，以前几乎没有银行和金融机构愿意为企业知识产权融资承担金融风险，而有了"我的麦田"搭桥建立的新模式，让企业用最少的费用就能实现知识产权融资。

对企业来说，"麦田模式""互联网＋知识产权＋金融"的新生态模式替代了房产抵押和固定资产抵押的传统模式，让企业申请时少了许多条条框框的限制，提高了企业申请融资的效率，并在相关政策支持下享受到最低的贷款利率。

通过"互联网＋知识产权＋金融"新模式，"我的麦田"平台现已为江苏省千余家企业成功实现知识产权融资。同时，"我的麦田"还获得投资机构的认可，2018 年 12 月与南京扬子江投资基金管理公司签署了投资合作协议。该基金将对平台投资 8000 万元，与"我的麦田"共同打造"互联网＋知识产权＋金融"的专业性公共服务平台。

"麦田象征丰收，希望通过我们的耕耘让麦田长出金灿灿的麦子，也让知识产权融资结出硕果。"该公司负责人表示。下一步，"我的麦田"将优化现有线上平台，并匹配好线下服务，将整套流程标准化、规范化，并开发新型智能系统为政府做"智库"，为银行和企业做好服务，"为实体经济、为企业服务是这个平台最终也是最重要的目标"。

后　记

"**创**新"是南京江北新区与生俱来的基因。成立五年以来，江北新区始终坚持将创新作为引领发展的第一动力，以推动体制机制改革、完善创新服务体系、集聚全球优质资源、破题科技成果转化等为抓手，走出了一条"改革引领、产业引航、国际化引路"的创新发展之路。本书以"创新的热土"来定义江北新区，力图通过严谨的理论研究与丰富的实证分析，对江北新区打造"江苏省创新策源地"的历史脉络、改革举措、实践成效进行梳理和提炼，归纳出江北新区作为我国第十三个、江苏省唯一的国家级新区，聚焦筑强高质量发展"创新引擎"的时代价值。

本书由南京市江北新区管理委员会和中国经济信息社联合编写。近一年的时间内，课题组深入江北新区，全面融入这片"创新的热土"进行深度观察，先后走访高新技术企业、新型研发机构、产业发展平台等各类创新主体三十余家，归纳整理各类素材资料二十余万字，采访了包括经济学家林毅夫、东南大学首席教授时龙兴、全球知识产权专家周延鹏、中国工程院外籍院士黄锷、香港大学校长张翔、集萃药康董事长高翔教授等在内的行业专家、杰出企业家十余人次，获得了大量专家、学者和企业家们对江北新区创新发展的热心建议和真切感受，收获了一份份他们以亲身所感讲述的江北新区创新发展的生动故事。对此，我们表示诚挚的感谢！

当然，受限于水平和时间，本书难免有疏漏和不足之处，敬请广大读者给予批评指正。

虽行书至此，但江北新区的创新发展仍在路上，一个个创新的鲜活人物和故事还在继续，而我们能做的就是在内心深处对这些扎根新区的创新工作者们致以崇高的敬意，同时也期望本书能够为我国当下国家级新区的创新发展提供有益启示。

下一个五年，创新的江北新区继续等你。